Deutschbuch

Arbeitsheft 8

Arbeitstechniken
Texte schreiben
Lesetraining
Grammatik
Rechtschreibung
Lernstand testen

Herausgegeben von
Cordula Grunow und
Bernd Schurf

Erarbeitet von
Cordula Grunow, Angela Mielke,
Deborah Mohr, Vera Potthast,
Irmgard Schick, Sandra Simberger
und Andrea Wagener

Name: ______________________________

Klasse: ______________

Cornelsen

Inhaltsverzeichnis

Die Übersicht auf diesen Seiten hilft dir, **die Arbeit mit dem Arbeitsheft zu planen und zu überprüfen**. Nach dem Bearbeiten einer Übung musst du deine Ergebnisse sorgfältig mit dem Lösungsheft abgleichen. Trage ein, wann du die Seiten bearbeitet hast, und kreuze an, wie dir die Übungen gelungen sind:

☺ Gut gelungen! 😐 Das Meiste richtig. ☹ Manchmal unsicher.

Kennzeichnungen in diesem Arbeitsheft:

1 Aufgabe

●●● knifflige Aufgabe oder Aufgabe für die Schnellen

Information Zusammenfassung des Grundwissens

Tipps und Arbeitshilfen

▸ Der Pfeil sagt dir, auf welcher Seite du etwas nachschlagen kannst.

Mit dem beiliegenden Lösungsheft kannst du deine Ergebnisse selbst überprüfen.

Ein Kurzreferat vorbereiten und halten

Methode **Ideen/Stoff für ein Kurzreferat sammeln und ordnen**

Ein Kurzreferat (auch: Kurzvortrag) informiert knapp und genau über einen Sachverhalt oder eine Person. Es sollte nicht länger als **fünf bis zehn Minuten** dauern. **Sammle und ordne** zuerst deine **Ideen**:

1. Notiere, was du bereits über das Thema weißt **(Vorwissen)**.
2. Stelle **eigene Fragen** an das Thema.

Tipp: Beim Ordnen hilft dir ein **Cluster** oder eine **Mind-Map**.

Thema: Jane Goodall – Kämpferin für eine lebenswertere Welt

1 Sammle Ideen für ein Kurzreferat über die Primatenforscherin Jane Goodall, die auch als Umweltaktivistin ein Vorbild ist.
Notiere, was du bereits über sie weißt: Nutze auch Überschrift und Foto.

____

____

____

____

2 Ergänze den folgenden Cluster um zwei bis drei eigene Fragen, zu denen du im Anschluss recherchierst.

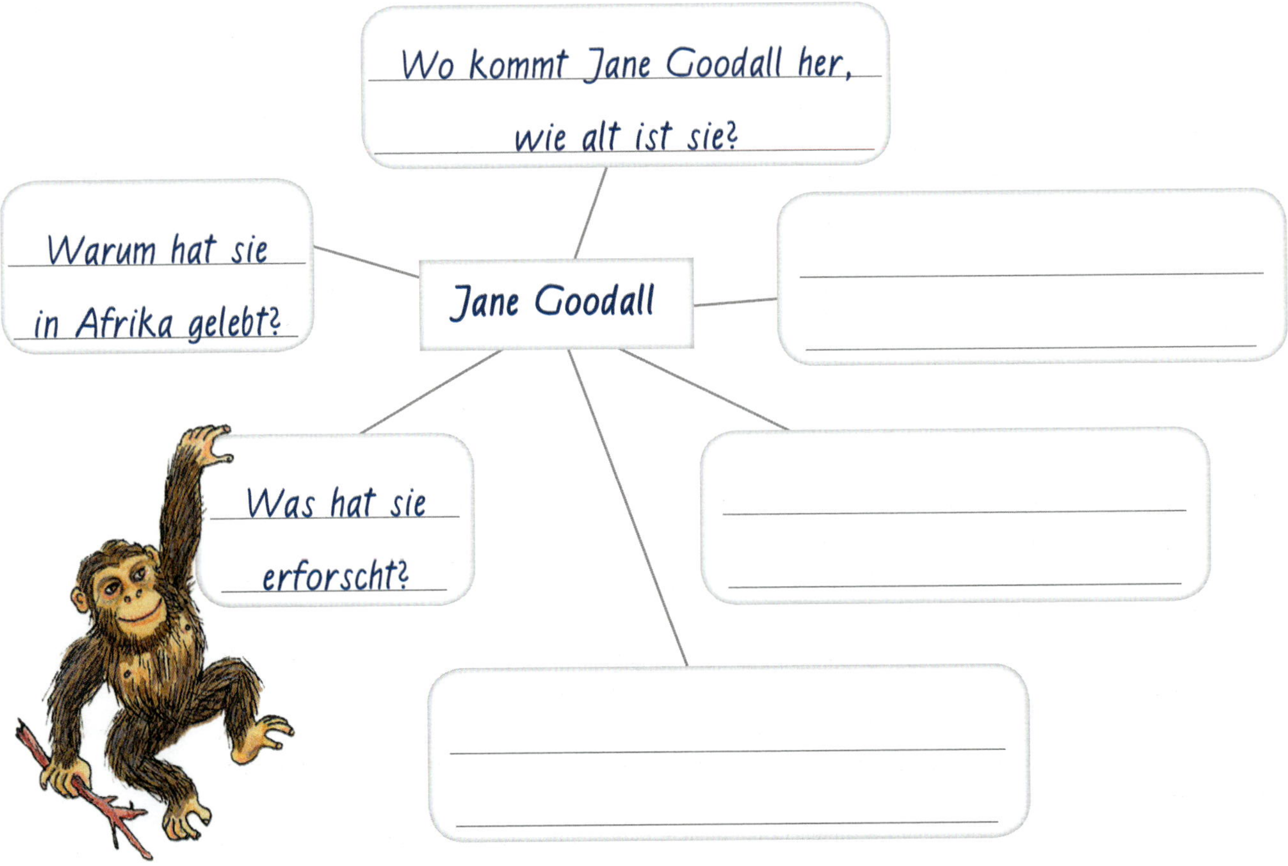

Methode **Recherchieren: Informationsmaterial sammeln, beurteilen und auswerten**

1 Informationsmaterial sammeln und beurteilen

Für die Recherche kannst du das Internet, Bücher oder andere Materialien nutzen. Gehe so vor:

1. Überfliege die Texte und entscheide, ob sie geeignete Informationen zum Thema enthalten oder deine Fragen beantworten. **Tipp:** Schaue bei Büchern zuerst ins Inhaltsverzeichnis oder ins Sachregister.
2. Kopiere oder drucke interessante Informationen und lege damit eine Materialsammlung an. Notiere darin auch die Quellenangaben.

2 Informationsmaterial auswerten

Die zusammengetragenen Informationen musst du auswählen und ordnen. Gehe so vor:

1. Markiere in deiner Materialsammlung die wichtigsten Informationen. Notiere am Textrand, zu welchen Fragen, Oberbegriffen oder Teilthemen die markierten Informationen gehören.
2. Überlege, welche Informationen du verwenden willst. Streiche überflüssige Informationen.
3. Fasse die wichtigsten Informationen – geordnet nach Oberbegriffen – zusammen.

3 **a Recherchiere im Internet mit einer Suchmaschine unter dem Schlagwort „Jane Goodall". Notiere: Wie viele Einträge findest du dort?** ____________

b Rufe die Website www.janegoodall.de auf. Notiere in Stichworten die Themen, zu denen die Website Informationen bereitstellt.

Aktuelles (Home), Jane Goodall Institut Deutschland (Über uns), ____________

4 **a Lies die folgenden drei Texte (S. 5–6) und markiere darin geeignete Informationen.**

b Notiere neben den markierten Stellen die Oberbegriffe, zu denen die Informationen gehören, z. B. Leben/Auszeichnungen, Forschung, Jane Goodall Institut, aktuelle Projekte/Roots & Shoots.

Eine Affenliebe

Interview mit Stefan Klein

Goodall: Ich hatte ein miserables Fernglas, wir lebten in einem alten Armeezelt. Die Schimpansen blieben fern, obwohl wir Bananen ausgelegt hatten. *Leben*

ZEITmagazin: Was änderte die Situation?

Goodall: Die Begegnung mit David Greybeard, so habe ich den Affen genannt. Eines Tages nahm er die Bananen. Bald duldete er meine Nähe und führte mich zu seinen Freunden. So konnte ich beobachten, wie er mit einem Grashalm nach Termiten stocherte. Niemand hätte bis dahin für möglich gehalten, dass frei lebende Affen Werkzeuge benutzen. *Forschung*

ZEITmagazin: „Wir müssen nun entweder neu definieren, was der Mensch ist, oder Schimpansen als Menschen anerkennen", schrieb Louis Leakey damals.

Goodall: Ja, denn der Werkzeuggebrauch galt als das, was uns von allen anderen Tieren unterscheidet. Als ich nach Cambridge zurückging, hörte ich, dass ich alles falsch gemacht hätte. Ich hätte den Schimpansen keinen Namen geben dürfen. Damals gehörte es sich, dass Verhaltensforscher die Tiere durchnummerierten.

ZEITmagazin: Ihre Professoren suchten nach dem typischen Affen. Sie hingegen interessierten sich für jedes einzelne Tier. In Ihrem ersten Buch beschrieben Sie die Schimpansen noch als Wesen voll Fürsorglichkeit, Mutterliebe und Intelligenz. Und nun stellten Sie fest, dass Sie es mit Kannibalen zu tun hatten.

Goodall: Es war ein Schock. Die erste Ahnung, wie brutal sie sein können, bekamen wir, als eine Studentin eine Schimpansenmutter beobachtete und zusehen musste, wie ein Weibchen einer Nachbargruppe die Mutter angriff und ihr Baby umbrachte. Die Angreiferin sah zu, wie das Opfer an den Wunden starb; anschließend verspeiste sie das Kind. Dann kam ein vierjähriger Krieg.

Quellenangabe: www.zeit.de/2011/34/Forschung-Jane-Goodall (aufgerufen 2. 9. 2013)

Jane Goodalls Biografie

1934 Geboren am 3. April in London als ältere von zwei Schwestern. Der Vater ist Ingenieur, die Mutter Schriftstellerin. Lieblingsbücher: „Tarzan“ und „Dr. Dolittle“.

1952 Nach Abschluss der Secondary School Jobs als Sekretärin und Assistentin bei einer Londoner Filmfirma.

1957 Auf Einladung einer Schulfreundin erste Afrika-Reise nach Kenia. Dort Assistentin des Anthropologen[1] Louis Leakey, Direktor des Kenya National Museum.

1960 Im Wildreservat von Gombe am Tanganjika-See in Tansania beginnt sie, das Verhalten von Schimpansen zu erforschen.

1962 Mit einer Ausnahmegenehmigung (da sie nicht studiert hat) schreibt sie sich an der Universität Cambridge zur Promotion ein.

1965 Verleihung des Doktortitels.

1967 Goodall wird Scientific Director des Gombe-Stream-Research-Centers.

1977 Gründung des Jane Goodall Institute for Wildlife Research, Education and Conservation (JGI), das Büros in 22 Ländern unterhält. Ziel des Jane Goodall Institute ist der respektvolle Umgang mit Menschen, Tieren und der Natur.

1986 Auf einer Konferenz von Biologen beschließt sie, ihre Forschungen einzustellen und sich fortan als Tierschutz- und Umweltaktivistin zu betätigen.

1990 Kyoto-Preis für herausragende wissenschaftliche Leistungen.

1991 Mit Schülern gründet sie in Tansania die Aktion „Roots & Shoots“ (wörtlich: Wurzeln & Sprösslinge). Mehr als 10 000 Gruppen in über 100 Ländern engagieren sich in Umwelt- und Sozialprojekten für eine bessere Welt.

1997 Global 500 Award, bis 2004 vom UNEP (United Nations Environment Program) gestifteter Umweltpreis.

2002 Generalsekretär Kofi Annan ernennt sie zur Friedensbotschafterin der UN.

2003 Prinz-von-Asturien-Preis, spanisches Pendant zum schwedischen Nobelpreis, in der Sparte Wissenschaft und technische Forschung.

Quellenangabe: www.janegoodall.de/ ▶ Jane Goodall (Auszug, aufgerufen 2. 9. 2013)

1 Anthropologe: Wissenschaftler, der sich mit der Frage beschäftigt, was den Menschen ausmacht, z. B. in biologischer oder kultureller Hinsicht

Roots & Shoots

Jane Goodalls *Roots & Shoots* (deutsch: Wurzeln und Sprösslinge) ist ein globales, ökologisches und humanitäres Jugendprogramm des Jane Goodall Instituts. Ziel ist es, Jugendliche zu motivieren, mehr über die brennenden Herausforderungen in ihren Gemeinden, ihrem Lebensalltag und in ihrer konkreten Umwelt zu erfahren und nach ihren Möglichkeiten zu deren Lösung beizutragen. Kinder und Jugendliche lernen, eigene Projekte zu initiieren und durchzuführen.
Das Jane Goodall Institut möchte mit seinem *Roots-&-Shoots*-Programm positive Veränderungen für unsere Gesellschaft, für die Tiere und für die Umwelt herbeiführen. Mit zehntausenden Mitgliedern in fast 120 Ländern verbindet *Roots & Shoots* Kinder und Jugendliche aller Altersgruppen, die den gemeinsamen Wunsch haben, eine bessere Welt zu schaffen.

Quellenangabe: www.janegoodall.de/ ▶ roots-shoots (Auszug, aufgerufen 2. 9. 2013)

5 ●●●

a Recherchiere im Internet: Notiere, auf welchen Websites du besonders informative Texte oder geeignete Fotos oder Grafiken gefunden hast.

b Ergänze deine Materialsammlung.

Methode **Ein Kurzreferat gliedern** („roter Faden")

Plane den **Aufbau**: Jedes Referat braucht einen roten Faden/eine Gliederung.

- Wecke in der **Einleitung** das Interesse deiner Zuhörer/-innen und führe in dein Thema ein, z. B. durch Bilder, treffende Zitate oder persönliche Bemerkungen. Gib einen Überblick über den Inhalt des Referats.
- Gliedere den **Hauptteil** sorgfältig. Lege für die wichtigen sachlichen Gesichtspunkte Oberbegriffe mit dazu passenden Unterpunkten fest und bringe diese in eine sinnvolle Reihenfolge. Ordne die Informationen aus deiner Materialsammlung zu und streiche Überflüssiges.
- Runde das Referat am **Schluss** ab. Du kannst z. B. wichtige Informationen zusammenfassen, eine persönliche Meinung formulieren oder einen Appell verfassen.

6 **Lege die Gliederung für den Hauptteil des Kurzreferats über Jane Goodall fest:**
a **Bringe die folgenden Oberbegriffe in eine sinnvolle Reihenfolge, indem du sie nummerierst.**
b **Ergänze zu jedem Oberbegriff zwei oder mehr Unterpunkte.**
c **Begründe, warum die gewählte Reihenfolge sinnvoll ist.**

☐ A aktuelle Projekte / Roots & Shoots
☐ C Leben/Auszeichnungen
☐ B Jane Goodall Institut
☐ D Forschung

Oberbegriff 1: ______________________ Oberbegriff 2: ______________________

Oberbegriff 3: ______________________ Oberbegriff 4: ______________________

Die gewählte Reihenfolge ist sinnvoll, weil ______________________

7 **Die folgenden Einleitungen sind gelungen. Notiere in den Kästchen, welche Einleitung** 1 **mit einer persönlichen Bemerkung beginnt, welche** 2 **mit einem Zitat und welche** 3 **mit einem Foto arbeitet.**

☐ A Ich habe euch ein Foto von Jane Goodall mitgebracht, das sie bei ihrer Arbeit mit den Schimpansen zeigt. Ihr seht hier, wie nah sie den Tieren gekommen ist, um ihr Verhalten ganz genau zu erforschen.

☐ B Vor kurzem habe ich den Film „Die Lebensreise der Jane Goodall" im Fernsehen gesehen. Goodalls Leistungen haben mich sehr beeindruckt. Besonders faszinierte mich, wie erfolgreich sie sich für Tiere und die Umwelt einsetzt.

☐ C In einem Interview mit dem Zeitmagazin antwortet Jane Goodall auf die Frage „Wie lebt es sich als Idol?": „Ich wollte nie eine Ikone sein. Jetzt bin ich eine und muss das Beste daraus machen."

8 **Verfasse eine eigene Einleitung für dein Kurzreferat über Jane Goodall. Schreibe ins Heft.**

9 **Formuliere für dein Referat einen Schluss, der wichtige Informationen zusammenfasst oder mit einem Appell schließt.**

____

____

____

____

Methode **Frei vortragen und Präsentationstechniken nutzen**

Karteikarten helfen dir, dein Kurzreferat frei vorzutragen. Du kannst sie locker in der Hand halten und als Gedächtnisstütze nutzen. Gehe so vor:
- Beschrifte die Karteikarten gut lesbar einseitig und nummeriere sie in der Reihenfolge deiner Gliederung.
- Notiere nur Stichworte. Markiere wichtige Gedanken, Zitate und Fachbegriffe in verschiedenen Farben.
- Verwende Symbole (? ! →) als Gedankenstütze.

Fotos, Bilder, Zitate oder Stichworte machen deinen Vortrag anschaulich. Diese kannst du auf unterschiedliche Weise präsentieren, z. B.: an der **Tafel** oder auf einem **Plakat**, auf einem **Handout** oder auf einer **Folie** (OHP) oder als **Power-Point-Präsentation**.

10 **Bereite den mündlichen Vortrag deines Kurzreferats über Jane Goodall aus:**

a Arbeite mit den Informationen von Seite 5 bis 7 die folgende Karteikarte aus.

b Lege auch für die anderen Oberbegriffe von Aufgabe 6, Seite 7, Karteikarten an.

- Notiere auf einer Karteikarte nur **Stichworte**.
- Halte fest, wo du **Anschauungsmaterial** zeigen möchtest.
- Arbeite mit **Markierungen**, damit du Wichtiges schneller findest.

Forschung (2)

Arbeitsbedingungen: ______

anfangs ______

gibt den Schimpansen ______

Wichtigste Forschungsergebnisse: ______

Schimpansen verwenden wie Menschen ______

Zitat Goodall: „Werkzeuggebrauch galt als das, was uns von allen anderen

Tieren unterscheidet.“ → Fotos von Affen mit Werkzeug zeigen

Schimpansen ______

______ Zitat Goodall: „Das war ein Schock.“

11 **a Entscheide, wie du dein Anschauungsmaterial präsentieren möchtest. Kreuze an.**

☐ Tafel ☐ Plakat ☐ Handout ☐ Folie (OHP) ☐ Power-Point-Präsentation

b Begründe deine Entscheidung.

______ ist besonders geeignet, weil ______

______

12 ●●● **Bereite ein Kurzreferat zu einer weiteren berühmten Persönlichkeit vor, die du als Heldin oder als Vorbild bezeichnen würdest. Orientiere dich dabei an den Aufgaben 1 bis 11.**

Einen Informationstext verfassen

Information **1. Schritt: Sich über das Thema informieren**

In einem Informationstext fasst du in knapper und für die Leser gut verständlicher Weise **das Wichtigste über einen Sachverhalt** zusammen. Zuerst musst du dich **gründlich über das Thema informieren**: Wichtig ist es, **jede Informationsquelle** zunächst einmal **genau zu lesen und auszuwerten**.

Der „Bystander-Effekt"

Die nächste Ausgabe der Schülerzeitung steht unter dem Motto „Zivilcourage zeigen!" Du willst einen Informationstext zum Thema „Bystander-Effekt" beitragen. Als Informationsquellen stehen dir auf den Seiten 9 bis 11 Materialien zur Auswertung zur Verfügung.

Material gezielt auswerten: Markiere wichtige Schlüsselwörter. Kläre ggf. die Bedeutung unbekannter Wörter. **Tipp:** Beim Ordnen hilft dir ein **Cluster** oder eine **Mind-Map**.

1 a **Lies den folgenden Text unter der Fragestellung: Was bedeutet „Bystander-Effekt"?**
b **Beantworte diese Frage knapp mit eigenen Worten.**

Ist Zivilcourage Glückssache?

Menschen, die bei Schlägereien dazwischengehen, werden nicht selten als Helden gefeiert. Anscheinend ist es also nicht selbstverständlich, dass jemand eingreift, wenn er Zeuge eines Notfalls oder einer Straftat wird. Ist es auch nicht: Der „Bystander-Effekt" sorgt dafür, dass Menschen desto weniger Verantwortungsbewusstsein verspüren, je mehr andere Personen gleichzeitig präsent sind.
Erstmals wurde dieser Zuschauer-Effekt in den Sechzigerjahren des vergangenen Jahrhunderts in den USA beschrieben, und zwar am tragischen Fall der New Yorkerin Catherine „Kitty" Genovese: Sie wurde in ihrem Garten über eine halbe Stunde hinweg von einem Mann körperlich angegriffen und schließlich getötet. Die Szene wurde von mindestens 38 Personen beobachtet, doch niemand griff ein.
Die Sozialforscher Bibb Latané und John Darley erforschten das Phänomen bereits 1968 in mehreren Experimenten. In einem dieser Versuche wurden Studenten über eine Sprechanlage vermeintlich Zeugen eines Krampfanfalls eines Kommilitonen. Wie sie reagierten, zeigt das folgende Kurvendiagramm.

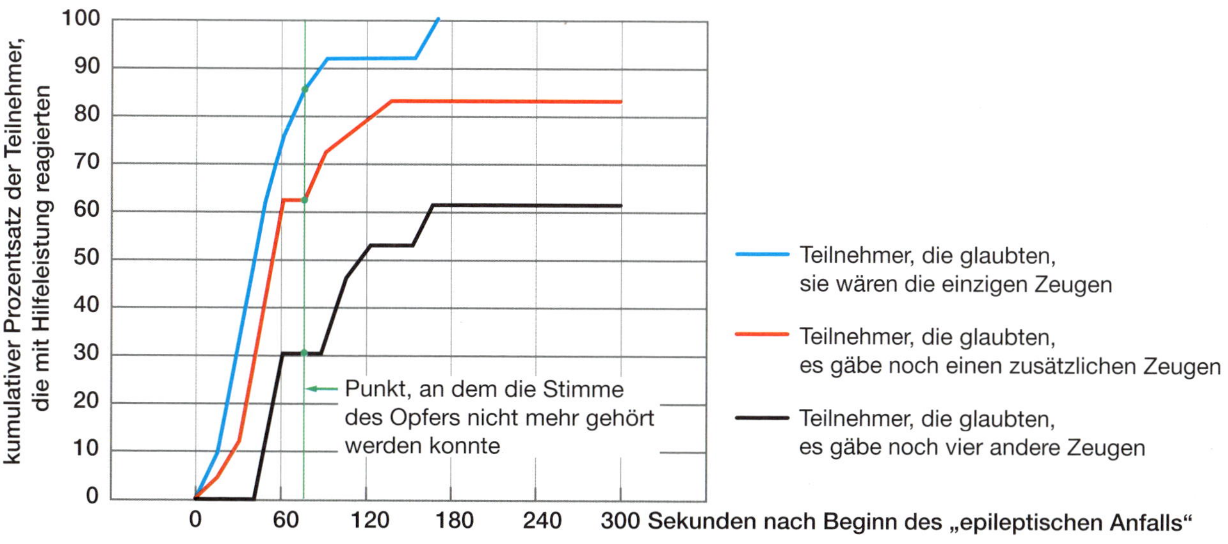

2 **Untersuche das Kurvendiagramm auf Seite 9 unten genau.**

a Fasse kurz zusammen, was Bibb Latané und John Darley in ihrem Experiment untersucht haben.

Die US-amerikanischen Sozialforscher Bibb Latané und John Darley haben untersucht, wie lange

b Erkläre, was die blaue, die rote und die schwarze Linie jeweils bedeutet.

c Das Diagramm beweist den „Bystander-Effekt". Erkläre kurz, wie.

Das Diagramm zeigt, dass

3 **Lies den folgenden Text und fasse das Thema in einem Satz zusammen.**

In dem Text „Bedingungen von Zivilcourage" geht es um die Frage,

Bedingungen von Zivilcourage

Was sind die Voraussetzungen dafür, dass eine Person Zivilcourage zeigt, und was verhindert ein couragiertes Eingreifen? Eine erste Antwort bieten die klassischen und immer noch einflussreichen Arbeiten der Sozialforscher Bibb Latané und John Darley aus dem Jahr 1976. Sie benennen Faktoren, die dafür verantwortlich sind, dass Menschen in Notfallsituationen häufig nicht helfen – selbst dann nicht, wenn andere bedroht oder gar getötet werden. Damit es in einer kritischen Situation zur Hilfeleistung kommt, müssen nach Bibb Latané und John Darley fünf „Hürden" genommen werden, die sie im Modell links darstellen.

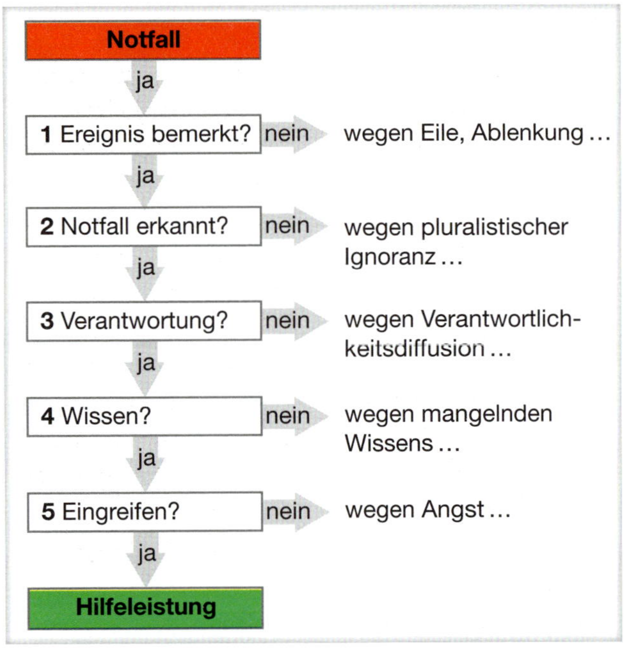

Erläuterungen zum Modell

zu 1: Das Ereignis muss zunächst bemerkt werden, was durch Ablenkung oder Zeitnot erschwert wird.

zu 2: Das Ereignis muss als Notfall interpretiert werden. Diese Einschätzung wird unter anderem davon beeinflusst, wie andere Umstehende erkennbar die Situation beurteilen. Wenn alle fragend und unbeteiligt in die Runde blicken, stellt sich schnell die Meinung ein, dass nichts Schlimmes passiert sei (sogenannte pluralistische Ignoranz).

zu 3: Der Beobachter muss sich zuständig fühlen und darf die Verantwortung nicht auf die anderen Zeugen abschieben. Das Abschieben der Verantwortung auf

andere (sogenannte Verantwortlichkeitsdiffusion) ist die Ursache für eine vielfach beobachtete Feststellung: Die Hilfsbereitschaft Einzelner sinkt stark, wenn mehrere Personen einen Notfall beobachten.
zu 4: Der Beobachter muss über das notwendige Wissen verfügen, was konkret zu tun oder zu unterlassen ist.
zu 5: Die Person muss sich entscheiden zu handeln. Bei der Entscheidung dafür oder dagegen spielt die Angst vor den Folgen des Eingreifens eine große Rolle.

4 **Im Text „Bedingungen von Zivilcourage“ werden fünf „Hürden“ genannt. Wähle ein Beispiel aus deinem Alltag und erkläre daran, wie sich diese Hürden auswirken. Schreibe in dein Heft. Du kannst das folgende Beispiel aufgreifen oder ein anderes finden.**

Ein Jugendlicher sitzt im vollbesetzten Bus. Ein Mädchen wird von einigen Jungen angepöbelt und reagiert hilflos, weil sie allein gegen mehrere ist …

5 **Bei welchen der „Hürden“ erhöht die Anwesenheit anderer Personen („Bystander-Effekt“) die Wahrscheinlichkeit, dass keine Hilfe geleistet wird? Begründe mit eigenen Worten.**

6 **Lies den folgenden Text: Unterstreiche die drei genannten Möglichkeiten, die geeignet sind, dem „Bystander-Effekt“ entgegenzuwirken.**

Kriminologe Prof. Dr. Hans-Dieter Schwind zur „Gaffermentalität“

Interview mit der Studentenzeitung der Ruhr-Universität Bochum (RUBENS)

RUBENS: Gerade bei Straftaten sollte die Anwesenheit vieler Passanten den Entschluss zur Hilfe doch einfacher machen, schon wegen der „Übermacht“ der Helfer. Doch dies ist offensichtlich nicht der Fall?

Schwind: Nein, das ist merkwürdigerweise tatsächlich meist nicht der Fall. Insoweit wirkt sich jedenfalls oft der sogenannte „Non-Helping-Bystander-Effekt“ aus.

RUBENS: Wie kann der Tendenz zum „Wegschauen“ in der Gesellschaft entgegengewirkt werden?

Schwind: Durch eine Verschärfung des § 323 c StGB, der die unterlassene Hilfeleistung mit Strafe bedroht, wird man wenig erreichen, und zwar schon deshalb nicht, weil diese Norm gar nicht bekannt ist. Aber Hilfeverhalten lässt sich erlernen. Insoweit dürfte zum Beispiel eine verstärkte Auseinandersetzung mit der Problematik im Schulunterricht nützlich sein. Auch die Medien könnten mehr als bisher aufklärend wirken. Im Übrigen: Niemand sollte in der konkreten Situation einer Straftat versuchen, allein den Helden zu spielen. Gemeinsame Aktionen sind in bedrohlichen Situationen erfahrungsgemäß zu erreichen, wenn

man einzelne Personen konkret anspricht und um Mithilfe bittet. Das gilt auch für Unglücksfälle.

RUBENS: Unterlassene Hilfeleistung ist ein Straftatbestand. Welche Strafe droht hier?

Schwind: Nach § 323 c StGB kann ein Beobachter, der in einer Notsituation nicht hilft, mit einer Freiheitsstrafe bis zu einem Jahr oder mit Geldstrafe bestraft werden. Das Unterlassen der erforderlichen Hilfe ist aber nur dann strafbar, wenn Vorsatz vorliegt und dem Zuschauer die Hilfeleistung auch zumutbar ist. Zumutbarkeit liegt nicht vor, wenn sich der Zuschauer durch sein Verhalten einer erheblichen eigenen Gefahr aussetzen würde – eine Bedingung, die nicht nur bei Straftaten meist bereits zutrifft.

Quellenangabe: www.ruhr-uni-bochum.de (aufgerufen 30.1.2014)

Information **2. Schritt: Den Informationstext planen**

Eine sinnvolle Reihenfolge der Informationen ist wichtig, damit die Leserin/der Leser sie versteht. Gib deinem Text eine **klare gedankliche Struktur** (roter Faden) und ordne die Informationen dementsprechend, z. B.: *Ursache → Wirkung → Folgen; Vergangenheit → Gegenwart → Zukunft; Problem → Ursachen → Lösung; Problem → Lösung → Umsetzung.*

7 a **Überlege, welche der Informationen über den Sachverhalt „Bystander-Effekt" für deine Mitschüler/-innen wichtig sind. Lege im Heft eine Mind-Map mit möglichen Fragen an.**
b **Nutze die Mind-Map, um die Informationen zu ordnen, die die Materialien auf den Seiten 9 bis 11 geben.**

8 a **Kreuze an, welche gedankliche Struktur für deinen Informationstext geeignet ist.**
b **Begründe deine Entscheidung.**

A ☐ Vergangenheit – Gegenwart – Zukunft
B ☐ Problem – Ursachen – Lösungen
C ☐ Ursache – Wirkung – Folgen
D ☐ Problem – Lösung – Umsetzung

Struktur ______ ist geeignet, weil ______________________________

____

Information **3. Schritt: Den Informationstext schreiben und überarbeiten**

- Gliedere deinen Text in **Überschrift**, **Einleitung** (Thema, W-Fragen), **Hauptteil** (Beschreibung und Erklärung der Sachverhalte in einer klaren gedanklichen Struktur) und **Schluss** (Zusammenfassung, Ausblick).
- Mache durch **Absätze** die Gliederung deines Textes deutlich.
- Schreibe mit **eigenen Worten** und formuliere **sachlich** ohne persönliche Wertungen.
- Schreibe vorwiegend im **Präsens** und gib Äußerungen Dritter in **indirekter Rede** wieder (► S. 53).
- Mache die Zusammenhänge der Informationen (Ursache, Wirkung etc.) auch sprachlich deutlich, z. B. durch **Satzverknüpfungen** (*weil, daher, denn, sodass* usw.).

Ein informierender Text kann Aufgabe einer Klassenarbeit sein.

9 **Erarbeite eine Gliederung für den Hauptteil deines Textes.**
a **Überfliege noch einmal alle Materialien auf den Seiten 9 bis 11 und in deiner Mind-Map von Aufgabe 7 b.**
b **Trage in der folgenden Übersicht die in Aufgabe 8 festgelegte Struktur ein und ordne ihr stichwortartig die passenden Informationen zu.**

Problem	______________________________
______	______________________________
______	______________________________

10 **a Der Informationstext soll in der Schülerzeitung erscheinen. Welcher der folgenden Sätze ist geeignet, die Neugier deiner Mitschüler/-innen zu wecken? Kreuze an.**
b Begründe deine Wahl.

Um Textstellen **mit eigenen Worten wiedergeben** zu können, musst du genau lesen und die Textaussage verstehen.

A ☐ Vor kurzem wurde im Bus eine Mitschülerin angepöbelt, obwohl …

B ☐ Es scheint in unserer Gesellschaft Alltag zu sein, dass …

C ☐ Der „Bystander-Effekt" ist ein bemerkenswertes Phänomen, weil …

D ☐ Auf dem Schulhof gibt es immer wieder Handgreiflichkeiten, bei denen …

Satz ______ ist geeignet, die Neugier meiner Mitschüler/-innen zu wecken, weil ______________________

____

11 **Worum geht es in dem folgenden Auszug, der den Text „Ist Zivilcourage Glückssache?" (S. 9) einleitet? Fasse das Thema mit eigenen Worten knapp zusammen und schreibe ins Heft.**

Wecke in der Einleitung das **Interesse** der Leser/-innen für das Thema.

„Menschen, die bei Schlägereien dazwischengehen, werden nicht selten als Helden gefeiert. Anscheinend ist es also nicht selbstverständlich, dass jemand eingreift, wenn er Zeuge eines Notfalls oder einer Straftat wird. Ist es auch nicht: Der ‚Bystander-Effekt' sorgt dafür, dass Menschen desto weniger Verantwortungsbewusstsein verspüren, je mehr andere Personen gleichzeitig präsent sind."

12 **a Im folgenden Schlussteil des Informationstextes fehlen die Satzverknüpfungen. Setze diese so ein, dass die Zusammenhänge deutlich werden.**
b Ergänze einen eigenen Schlusssatz. Du kannst z. B. das Wichtigste zusammenfassen, einen Ausblick geben oder mit einem Appell schließen.

Verwende **Satzverknüpfungen** (z. B. *weil, denn, wenn, dann, aber, indem, statt*), um die **Zusammenhänge zwischen den Informationen** (Ursache, Wirkung etc.) auch sprachlich deutlich zu machen.

__________ man weiß, dass es den Bystander-Effekt gibt, __________ kann man sich in Notfällen anders verhalten: Man sollte etwas mutiger der eigenen Wahrnehmung trauen, __________ man darf sich keinesfalls allein in eine kritische Situation begeben. Unterstützung kann man sich holen, __________ man zum Beispiel jemanden anspricht und um Mithilfe bittet.

13 **Schreibe für die Schülerzeitung einen zusammenhängenden Informationstext zum Thema „Bystander-Effekt". Schreibe ins Heft und nutze deine Vorarbeiten für die Aufgaben 1 bis 12.**

Denke auch an eine **Überschrift**, die Aufmerksamkeit für das Thema weckt.

14 ●● **Erstelle Fragen für eine Checkliste zum Überarbeiten eines Informationstextes, indem du die ? durch passende Begriffe ersetzt. Das Merkwissen und die Tipps auf den Seiten 9 bis 13 helfen dir dabei. Schreibe ins Heft.**

Ist der Text klar gegliedert in ?, ? und ?? Ist der Text ? und ? formuliert?

Wurde vorwiegend das ? verwendet und Äußerungen anderer Personen in der ? wiedergegeben?

Sind Zusammenhänge sprachlich durch ? deutlich gemacht?

Einen Tagesbericht verfassen

Information **Schreibplan für einen Tagesbericht**

Ein Tagesbericht ist ein Bestandteil einer Praktikumsmappe. Er informiert **sachlich** und **in chronologischer Reihenfolge** über die Tätigkeiten, die ein Praktikant an einem Praktikumstag ausgeführt hat.
Ein Tagesbericht wird im **Präteritum** verfasst und beantwortet die **W-Fragen**.

- Fasse im Einleitungssatz knapp zusammen, welche **Arbeitsschwerpunkte** der beschriebene Tag hatte.
- Verwende **Fachbegriffe** und erkläre diese, wenn nötig.
- Wechsle die **Satzanfänge** ab und verdeutliche die Abfolge der Ereignisse (z. B. *zuerst, anschließend*).
- Verbinde Sätze durch treffende **Verknüpfungswörter** (z. B. *weil, obwohl*).

1 **Lies den nachfolgenden Tagesbericht, den Jan von seinem Praktikum bei einem Tierarzt gemacht hat, und überlege, was an dem Tag seine Arbeitsschwerpunkte waren. Verfasse eine passende Einleitung.**

Heute lernte ich am Vormittag ______________________________

____

und am Nachmittag ______________________________

____

Tagesbericht für Montag, den 5. Mai 20..

Auf dem ersten Hof habe ich gemeinsam mit dem Tierarzt mit einem Mikroskop die Kotprobe eines Pferdes auf Würmer untersucht und ihm bei der Impfung von drei anderen Pferden zugesehen. Dann machte der Tierarzt einem Pferd einen neuen Verband. Ich hielt das Tier währenddessen am Halfter fest. Das war voll toll, weil ich es während der Behandlung gut beruhigen konnte. Als Nächstes mussten auf einem anderen Hof drei Kühe mit einem Antibiotikum behandelt werden, da sie eine Infektion hatten. Ich durfte mit einem Stethoskop Lunge und Herz abchecken und der Tierarzt erklärte mir, dass die Tiere eine krass hohe Herz- und Atemfrequenz hatten. Auf dem letzten Hof musste der Tierarzt total süßen Schafen Blut abnehmen. Ich habe für ihn die Blutprobenröhrchen mit den Ohrmarkennummern beschriftet, damit man später weiß, welches Blut zu welchem Schaf gehört.

untersuchte

legte an

Am Nachmittag wurden in der Praxis mehrere Kleintiere behandelt. Ich durfte bei einer Operation zusehen, in der einer Hündin ein Tumor entfernt wurde. Sie wurde in die Narkose gelegt und weiträumig rasiert und desinfiziert. Ihr wurde ein Tubus in die Luftröhre geschoben und an das Inhalationsnarkosegerät angeschlossen. Der Tumor wurde herausgeschnitten, die Blutgefäße abgebunden und die Haut wieder zugenäht. Nach der OP putzte ich den Behandlungsraum. Ich zog Handschuhe an, reinigte die Instrumente, indem ich sie zunächst in Wasser, dann in ein Desinfektionsbad und schließlich in einen Dampfsterilisator legte.
Ich schnitt für den nächsten Tag Tücher für den Instrumententisch zu.
Danach durfte ich dem Tierarzt noch bei weiteren kleineren Behandlungen zusehen. Dazu gehörte das Impfen von drei Katzenbabys. Sie sollen keine lebensbedrohlichen Krankheiten bekommen. Außerdem versorgte er kleinere Wunden bei einem Meerschweinchen und kastrierte einen Kater. Ich redete vor der Narkose beruhigend auf ihn ein. Er war trotzdem sehr ängstlich. Als Letztes hat der Tierarzt noch die Besitzerin eines Hundes beraten. Er war übergewichtig.

2 **Lies den ersten Absatz des Tagesberichts auf Seite 14 (Zeilen 1–12) genauer: Berichtige Fehler in Tempus und Ausdruck.**

a **Jan hat einige Male das Perfekt verwendet. Unterstreiche diese Verben und notiere die Personalform im Präteritum in der Randspalte.**

b **Markiere Textstellen, die umgangssprachlich formuliert sind, und schreibe passende sachliche Formulierungen an den Rand.**

3 **Was muss Jan im zweiten Absatz des Tagesberichts (Z. 13–21) verbessern? Kreuze an.**

A ☐ Es wird das falsche Tempus verwendet.

B ☐ In dem Absatz wird zu viel Umgangssprache verwendet.

C ☐ Die Reihenfolge der Ereignisse wird nicht deutlich gemacht.

D ☐ Die Sätze sind nicht durch treffende Verknüpfungswörter verbunden.

4 **a** **Verbinde die folgenden Sätze aus dem letzten Absatz (Z. 22–27) durch passende Verknüpfungswörter.**

b **Umkreise in deinen Sätzen die Verknüpfungswörter.**

A Dazu gehörte das Impfen von drei Katzenbabys. Sie sollen keine lebensbedrohlichen Krankheiten bekommen.

____

____

B Ich redete vor der Narkose beruhigend auf ihn ein. Er war trotzdem sehr ängstlich.

____

____

C Als Letztes beriet der Tierarzt noch die Besitzerin eines Hundes. Das Tier war übergewichtig.

____

____

5 **Überlege, welche Fachbegriffe man evtl. genauer erklären sollte. Umkreise zwei solche Fachbegriffe im Text und notiere am Rand, was sie bedeuten.**

6 **Überarbeite den gesamten Tagesbericht und schreibe die Verbesserung in dein Heft. Nutze dafür deine Vorarbeiten aus den Aufgaben 2 bis 5.**

7 ●● **Ergänze mit Hilfe der folgenden Notizen den Tagesbericht in deinem Heft um einen weiteren Absatz. Mache die Reihenfolge durch entsprechende Wörter deutlich und verbinde zwei Sätze mit einem Verknüpfungswort.**

- *Apotheke mit neuen Medikamenten aufgefüllt*
- *einige Medikamente zusammen mit der Tierarzthelferin aussortiert (Verfallsdatum überschritten)*

Eine Stellungnahme überzeugend formulieren

Information **Eine Stellungnahme (Argumentation) ausarbeiten**

Beim Argumentieren nimmst du Stellung zu einer **Streitfrage**, z. B.:
Sollen Computerspiele aus pädagogischen Gründen für Jugendliche unter 14 Jahren verboten werden?
Formuliere deinen Standpunkt dazu (z. B. Meinung, Wunsch, Forderung) und unterstütze ihn durch überzeugende Argumente und Beispiele, z. B.:

- **Standpunkt (Meinung):** *Computerspiele dürfen keinesfalls verboten werden, …*
- **Argument:** *… denn sie fördern die Intelligenz Heranwachsender in besonderem Maße.*
- **Beispiel:** *Das Spiel „Deine Stadt" zum Beispiel vermittelt strategisches Denken und taktisches Geschick.*

Überzeugende Beispiele können sein:

- eine eigene **Erfahrung** oder eine **nachvollziehbare Erläuterung**, warum etwas sinnvoll ist oder nicht,
- ein **Beleg** aus der Zeitung oder ein **Zitat** von einer Expertin/einem Experten.

Eine schriftliche Stellungnahme kann Aufgabe einer Klassenarbeit sein.

1 **a** **Lies die folgenden Kommentare zum Thema Internet-Führerschein.**
b **Markiere in jedem Kommentar den Standpunkt schwarz, die Argumente grün, die Beispiele blau.**

Im Internet-Blog eines Jugendmagazins wird der Vorschlag einer Landesregierung diskutiert, für Personen ab 14 Jahren verpflichtend einen Internet-Führerschein einzuführen.

Luna2000 (7.9. 16:47 Uhr)

Ich fände es klasse, wenn jeder einen solchen Führerschein machen müsste. Soweit ich gelesen habe, enthält er wie andere Führerscheine auch einen Theorie- und einen Praxisteil. Man erwirbt dafür auch Kenntnisse im Urheberrecht und in Sicherheitsmaßnahmen gegen Computerviren. Dann wüsste jeder endlich genau, was im Netz erlaubt ist und was nicht. Niemand könnte sich mehr herausreden, wenn er Fotos von anderen unerlaubt online stellt. Außerdem würde man etwas über Netiquette lernen, sodass die Leute höflicher miteinander umgehen würden. Das ist z. B. für Chats wichtig. Wer sich nicht an die Regeln hält, verliert dann einfach seinen Führerschein. Allerdings … weiterlesen

Fred777 (7.9. 16:58 Uhr)

Eine Pflicht zum Internet-Führerschein halte ich für völlig übertrieben, weil das Internet ja nicht so gefährlich ist wie ein Auto. Wenn man nicht vernünftig surft, gefährdet man ja niemanden anderen. Wenn ich etwa einen Virus auf meinem Computer habe, ist das nur mein Problem. … weiterlesen

Xerx (7.9. 17:13 Uhr)

Für mich wäre ein Internet-Führerschein sehr sinnvoll. Zum Beispiel würde ich dann nicht mehr so viel Zeit mit sinnlosem Herumsurfen verschwenden. Denn man müsste für den Führerschein lernen, wie man im Internet gezielt recherchiert. Außerdem wüsste man dann genau, welchen Websites und Informationen man vertrauen kann. Ein weiteres wichtiges Argument ist, dass … weiterlesen

Sol99 (7.9. 17:20 Uhr)

Der Medienforscher Prof. Perke rät von einem verpflichtenden Internet-Führerschein ab. Er hat herausgefunden, dass Kinder sehr motiviert sind, Medienkompetenz von sich aus zu erwerben. Ein wichtiger Einwand gegen einen Internet-Führerschein ist also, dass er Jugendlichen den Spaß am selbstständigen Entdecken im Netz verderben könnte. Meiner Meinung nach ist ein verpflichtender Führerschein deshalb nicht zu empfehlen. Ich kann zwar verstehen, dass … weiterlesen

Information **Schreibplan: Ideen/Stoff sammeln und die Einleitung schreiben**

- Kläre zuerst die **Streitfrage**, zu der du Stellung nehmen wirst. Wäge ab: Was spricht für, was gegen einen Standpunkt? Bilde dir eine **eigene Meinung** und **sammle Argumente und Beispiele**, die sie überzeugend unterstützen, aber auch mindestens ein Gegenargument, das du entkräften kannst.
- Führe in der **Einleitung** in das **Thema** ein: Nenne z. B. den Anlass oder die Absicht deiner Stellungnahme oder wecke Interesse für das Thema, z. B.: *Mit Interesse habe ich ...; Im Blog wird eine ...*
  Leite zum Hauptteil über: Du kannst die Diskussionsfrage nennen oder kurz deinen Standpunkt darlegen, aber noch ohne Begründung.

2 a **Formuliere die Streitfrage, auf die sich die Blog-Kommentare auf Seite 16 beziehen.**

b **Was ist deine Meinung zum Thema Internet-Führerschein? Notiere deinen Standpunkt.**

3 **Bereite einen eigenen Blogbeitrag vor: Sammle Ideen für Argumente, die deine Meinung unterstützen, und ergänze die folgende Mind-Map.**

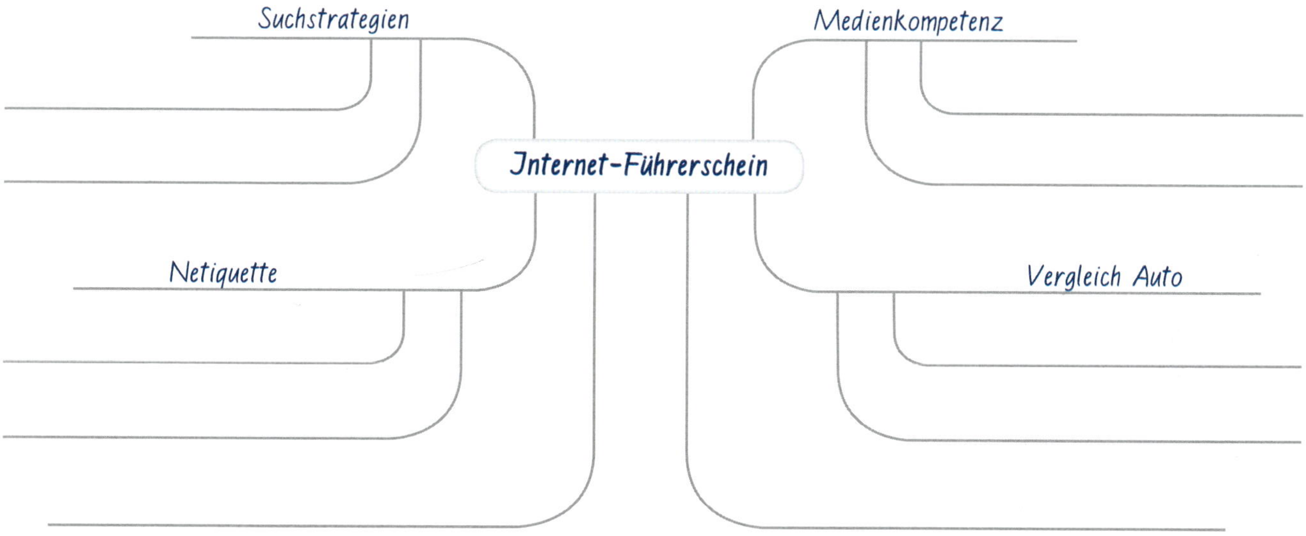

4 **Wie könntest du Interesse für das Thema wecken? Notiere eine Idee für die Einleitung des Blog-Beitrags.**

5 **Schreibe eine Überleitung zum Hauptteil.**

Mögliche Überleitungen zum Hauptteil: *Im Folgenden möchte ich zu der Frage Stellung nehmen, ... ; Meiner Meinung nach ... ; Es lohnt sich, einmal darüber nachzudenken, ob ... ; Weil ich selbst ... , möchte ich im Folgenden meine Position ...*

Information **Schreibplan: Den Hauptteil schreiben**

Im Hauptteil begründest du **deine Meinung**, indem du (mindestens zwei) **Argumente mit Beispielen** nennst, die sie unterstützen.

- Mache den Zusammenhang deiner Argumentation deutlich, indem du die Argumente und Beispiele **sprachlich geschickt einleitest** und **miteinander verknüpfst**, z. B.: *Ein Argument, das für ... spricht, ist ...; Das entscheidende Argument für mich ist ...; Außerdem sollte man bedenken, dass ...; Dies zeigt/belegt deutlich, dass ...; zudem; außerdem; deshalb; weil; da; denn.*
- **Ordne die Argumente** sinnvoll: Es kann das erste oder das letzte Argument, das du nennst, besonders überzeugend sein, z. B.: *Besonders wichtig ist ...; Es gibt noch ein wichtigeres Argument ...*

6 **a** **Kreuze in der folgenden Übersicht an, welche Position du vertrittst: Bist du pro (für) oder kontra (gegen) einen Internet-Führerschein?**

b **Trage je zwei Argumente pro und kontra ein: Die Markierungen in den Kommentaren auf Seite 16 helfen dir, schreibe mit eigenen Worten.**

Pro: Ich bin für einen Internet-Führerschein	Kontra: Ich bin gegen einen Internet-Führerschein
______	______
______	______
______	______
______	______

7 **a** **Gib für jedes der folgenden Beispiele an, ob es ein Pro- oder ein Kontra-Argument belegen könnte.**

______ A Meine Geschwister und ich wissen schon jetzt viel besser über das Internet Bescheid als unsere Eltern.

______ B Neulich habe ich aus Versehen meine private E-Mail-Adresse ins Netz gestellt und serienweise unerwünschte Mails und Werbung bekommen.

______ C Meine Mutter fragt mich alle zwei Minuten, was ich im Netz tue. Sie wäre endlich beruhigt.

______ D Weil er ein Video mit fremder Musik unterlegt und hochgeladen hatte, bekam unser Nachbar im vergangenen Jahr überraschend ein Schreiben von einem Rechtsanwalt.

b **Kreuze an, welche Art von Beispielen bei Aufgabe 7 a verwendet wurde.**

A ☐ eigene Erfahrung
B ☐ ein Beleg aus der Zeitung
C ☐ nachvollziehbare Erläuterung, warum etwas sinnvoll ist oder nicht
D ☐ ein Zitat von einer Expertin/einem Experten

8 **Formuliere zur Unterstützung deiner Position ein weiteres Argument mit einem Beispiel aus.**

______

______

9 a **Kreuze an, mit welchen der folgenden Verknüpfungswörtern du Gegenargumente einleiten kannst.**

A ☐ obwohl ... dennoch/trotzdem ...
B ☐ nämlich
C ☐ weil/da
D ☐ auch wenn ... so ...
E ☐ zwar ... aber ...
F ☐ außerdem

Deine Argumentation wirkt noch überzeugender, wenn du ein **Gegenargument nennst und** dieses **entkräftest** oder widerlegst, z. B.: *Es ist zwar nachvollziehbar, wenn ... / Ich kann nachvollziehen, dass ... → Aber ich möchte dagegenhalten, dass ...; Sicherlich kann man einwenden, dass ... → Dennoch denke ich, ...*

b **Die folgenden Argumente sind pro Internet-Führerschein. Entkräfte jedes der Argumente unter Verwendung der angebotenen Gegenargumente. Nutze dabei Verknüpfungswörter und schreibe in dein Heft.**

A Ein Internet-Führerschein verspricht einen verantwortungsvolleren Umgang mit Daten. → Viele würden sich trotz Führerschein nicht an Regeln halten.

B Ein Internet-Führerschein kann sinnvoll sein. → Jeder, der die Führerscheinprüfung nicht besteht, wäre aus seinem Freundeskreis ausgeschlossen.

C Viele Eltern sind besorgt, wenn ihre Kinder unbeaufsichtigt im Internet surfen. → Diese Sorge ist unbegründet, denn in den meisten Schulen lernen Kinder und Jugendliche, sich im Internet sicher zu bewegen.

Information **Schreibplan: Den Schluss schreiben**

Bekräftige zum Schluss noch einmal deinen Standpunkt oder formuliere einen Vorschlag, eine Forderung oder einen Wunsch für die Zukunft. Du kannst auch eine Bedingung nennen, die eingehalten werden müsste, z. B.: *Wenn ..., fände ich es ...; Falls ..., könnte ich mir vorstellen, ...*

10 **Formuliere einen Schluss aus. Greife in zwei bis drei Sätzen deinen Standpunkt und deine Ideen für die Einleitung (S. 17, Aufgabe 4) auf und schließe mit einem Vorschlag für die Zukunft.**

____

____

____

____

11 a **Nimm Stellung zum Thema Internet-Führerschein. Schreibe einen Kommentar für den Blog in dein Heft: Nenne zwei Argumente mit Beispielen und entkräfte ein Gegenargument.**

b **Überarbeite deine Stellungnahme. Beachte dabei besonders folgende Gesichtspunkte:**

- Absätze zwischen Einleitung, Hauptteil und Schluss
- Überleitung zum Hauptteil
- sinnvolle Reihenfolge der Argumente
- Verknüpfung der Argumente/Beispiele

12 ●● **Nimm die deiner Meinung entgegengesetzte Position ein und formuliere einen vollständigen Kommentar für den Blog. Schreibe in dein Heft und überarbeite die Stellungnahme, indem du die Gesichtspunkte prüfst, die in Aufgabe 11 b dafür genannt sind.**

Beschreiben und erklären

Einen Ort beschreiben

Information **Schreibplan für eine Ortsbeschreibung**

Aufbau:
- Benenne in der **Einleitung** den Ort und mache allgemeine Angaben, z. B. zu dessen Größe oder Lage.
- Beschreibe den Ort im **Hauptteil** in einer geordneten Reihenfolge, z. B. vom Wesentlichen zum weniger Wichtigen, von links nach rechts oder aus der Vogelperspektive. Benenne wichtige Elemente der Innenarchitektur und Einrichtungsgegenstände. Gehe, wo sinnvoll, auch auf deren Funktion ein.
- Am **Schluss** kannst du beschreiben, wie der Ort insgesamt auf dich wirkt.

Nutze möglichst **treffende Begriffe** (auch Fachbegriffe) zur Bezeichnung einzelner Gegenstände, z. B.: *Absaugpumpe, Hecktür*. Verwende **genau beschreibende Adjektive** (z. B. *signalrot*) und Verben (z. B. *hängen, stehen*).
Beschreibe die genaue **Lage der einzelnen Gegenstände**, z. B.: *rechts, hinter, neben*.
Schreibe im **Präsens** und in einer **sachlichen Sprache**.
Eine Ortsbeschreibung kann Aufgabe einer Klassenarbeit sein.

1 **Das Foto auf dieser Seite zeigt den Innenraum eines Rettungswagens.**
a **Lies den folgenden Text, der Einsatzzweck und Ausstattung eines Rettungswagens beschreibt.**
b **Trage bei jedem Gegenstand den Buchstaben des Fachbegriffs ein. Nutze die Informationen aus dem Text „Allgemeine Bestimmungen zum Rettungswagen".**

Allgemeine Bestimmungen zum Rettungswagen

Aufgabe des Rettungsdienstes ist es, das Leben von Notfallpatienten an Ort und Stelle zu erhalten, sie transportfähig zu machen und unter sachgerechter Betreuung zu einem geeigneten Krankenhaus zu fahren. Hierfür sind genaue Standards in der Ausrüstung des Rettungswagens festgelegt, die auf geringstem Raum eine optimale Versorgung ermöglichen. Der Rettungswagen muss mit mindestens zwei Personen besetzt sein, davon ein Rettungsassistent und in der Regel ein Rettungssanitäter oder Rettungshelfer.

Zur **Standardausrüstung** gehören in Deutschland:

A EKG-Monitor und Defibrillator
B Beatmungsgerät
C Einmalhandschuhe
D Desinfektionsmittelspender
E Patiententrage mit Fahrgestell
F Medikamenten- und Instrumentenschränke
G Klappsitz für Notarzt/Rettungsassistent
H Tragestuhl
I Notfallrucksack

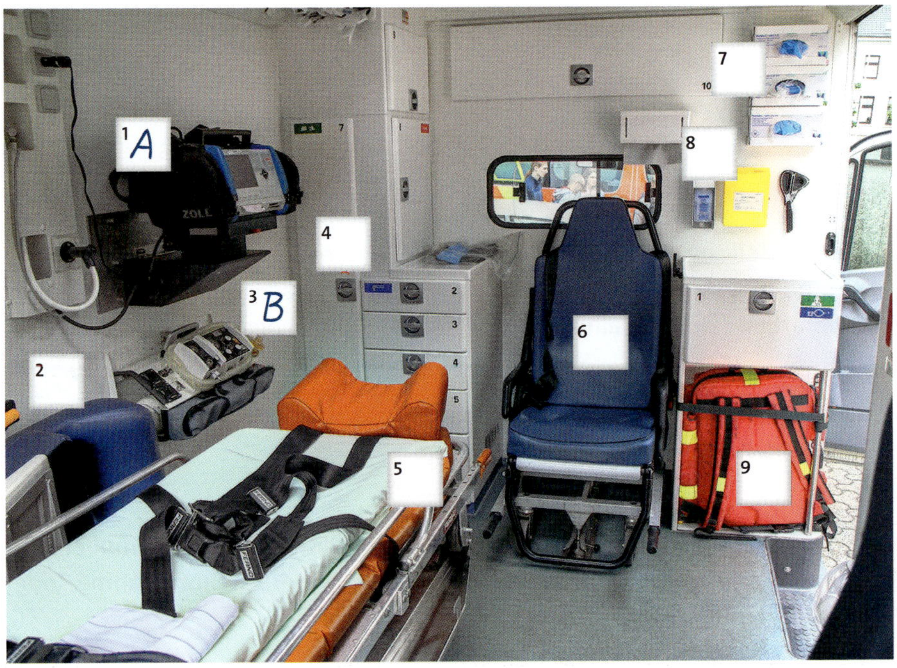

2 **Lege für die Gliederung die Reihenfolge fest, in der du die Gegenstände im Rettungswagen beschreiben möchtest: Orientiere dich dabei vorwiegend von links nach rechts.**

1. EKG-Monitor und Defibrillator
2.
3.
4.
5.
6
7.
8.
9.

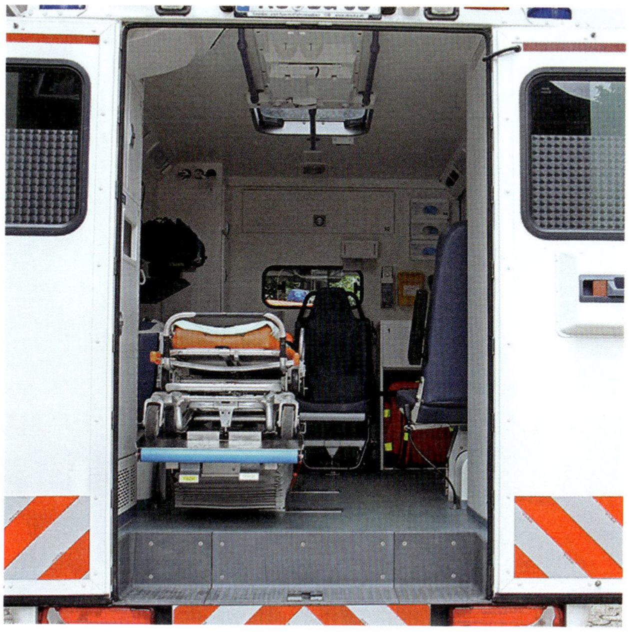

3 **Bereite die Ausarbeitung des Hauptteils vor:**
Beachte die in Aufgabe 2 festgelegte Reihenfolge und gib die genaue Lage der einzelnen Ausstattungsgegenstände an.
Tipp: Die folgenden Wörter helfen dir, die Position oder Lage der Gegenstände anzugeben.

Verwende treffende **Verben** (z. B. *sich befinden, hängen, stehen, bedecken, gleiten, verlaufen, lagern, herausragen, befestigt sein, aufweisen*).

hinter • unterhalb • über • auf • darunter • in • neben • vor • an • gegenüber • oben • unten
in der Mitte • vorn • unter • hinten • oberhalb • davor • dahinter • links • rechts • daneben

EKG-Monitor und Defibrillator sind über der Liege an der linken Seitenwand befestigt.

Was ist wo im Wagen zu sehen?

4 **Ein wichtiger Gegenstand des Rettungswagens ist die Patiententrage.
Beschreibe sie genau und ergänze, wo sinnvoll, Hinweise zur Funktion einzelner Teile.
Die angebotenen Wendungen helfen dir. Sie enthalten auch genau beschreibende Adjektive.**

gepolstert • zum Fixieren • wegwerfbarer Bezug • aus hygienischen Gründen
Tragegriff aus Plastik • in leuchtendem Neonorange • am Einsatzort gut sichtbar
in Schienen • stabile Randhalterung aus Metall • ausklappbares Fahrgestell

____

____

____

____

____

5 **Ergänze in der folgenden Einleitung der Beschreibung die treffenden Verben.**

Das Foto ____________ einen Rettungswagen. Er wird eingesetzt, um Notfallpatienten zu ____________ und in eine Klinik zu ____________. Man ____________ von hinten durch die geöffneten Türen in den Innenraum des Rettungswagens. Dieser ____________ eine Breite sowie Höhe von ungefähr zwei Metern und ist etwa dreieinhalb Meter lang.

6 **Entscheide, welcher der beiden folgenden Schlussteile für die Beschreibung geeignet ist.
Kreuze an und begründe deine Wahl.**

A ☐ Dieser ultramoderne Hightech-Transporter ist, wenn es um Leben und Tod geht, die Rettung. Hier kann sich jeder Verletzte in Sicherheit fühlen. Das saubere und geordnete Innere bietet medizinische Hilfsmittel und Ausrüstung für alle erdenklichen Notfälle. Wunderbar versorgt, düst man mit Blaulicht ins Krankenhaus.

B ☐ Sieht man, wie durchdacht ein Rettungswagen eingerichtet ist, versteht man, dass er im Notfall dazu beitragen kann, ein Menschenleben zu retten. Man hat den Eindruck, dass Sanitäter oder Notarzt trotz des begrenzten Platzangebots im Fahrzeug eine bestmögliche Erstversorgung durchführen können. Dies wirkt sehr beruhigend.

Der Schluss ☐ ist geeignet, weil ________________________.

7 **Arbeite eine vollständige Beschreibung des Innenraums des Rettungswagens aus.
Schreibe in dein Heft und verwende treffende Verben, genau beschreibende Adjektive und Wörter, die die Position angeben.**

8 ●●● **Arbeite eine Beschreibung des Sanitätsraums aus, den du auf dem Foto rechts siehst.
Schreibe in dein Heft.**

Einen Arbeitsablauf beschreiben

Information **Schreibplan für eine Vorgangsbeschreibung**

Aufbau:
- Benenne in der **Einleitung** notwendige Materialien und/oder Vorbereitungen.
- Beschreibe im **Hauptteil** Schritt für Schritt den Arbeitsablauf.
- Am Schluss kannst du z. B. einen weiterführenden Hinweis (Tipp) geben.

Verwende **Fachbegriffe** und erkläre diese möglichst.
Mache die **Reihenfolge** der einzelnen Arbeitsschritte **deutlich**, z. B.: *zuerst, dann, danach, zum Schluss.*
Wechsle zwischen Aktiv und Passiv, um abwechslungsreicher zu formulieren, z. B.:
Die Mechaniker trainieren den Boxenstopp. → Der Boxenstopp wird (von den Mechanikern) trainiert.
Schreibe im **Präsens**, um das Allgemeingültige des Vorgangs auszudrücken.
Eine Vorgangsbeschreibung kann Aufgabe einer Klassenarbeit sein.

1 **Bei Autorennen der Formel 1 werden während des Rennens die Reifen gewechselt. Die folgenden Bilder zeigen die Arbeitsschritte bei einem Boxenstopp. Schau sie genau an: Das Foto zeigt die Gesamtsituation, die Illustrationen den Wechsel eines einzelnen Reifens.**

1

Zeitrekord beim Boxenstopp:
2,05 Sekunden,
Grand Prix von Malaysia 2013

2

3

4

5

6

2 **Notiere neben den einzelnen Illustrationen in Stichworten, was beim Wechsel eines Reifens zu tun ist und welche Materialien dafür benötigt werden. Beachte auch die Gesamtsituation, die das Foto zeigt.**

(1) zwei Mechaniker (einer vorn, einer hinten), feuerfeste Schutz-
kleidung,

(2) je Reifen ein Team von drei Mechanikern:

(3) zweiter Mechaniker, Reifen abnehmen

(4)

(5)

(6)

Einen **Fachbegriff** kannst du direkt **erklären**, indem du ...
- eine **Definition** gibst, z. B.: *Die Boxengasse ist ein Straßenstück neben der Start- und Zielgeraden.*
- eine **Apposition** einfügst, z. B.: *Beim Boxenstopp werden Heck und Bug, also Hinter- und Vorderteil des Rennwagens, angehoben.*

Indirekt erklärst du einen Fachbegriff, indem du ...
- **Beispiele** gibst, z. B.: *In der Boxengasse befinden sich Garagen der verschiedenen Rennställe, z. B. McLaren, Ferrari, Sauber.*
- die **Funktion** beschreibst, z. B.: *Neue Reifen liegen vor dem Wechsel unter Thermodecken, die die Reifen schon auf Betriebstemperatur bringen sollen.*

3 **Formuliere für den Hauptteil im Heft die Beschreibung der beiden ersten Arbeitsschritte aus. Erkläre dabei die Fachbegriffe mit den im Tipp oben vorgeschlagenen Möglichkeiten wie folgt:**
- **Schutzkleidung → Beispiel,**
- **Druckluft → Definition,**
- **Schlagschrauber → Apposition,**
- **Galgenbaum → Funktion.**

Tipp: Die nachfolgenden Worterklärungen helfen dir.

Schutzkleidung, Arbeitskleidung, ggf. feuerfest, umfasst (je nach Umfeld) z. B. Stiefel, Overall, Helm, Brille und/oder Handschuhe.

Schlagschrauber, Werkzeug zum Ein- und Ausdrehen von Schrauben und Muttern durch pulsartige („geschlagene") Drehbewegung. Vorteil: erzeugt hohes Drehmoment, das nicht am Werkzeug gegengehalten werden muss. Verwendung: Druckluft-Schlagschrauber sind in Kfz-Werkstätten Standard, werden zum Lösen von Radschrauben verwendet.

Druckluft (veraltet auch: Pressluft), in einem besonderen Gerät (Kompressor) verdichtete Luft, Verwendung z. B. als Energieträger (Antrieb von Druckluftwerkzeugen), zur Signalübertragung, als Atemgas oder zur Kühlung.

Galgenbaum, aufrechte Säule mit einem am oberen Ende rechtwinklig angebrachten Balken, Verwendung z. B. in Werkstätten, um Schläuche zu bündeln und vom Boden fernzuhalten.

4 **Beim Boxenstopp kommt es auf Bruchteile von Sekunden an, die Abfolge muss präzise stimmen. Notiere sechs passende Wörter, die die Reihenfolge der einzelnen Arbeitsschritte deutlich machen.**

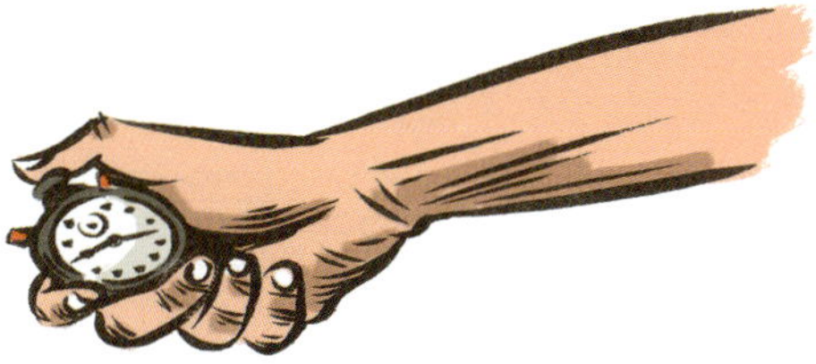

5 **a** **Die folgenden Sätze beschreiben die Arbeitsschritte 3 und 4.**
Wandle Aktivsätze ins Passiv um und umgekehrt.
Schreibe die veränderten Sätze in dein Heft.

b **Beschreibe auch die Arbeitsschritte 5 und 6 im Heft.**
Achte auf passende Wörter für die Reihenfolge.

> Formuliere **abwechslungsreich**, indem du zwischen Aktiv und Passiv wechselst.

An jedem Reifen wird sofort von einem weiteren Mechaniker eingegriffen. Er nimmt den nun losen Reifen ab. Anschließend wird der neue Reifen von einem dritten Mechaniker blitzschnell in die richtige Position gerollt. Sobald er die Nabe erreicht, setzt der Mechaniker den Reifen darauf.

6 **Verfasse eine Einleitung, die auf die Vorbereitungen für den Boxenstopp eingeht.**
Das Zitat eines Mechanikers gibt dir die wichtigen Informationen. Schreibe in dein Heft.

„Was wir machen, bevor es losgeht? Na ja, also alle müssen halt ihr Werkzeug bereithalten. Ohne geht nichts. Das wird kurz vor dem Rennen noch einmal gecheckt. Steht ein Boxenstopp an, gibt unser Chef ein Zeichen, dass wir alle auf unsere Plätze müssen: Es ist extrem genau geregelt, wo jeder steht. Über Kopfhörer verfolgen wir, wie das Rennen läuft, und dann kommt plötzlich das Signal und das Auto fährt ein. Jeder Handgriff ist im Team tausendmal geprobt, nur so schaffen wir den Reifenwechsel in wenigen Sekunden."

7 **Formuliere im Heft einen Schluss aus. Greife dafür einen der folgenden weiterführenden Hinweise auf:**
- **Teamarbeit,**
- **gute Vorbereitung/Training,**
- **Qualität des verwendeten Materials.**

8 ●●● **Schreibe eine Vorgangsbeschreibung zu den Tätigkeiten kurz vor dem Start eines Formel-1-Rennens.**
Sortiere hierzu zuerst die einzelnen Schritte, indem du sie nummerierst. Formuliere dann im Heft.

A ☐ mentales Training: Puls senken und ganz auf Start konzentrieren

B ☐ Helm aufsetzen

C ☐ auf Startsignal warten

D ☐ feuerfeste Funktionskleidung anziehen

E ☐ Einführungsrunde: Bremse auf Temperatur bringen

F ☐ Kupplungscheck am Ende der Boxengasse durchführen

G ☐ einsteigen

H ☐ Einführungsrunde: Schlangenlinien fahren, um Reifen warmzuhalten

I ☐ Lenkrad aufsetzen

Schildern

Information **Schildern: Anschaulich und lebendig beschreiben**

Schildern bedeutet, eine Situation oder eine Atmosphäre so **anschaulich und detailliert** zu beschreiben, dass die Leser diese genau vor Augen haben. Schilderungen sind **handlungsarm** und geben **Wahrnehmungen**, **Sinneseindrücke** (sehen, hören, fühlen, riechen/schmecken) sowie **persönliche Gedanken und Empfindungen** wieder. Sie beruhen auf genauen Beobachtungen.
Folgende **Gestaltungsmittel** helfen, anschaulich zu schildern:

- **anschauliche Adjektive und Partizipien**, z. B.: *flaschengrün, schimmernd,*
- **ausdrucksstarke Verben**, z. B.: *hineinstürzen, sich sonnen, plätschern,*
- **sprachliche Bilder** wie
  - Vergleiche, z. B.: *frei wie ein Vogel am Himmel,*
  - Metaphern, z. B.: *das blaue Band des Sommers* (= blauer Himmel) *flattert über dem See,*
  - Personifikationen, z. B.: *tausende Sandkörner klammern sich an meine Beine.*
- **Aufzählungen** und **Wiederholungen** (zur Hervorhebung), z. B.: *Alles ist eng, überfüllt, dicht gedrängt.*

1 **Stelle dir vor, du besuchst im Sommer den abgebildeten Badesee. Notiere deine Sinneseindrücke.**

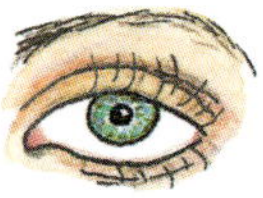

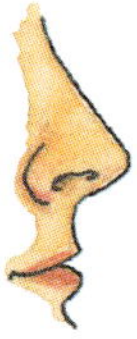

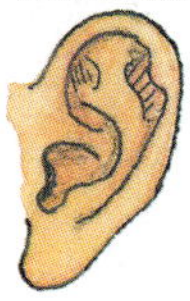

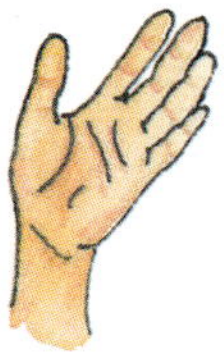

2 **Schildere die Stimmung am Badesee anschaulich: Ergänze in der Übersicht je fünf weitere Wörter.**

ausdrucksstarke Verben: *(das Paddel) einstechen, aufspritzen, treiben,* ____________

____

anschauliche Adjektive und Partizipien: *schrill, schwungvoll, erfrischend,* ____________

____

3 **Ordne den Eindrücken in der linken Spalte jeweils einen passenden Vergleich aus der rechten Spalte zu: Verbinde, indem du eine Linie ziehst.**

A eine unbeschwerte Stimmung	a wie eine kalte Dusche
B eine Erfrischung	b einem klopfenden Herzen ähnlich
C gleichmäßige Trommelschläge	c wie im Urlaub
D ein Aufprall auf der Wasseroberfläche	d als wäre ein Luftballon geplatzt

4 **Schreibe auf, was du beim Besuch des Badesees denken und fühlen könntest.**

Mit der Sonne auf der Haut und dem Stimmengewirr im Ohr habe ich das Gefühl, ____________

____

Beim Blick auf das Treiben am Sprungturm frage ich mich, ____________

____

5 **Der folgende Auszug aus einer Schilderung ist nicht gelungen. Überarbeite ihn:**
- **a** **Streiche wenig aussagekräftige Verben und notiere Verbesserungen in der Randspalte.**
- **b** **Schreibe mindestens drei Adjektive/Partizipien neben den Text, die ihn anschaulicher machen.**

... Zwei Drachenboote machen ein Wettrennen auf dem See. ____________

Das Schlagen der Trommel treibt die Jugendlichen an, die im ____________

Boot sind. Sie tun die Paddel regelmäßig ins Wasser. Das ____________

Schlagen der Paddel und der Trommel macht einen Rhythmus ... ____________

6 **Schreibe eine vollständige Schilderung der Situation am Badesee ins Heft. Nutze deine Ergebnisse der Aufgaben 1 bis 5.**

7 ●● **Schildere die Situation aus Sicht des Jungen, der als Nächstes springen wird. Was nimmt er wahr? Welche Gefühle und Gedanken hat er? Arbeite im Heft.**

Informationen entnehmen und vergleichen

Einen Sachtext lesen und verstehen

Methode **Einen Sachtext erschließen**

1 **Überfliege**: Lies zunächst nur die Überschrift(en) und die ersten Zeilen der Textabsätze. Betrachte dann die Abbildung(en). Überlege, worüber der Text informiert.
2 **Lies** den gesamten Text **zügig** durch und kreise unbekannte Wörter ein. Mache dir klar, was das Thema des Textes ist und was du ggf. schon darüber weißt.
3 **Kläre** unbekannte oder **schwierige Wörter** durch Nachschlagen oder Nachdenken.
4 **Markiere die Schlüsselwörter** und **gliedere** den Text **in Sinnabschnitte**. Notiere ggf. Fragen am Rand.
5 **Fasse** die Informationen des Textes in wenigen Sätzen und mit eigenen Worten **zusammen**.

1 **Prüfe durch überfliegendes Lesen, worüber die folgende Reportage informiert. Kreuze an.**

Die Reportage informiert über ...

A ☐ Jason Polans Ausstellung in New York.
B ☐ Jason Polans besonderes Projekt.
C ☐ Jason Polans Lieblingsbild.
D ☐ Jason Polans neues Buch.

Jason Polan – der scheue Menschensammler

Von David Klaubert

New York. Jason Polan steht an der Kreuzung Greene Street/Spring Street in Soho, New York, und zeichnet mit schnellen Strichen gegen das Scheitern an. Die Christmas-Shopper rauschen rechts und links an ihm vorbei, die einen noch auf der Jagd, die anderen bringen ihre Trophäen aus den Designerläden in Sicherheit, keiner nimmt den unscheinbaren Kerl mit der bleichen Militärjacke und der roten Mütze wahr.

Ortsname?
Deutsch = Weihnachten + Einkäufer
hier: besondere Einkäufe

In seiner linken Hand hält Polan einen kleinen Zeichenblock, immer wieder schaut er auf und kneift die Augen hinter seiner schmalen Brille zusammen, als müsse er die vorüberhuschenden Bilder um sich herum erst scharf stellen. Dann bleibt zwischen den geparkten Autos vor ihm eine Frau stehen, Polan setzt den schwarzen Filzstift auf seinen Block, hebt noch einmal den Kopf und nach wenigen Strichen ist die Frau im Getümmel verschwunden. Auf Polans Block aber ist der kurze Moment festgehalten, die wartende Passantin mit ihrer breiten Tasche, „Frau an der Greene Street“, schreibt Polan, daneben das Datum. Dann blättert er weiter und schaut sich wieder um.

Jason Polan ist ein scheuer Sammler, aber einer mit viel Geduld. Mehrere hundert DIN-A5-Blöcke hat er auf seinen Streifzügen durch New York schon gefüllt, seine liebsten Reviere sind Soho, die Grand Central Station, die Züge und U-Bahnen, das „Museum of Modern Art“ (MoMA) und das Fast-Food-Restaurant „Taco Bell“. Er sammelt kurze Momente des Innehaltens in dieser rastlosen Stadt. Mehr als 16 000 Porträts hat er bereits gezeichnet, doch damit hat Polan nur einen Bruchteil dessen erreicht, was er sich vorgenommen hat. Er will jeden Menschen in New York porträtieren.

Schon als kleiner Junge in Franklin, einem Städtchen bei Detroit, Michigan, beginnt Polan zu malen, zuerst Tiere, dann Sportler. Er studiert Malerei und Anthropologie, danach zieht es ihn nach New York. Zunächst arbeitet er in einem Buchladen, doch viel mehr als für Bücher interessiert er sich für die Kunstausstellungen im MoMA. Er verbringt dort Stunden und Tage und träumt davon, in dem Museum zu arbeiten, ganz egal, mit welchem Auftrag.

Um sein Interesse unter Beweis zu stellen, beginnt er, die Ausstellungsstücke des MoMA in einfachen Strichzeichnungen nachzuzeichnen. Er beginnt im Erdgeschoss, nach zwölf Tagen ist er im fünften Stockwerk angelangt, hat 1 503 Kunstwerke in seinen Blocks. Er heftet sie zu einem Buch zusammen und schickt sie an die Personalabteilung des Museums. Eine Antwort bekommt er nicht. „Aber ich hatte dieses Buch“, sagt Polan, „und ich war stolz darauf.“

Im Copyshop vervielfältigt er seine Zeichnungen, heftet sie zu 200 Büchern zusammen und beginnt, sie über Freunde und einzelne Buchhandlungen zu verkaufen. Einige Kunst-Blogs berichten online darüber und nach mehreren Monaten meldet sich plötzlich auch das MoMA und nimmt Polans Buch ins Sortiment des Museumsshops auf.

Auch andere werden langsam auf den jungen Künstler aufmerksam, er verkauft erste Illustrationen an Zeitungen, z. B. die berühmte „New York Times“. Den Job in der Buchhandlung gibt Polan auf. Um sich weiterzuentwickeln, übt er geduldig. Weil es ihm schwerfällt, Hände zu zeichnen, zeichnet er seine eigenen Dutzende Male, bis er zufrieden ist. Oder er kauft eine Tüte Popcorn und zeichnet jedes einzelne Korn in Originalgröße nach, es sind 317 Stück. „Ich mag es, Dinge zusammenzubringen, die zusammengehören“, sagt Polan. „Und sie am Ende wie die Kunstwerke des MoMA alle in meinen Händen halten zu können.“

Anfang 2008 hat Polan eine neue Idee, er will die Faszination, die die schier unendliche Zahl an Menschen in New York auf ihn ausübt, und seinen künstlerischen Sammeleifer zusammenbringen. „Every Person in New York“ nennt er sein Projekt. Zunächst ist da dieser griffige Titel, dann überlegt sich Polan, wie er ihn umsetzen kann. Er richtet einen Blog im Internet ein und zieht mit einem Block durch die Stadt. An Kreuzungen, Bahnhöfen, in Zügen und in Restaurants zeichnet er Menschen, mal nur ihre Gesichter, mal auch ihre Umgebung. Meist bleiben ihm nur wenige Minuten für eine fertige Schwarzweißzeichnung. Immer bleibt Polan im Hintergrund, nie spricht er die Menschen an, die er porträtiert. „Ich will niemanden belästigen“, sagt er und nach einer längeren Pause: „Und, yeah, ich bin auch ein bisschen schüchtern.“

Ende 2009, als Polan 8 300 Porträts gezeichnet hat, gratuliert ihm die „New York Times“ zu der Wegmarke – „ein Zehntel von einem Prozent“. Außerdem rechnet die Zeitung aus, dass er noch 79 Jahre lang ununterbrochen zeichnen müsste, also eine Person alle fünf Minuten, ohne zu essen und zu schlafen, um sein Ziel zu verwirklichen: alle knapp 8,2 Millionen New Yorker zu porträtieren.

„Viele Leute denken, ich mache nur Spaß“, sagt Polan. „Aber ich meine es sehr ernst.“ Natürlich sei ihm klar, dass er sein Ziel nie erreichen werde, trotzdem wolle er immer weitermachen, jedenfalls solange er in New York lebe. Und so zeichnet Polan auch nach dreieinhalb Jahren und 16 000 Porträts geduldig weiter, an manchen Tagen nur eine Handvoll Bilder beim Warten am Bahnhof, an anderen Tagen sind es bis zu einhundert. „Gescheitert“, sagt er, „bin ich nur, wenn ich aufhöre.“

Frankfurter Allgemeine Zeitung, 19. 12. 2011

2 **Lies nun den gesamten Text zügig durch.**
a Gib das Thema des Textes wieder: Schreibe mit eigenen Worten und in vollständigen Sätzen.
b Markiere Wörter, die du nicht verstehst: Kläre ihre Bedeutung und notiere diese in der Randspalte neben dem Text auf Seite 28 bis 29.

____

____

____

____

3 **a Notiere Fragen zu Einzelheiten oder Textstellen, die dir nach dem Lesen noch unklar geblieben sind.**
b Einige Sätze sind in einer sehr bildhaften Sprache verfasst.
Kreuze für jeden der folgenden Sätze an, ob die angebotene Erklärung passt oder nicht passt.

	passt	passt nicht
A „Jason Polan […] zeichnet mit schnellen Strichen gegen das Scheitern an.“ (Z. 2)		
a Nur wenn er schnell genug zeichnet, gelingen Jason Polan künstlerisch wertvolle Porträts.	☐	☐
b Nur wenn er schnell genug zeichnet, kann Jason Polan sein Porträtprojekt erfolgreich bewältigen.	☐	☐

	passt	passt nicht
B „[Er] kneift die Augen hinter seiner schmalen Brille zusammen, als müsse er die vorüberhuschenden Bilder um sich herum erst scharf stellen.“ (Z. 8 f.)		
a Das hektische Treiben auf der Straßenkreuzung erfordert eine Konzentration des Blicks.	☐	☐
b Das Chaos der Töne und Geräusche auf der Straßenkreuzung verlangt ein genaues Hinhören.	☐	☐

	passt	passt nicht
C „Er sammelt kurze Momente des Innehaltens in dieser rastlosen Stadt.“ (Z. 19 f.)		
a Jason Polan bleibt auf seinen Streifzügen immer wieder stehen, um zur Ruhe zu kommen.	☐	☐
b Jason Polan hält in seinen Zeichnungen Momentaufnahmen fest.	☐	☐

4 **a Lies die Reportage (S. 28–29) sorgfältig. Markiere die Schlüsselwörter.**
b Gliedere die Reportage in Sinnabschnitte.
c Notiere für jeden Sinnabschnitt eine kurze Zwischenüberschrift.

> **Schlüsselwörter** sind Wörter, die für die Aussage des Textes besonders wichtig sind.

Sinnabschnitt 1: ______________________

Sinnabschnitt 2: ______________________

Sinnabschnitt 3: ______________________

Sinnabschnitt 4: ______________________

Sinnabschnitt 5: ______________________

Sinnabschnitt 6: ______________________

Methode **Einen Sachtext zusammenfassen**

- In der **Einleitung** informierst du über die Autorin/den Autor, den Titel, die Textsorte, ggf. über die Quelle (bei Zeitungen/Zeitschriften auch das Erscheinungsdatum) sowie das Thema des Textes.
- Im **Hauptteil** fasst du die wichtigsten Textinformationen sachlich und mit eigenen Worten zusammen. Mache dabei die Zusammenhänge (Ursache, Wirkung, zeitliche Abfolge usw.) durch passende Satzverknüpfungen deutlich, z. B.: *anfangs, anschließend, weil, indem.*
- Zum **Schluss** kannst du kurz angeben, wie der Text auf dich gewirkt hat, oder Stellung zu einer Textaussage nehmen.

Verwende als Zeitform das **Präsens** (bei Vorzeitigkeit das Perfekt).

5 a **Notiere alle Informationen, die für die Einleitung der Textzusammenfassung wichtig sind.**
Tipp: Das Thema des Textes hast du bereits bei Aufgabe 2 a formuliert.

Autor: ______________________ Textsorte: ______________________

Titel: ____

Quelle: ______________________ Erscheinungsdatum: ______________________

b **Formuliere die Einleitung aus.**

In der ______________ „______________________________________“,

die am ______________ in der ______________________________

erschienen ist, berichtet der Autor ______________ über ______________________

____

6 **Fasse jeden Sinnabschnitt mit eigenen Worten in kurzen Sätzen zusammen.**

1 ____

____

2 ____

____

3 ____

4 ____

____

5 ____

____

6 ____

7 a **Neles Zusammenfassung des ersten Sinnabschnitts der Reportage (S. 28–29) ist nicht gelungen.**
b **Lies ihren Text unten. Formuliere einen Tipp an Nele, was sie überarbeiten muss.**

Schreibe **sachlich** und **nüchtern**. Vermeide Ausschmückungen, Umgangssprache oder Vermutungen.

b **Überarbeite Neles Text: Streiche Unpassendes durch, notiere über jeder Zeile eine geeignetere Formulierung und schreibe den verbesserten Text in dein Heft.**

Jason Polan ist ein voll krasser Typ. Er ist Künstler und lebt in New York. Jeden Tag steht er da allen Ernstes am Straßenrand und zeichnet in unglaublicher Geschwindigkeit Passanten. Er zeichnet aber nicht alle Menschen, sondern nur jene, die irgendwie mal kurz stehenbleiben, um zum Beispiel ein extracooles Weihnachtsgeschenk anzuschauen oder so. Neben seinen Kritzeleien notiert Jason Polan ein Datum und was drauf ist.

8 **Prüfe, inwieweit Nele den zweiten Sinnabschnitt mit eigenen Worten zusammengefasst hat.**
a **Unterstreiche Textteile, die zu nah am Ursprungstext sind.**
b **Verbessere diese und schreibe den überarbeiteten Text in dein Heft.**

Jason Polan ist ein scheuer Sammler, aber einer mit viel Geduld. Er hat schon mehrere hundert DIN-A5-Blöcke auf seinen Streifzügen durch New York gefüllt. Bevorzugt hält er sich zum Beispiel im Stadtteil Soho auf, in der Nähe des Hauptbahnhofs oder im „Museum of Modern Art" (MoMA). Mehr als 16 000 Porträts hat er bereits gezeichnet, aber er will eigentlich jeden Menschen in New York porträtieren.

9 **Fasse die Sinnabschnitte 3 bis 6 im Heft zusammen. Achte auf passende Satzverknüpfungen.**

10 a **Kläre, wie der Text auf dich gewirkt hat: Umkreise in den folgenden Gegensatzpaaren Wertungen, die du für zutreffend hältst.**
b **Formuliere in deinem Heft den Schluss aus.**

Bewerten kannst du einen Text am Schluss, indem du etwas über den dargestellten Inhalt aussagst oder deine persönliche Leseerfahrung zusammenfasst.

interessantes Thema ⟷ belangloses Thema

schwer verständliche Sprache ⟷ kurzweiliger und gut lesbarer Text

abstrakte Darstellung ⟷ anschauliche und lebendige Beschreibung

11 ●●● **Schreibe einen Schluss, der Stellung zu folgender Aussage von Jason Polan nimmt: „Gescheitert", sagt er, „bin ich nur, wenn ich aufhöre." (Z. 76)**

Methode **Diagramme verstehen und auswerten**

Ein Diagramm ist eine **bildliche Darstellung von Daten und Informationen**. Gehe für die Auswertung so vor:
1. Schau dir das Diagramm genau an. Lies die Überschrift und die übrigen Angaben und Erklärungen.
2. Stelle fest, worüber das Diagramm wie informiert, z. B. in Prozentzahlen (%), Euro (€) oder Jahreszahlen.
3. Setze Angaben in Beziehung zueinander, indem du sie z. B. vergleichst.
4. Fasse zusammen, was im Diagramm gezeigt wird: Was lässt sich ablesen?

1 **Antworte in einem vollständigen Satz:**

a **Worüber informiert das Diagramm?**

____

____

b **Den Times Square besuchen in New York jährlich mehr Touristen als die Freiheitsstatue. Gib an, wie groß der Unterschied in den Besucherzahlen ist.**

____

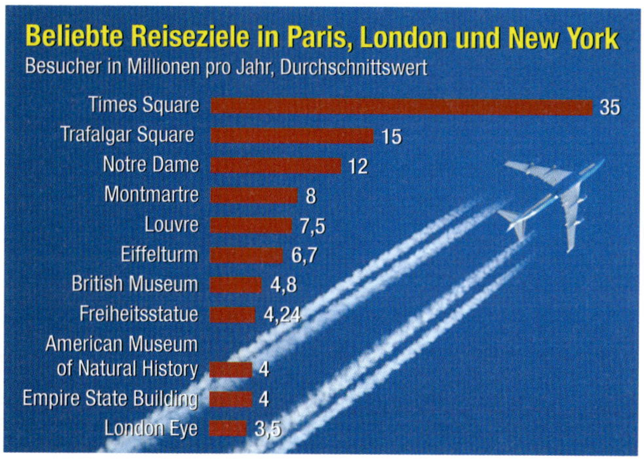

2 **Welche der folgenden Angaben kannst du dem Diagramm entnehmen?**

A ☐ Besucherzahlen der Stadt New York
B ☐ Besucherzahlen des Museum of Modern Art
C ☐ Besucherzahlen des Empire State Building pro Jahr
D ☐ Besucherzahlen des Empire State Building pro Tag

Methode **Grafiken entschlüsseln**

Eine Grafik kann anschaulich z. B. Zahlen, Bauwerke oder Ortsangaben (z. B. Landkarten) darstellen.
1. Stelle fest, worum es in der Grafik geht.
2. Untersuche, was die Grafik darstellt, z. B. einen Vorgang, eine Konstruktion oder die Lage von etwas.
3. Prüfe, ob die Grafik Farben, Beschriftungen oder Symbole enthält, die erklärt werden.
4. Schreibe auf, worüber die Grafik informiert.

3 **Welche der in der Grafik genannten Orte werden in der Reportage (S. 28–29) erwähnt? Notiere.**

____

____

4 **Inwiefern zeigen Diagramm und Grafik eine Schwierigkeit auf, mit der der Künstler Jason Polan bei seinem Projekt „Every Person in New York“ (S. 28 f.) rechnen muss? Begründe im Heft.**

Eine Kurzgeschichte zusammenfassen und deuten

Information **Merkmale der Kurzgeschichte**

Eine Kurzgeschichte ist ein knapper Erzähltext, der eine **Momentaufnahme**, einen **krisenhaften Ausschnitt** oder eine **wichtige Episode aus dem Alltagsleben** eines oder mehrerer Menschen zeigt. Zentrale Merkmale:
- geringer Umfang,
- Ausschnitt aus einem alltäglichen Geschehen, der für die dargestellten Figuren von besonderer Bedeutung ist,
- **unmittelbarer Einstieg** in das Geschehen, der die Situation schlagartig aufreißt,
- zielstrebiger Handlungsverlauf hin zu einem **Höhe- oder Wendepunkt**,
- **offener Schluss**, der viele Deutungsmöglichkeiten zulässt,
- meist Alltagssprache mit einfachem Satzbau und umgangssprachlichen Elementen.

1 **Lies die folgende Kurzgeschichte.**

Ilse Aichinger

Das Fenster-Theater (1963)

Die Frau lehnte am Fenster und sah hinüber. Der Wind trieb in leichten Stößen vom Fluss herauf und brachte nichts Neues. Die Frau hatte den starren Blick neugieriger Leute, die unersättlich sind. Es hatte ihr noch niemand den Gefallen getan, vor ihrem Haus niedergefahren zu werden. Außerdem wohnte sie im vorletzten Stock, die Straße lag zu tief unten. Der Lärm rauschte nurmehr leicht herauf. Alles lag zu tief unten. Als sie sich eben vom Fenster abwenden wollte, bemerkte sie, dass der Alte gegenüber Licht angedreht hatte. Da es noch ganz hell war, blieb dieses Licht für sich und machte den merkwürdigen Eindruck, den aufflammende Straßenlaternen unter der Sonne machen. Als hätte einer an seinen Fenstern die Kerzen angesteckt, noch ehe die Prozession die Kirche verlassen hat. Die Frau blieb am Fenster.

Der Alte öffnete und nickte herüber. Meint er mich?, dachte die Frau. Die Wohnung über ihr stand leer, und unterhalb lag eine Werkstatt, die um diese Zeit schon geschlossen war. Sie bewegte leicht den Kopf. Der Alte nickte wieder. Er griff sich an die Stirne, entdeckte, dass er keinen Hut aufhatte, und verschwand im Innern des Zimmers.

Gleich darauf kam er in Hut und Mantel wieder. Er zog den Hut und lächelte. Dann nahm er ein weißes Tuch aus der Tasche und begann zu winken. Erst leicht und dann immer eifriger. Er hing über die Brüstung, dass man Angst bekam, er würde vornüberfallen. Die Frau trat einen Schritt zurück, aber das schien ihn nur zu bestärken. Er ließ das Tuch fallen, löste seinen Schal vom Hals – einen großen bunten Schal – und ließ ihn aus dem Fenster wehen. Dazu lächelte er. Und als sie noch einen weiteren Schritt zurücktrat, warf er den Hut mit einer heftigen Bewegung ab und wand den Schal wie einen Turban um seinen Kopf. Dann kreuzte er die Arme über der Brust und verneigte sich. Sooft er aufsah, kniff er das linke Auge zu, als herrsche zwischen ihnen ein geheimes Einverständnis. Das bereitete ihr solange Vergnügen, bis sie plötzlich nurmehr Beine in dünnen, geflickten Samthosen in die Luft ragen sah. Er stand auf dem Kopf. Als sein Gesicht gerötet, erhitzt und freundlich wieder auftauchte, hatte sie schon die Polizei verständigt.

Und während er, in ein Leintuch gehüllt, abwechselnd an beiden Fenstern erschien, unterschied sie schon drei Gassen weiter über dem Geklingel der Straßenbahnen und dem gedämpften Licht der Stadt das Hupen des Überfallautos. Denn ihre Erklärung hatte nicht sehr klar und ihre Stimme erregt geklungen. Der alte Mann lachte jetzt, sodass sich sein Gesicht in tiefe Falten legte, streifte dann mit einer vagen Gebärde darüber, wurde ernst, schien das Lachen eine Sekunde lang in der hohlen Hand zu halten und warf es dann hinüber. Erst als der Wagen schon um die Ecke bog, gelang es der Frau, sich von seinem Anblick loszureißen.

Sie kam atemlos unten an. Eine Menschenmenge hatte sich um den Polizeiwagen gesammelt. Die Polizisten waren abgesprungen und die Menge kam hinter ihnen und der Frau her. Sobald man die Leute zu verscheuchen suchte, erklärten sie einstimmig, in diesem Hause zu wohnen. Einige davon kamen bis zum letzten Stock mit. Von den Stufen beobachteten sie, wie die Männer, nachdem ihr Klopfen vergeblich blieb und die Glocke allem Anschein nach nicht funktionierte, die Tür aufbrachen. Sie arbeiteten schnell und mit einer Sicherheit, von der jeder Einbrecher lernen konnte. Auch in dem Vorraum, dessen Fenster auf den Hof sahen, zögerten sie nicht eine Sekunde. Zwei von ihnen zogen die Stiefel aus und schlichen um die Ecke. Es war inzwischen finster geworden. Sie stießen an einen Kleiderständer, gewahrten den Lichtschein am Ende des schmalen Ganges und gingen ihm nach. Die Frau schlich hinter ihnen her.

Als die Tür aufflog, stand der alte Mann, mit dem Rücken zu ihnen gewandt, noch immer am Fenster. Er hielt ein großes weißes Kissen auf dem Kopf, das er immer wieder abnahm, als bedeutete er jemandem, dass er schlafen wolle. Den Teppich, den er vom Boden genommen hatte, trug er um die Schultern. Da er schwerhörig war, wandte er sich auch nicht um, als die Männer schon knapp hinter ihm standen und die Frau über ihn hinweg in ihr eigenes finsteres Fenster sah.

Die Werkstatt unterhalb war, wie sie angenommen hatte, geschlossen. Aber in die Wohnung oberhalb musste eine neue Partei eingezogen sein. An eines der erleuchteten Fenster war ein Gitterbett geschoben, in dem aufrecht ein kleiner Knabe stand. Auch er trug sein Kissen auf dem Kopf und die Bettdecke um die Schultern. Er sprang und winkte herüber und krähte vor Jubel. Er lachte, strich mit der Hand über das Gesicht, wurde ernst und schien das Lachen eine Sekunde lang in der hohlen Hand zu halten. Dann warf er es mit aller Kraft den Wachleuten ins Gesicht.

2 **Beschreibe deine ersten Eindrücke nach dem Lesen der Kurzgeschichte „Das Fenster-Theater".**

____

____

____

Information **Schreibplan für eine Inhaltsangabe**

Eine Inhaltsangabe fasst einen Text **mit eigenen Worten** knapp und sachlich zusammen, sodass andere, die den Text nicht gelesen haben, über das Wesentliche informiert werden.

Aufbau:
- In der **Einleitung** nennst du die Art des Textes (z. B. Kurzgeschichte), den Titel, den Namen des Autors/der Autorin und das Thema des Textes.
- Im **Hauptteil** fasst du die wichtigsten Ereignisse der Handlung (Handlungsschritte) in der zeitlich richtigen Reihenfolge zusammen. Beschränke dich auf das Wesentliche und verzichte auf Einzelheiten.

3 **Im Mittelpunkt der Kurzgeschichte (S. 34–35) stehen zwei Figuren. Markiere im Text, was du über sie erfährst und beantworte die folgenden Fragen.**

Wer sind die wichtigen handelnden Figuren?

____

____

____

Wo befinden sich diese Figuren?

4 **Notiere, welche Erwartungen an den Text die Überschrift der Geschichte weckt.**

____

____

5 **Welcher der folgenden Begriffe gibt das Thema der Kurzgeschichte treffend wieder? Kreuze an.**

A ☐ eine lustige Aufführung

B ☐ moderne Kinderbetreuung

C ☐ die Einsamkeit alter Menschen in der Großstadt

D ☒ ein Missverständnis mit Folgen

6 **a** **Gliedere den Text in Handlungsschritte, indem du das Absatzzeichen ⌊ einträgst.**

b **Arbeite im Heft eine Übersicht aus:**
- **Gib für jeden Handlungsschritt die Zeilenangaben und eine treffende Überschrift an.**
- **Fasse dazu mit eigenen Worten (in Stichworten/in kurzen Sätzen) zusammen, was geschieht.**

Ein **neuer Handlungsschritt** beginnt z. B., wenn
- die Handlung eine Wendung erfährt,
- der Ort wechselt,
- ein Zeitsprung stattfindet,
- eine neue Figur auftaucht.

Handlungsschritt 1 (Z. 1-9): Einsame Frau abends am Fenster
Eine Frau beobachtet ...

Handlungsschritt 2 (Z. 9-___): ...
...

7 **Verwende die folgenden Textbausteine, um einen Einleitungssatz für die Inhaltsangabe auszuarbeiten. Schreibe ihn in dein Heft.**

In der Kurzgeschichte ... beschreibt die Autorin ..., wie eine Frau ... .
Erst am Ende der Geschichte stellt sich heraus, dass ...

Information **Den Hauptteil der Inhaltsangabe sprachlich gestalten**

- Schreibe **sachlich** und **nüchtern**, ohne Ausschmückungen, aber **mit eigenen Worten**.
- Gib Zusammenhänge durch passende **Satzverknüpfungen** und **Satzanfänge** wieder, z. B.: *als, denn, weil, nachdem, zuerst …*
- Schreibe im **Präsens**, bei Vorzeitigkeit im Perfekt.
- Verwende **keine wörtliche Rede**. Besonders wichtige Gedanken oder Äußerungen von Figuren werden in der indirekten Rede (▸ S. 54) wiedergegeben oder umschrieben.

8 **Der folgende Hauptteil für die Inhaltsangabe der Kurzgeschichte „Das Fenster-Theater" ist nicht gelungen. Schreibe verbesserte Sätze auf, indem du die angebotenen Verknüpfungen und Satzanfänge verwendest.**

A Die Frau beobachtet am gegenüberliegenden Fenster einen Mann.
Er fällt ihr durch seine Verkleidung und seltsame Gesten auf. [zu Beginn der Kurzgeschichte]

____

B Sie vermutet, dass er zu ihr Kontakt aufnehmen möchte. [anfangs]

____

C Die Frau findet das Verhalten des alten Mannes zunehmend sonderbar. Sie ruft die Polizei herbei. [da]

____

D Mit vielen anderen folgt die Frau den Polizeibeamten zur Wohnungstüre des Mannes, die gewaltsam aufgebrochen wird. [anschließend, schließlich]

____

E Der Alte bemerkt den Polizeieinsatz gar nicht. Er ist schwerhörig. [weil]

____

F Die Eindringlinge müssen erkennen, dass der Mann für einen kleinen Jungen Theater gespielt hat. [nun]

____

G Er ist mit seiner Familie schon vor einer Woche in das Stockwerk über der Frau eingezogen.
Sie hat dies nicht bemerkt. [Obwohl]

____

9 **Gib das folgende wörtliche Zitat sinngemäß mit eigenen Worten wieder: Schreibe im Präsens und formuliere die Gedanken der Frau in der indirekten Rede (▸ S. 54).**

„Der Alte öffnete und nickte herüber. Meint er mich?, dachte die Frau. Die Wohnung über ihr stand leer, und unterhalb lag eine Werkstatt, die um diese Zeit schon geschlossen war." (Z. 17–20)

Als der alte Mann zu der Frau herübernickt, ist sie nicht sicher, ob _______________

Sie geht davon aus, dass _______________

10 **Arbeite im Heft eine Inhaltsangabe zur Kurzgeschichte „Das Fenster-Theater" von Ilse Aichinger aus.**

Weiterführende Aufgaben: Figuren, Leitmotiv, Merkmale der Textart

Information **Textdeutung: Eine erweiterte Inhaltsangabe schreiben**

Formuliere deine Arbeitsergebnisse zur erweiterten Aufgabe in einem zusammenhängenden Text aus. Belege Aussagen über den Text durch Zitate, z. B. durch
- **wörtliche (direkte) Zitate:** *Wie allein die Frau sich fühlt, zeigt der Satz „Alles lag zu tief unten" (Z. 8–9).*
- **singemäße (indirekte) Zitate:** *Die Entfernung zur Straße deutet auf Einsamkeit hin (vgl. Z. 6–9).*

Eine erweiterte Inhaltsangabe kann Aufgabe einer Klassenarbeit sein.

Zu der Kurzgeschichte „Das Fenster-Theater" wurde der folgende **weiterführende Arbeitsauftrag** gestellt: Stelle die Unterschiede zwischen der Frau und dem alten Mann dar und gehe auch darauf ein, wie diese in der Kurzgeschichte sprachlich ausgedrückt werden. Belege deine Aussagen mit Hilfe des Textes.

1 **Du sollst Unterschiede nachweisen:**

a **Lies die Kurzgeschichte (S. 34 f.) erneut und beachte deine Markierungen für Aufgabe 3 (S. 36).**

b **Ordne die Informationen: Übertrage die folgende Übersicht in dein Heft und trage wichtige Ergebnisse ein.**

	Frau	alter Mann
Kleidung	-	*Hut, Mantel (Z. 24); weißes Tuch (Z. 25-26) ...*
Verhalten/ Eigenschaften	*starren Blick neugieriger Leute, die unersättlich sind (Z. 3-4)* ...	...
Situation	...	...

2 **Du sollst zeigen, wie die Unterschiede zwischen den beiden Figuren sprachlich ausgedrückt werden.**

a **Die linke Spalte der folgenden Übersicht enthält Beispiele für die sprachliche Darstellung: Übertrage die Übersicht in dein Heft und ergänze für jedes Zitat die Zeilenangaben.**

b **Beschreibe stichwortartig die Sprache und die Wirkung der Zitate. Die Unterstreichungen helfen dir.**

Zitat (Zeilenangabe)	Sprache	Wirkung
A Die Frau lehnte am Fenster und sah hinüber. *(Z. 1)*	*kurzer Satz, sachlich*	*Frau = passiv, abwartend*
B Es hatte ihr noch niemand den Gefallen getan, vor ihrem Haus niedergefahren zu werden.	*sachliche Darstellung eines ungeheuerlichen Vorgangs*	*Zuspitzung: Frau = kalt und sehr neugierig*
C Er zog den Hut und <u>lächelte</u>. Dann <u>nahm</u> er ein weißes Tuch aus der Tasche und <u>begann</u> zu <u>winken</u>.	... abwechslungsreiche Verben	... aktiv, dynamisch, kontaktfreudig, offen
D <u>Den Teppich, den er vom Boden genommen hatte,</u> trug er um die Schultern.	... genaue Beschreibung	... fantasievoll, kreativ

3 **Stelle die Ergebnisse deiner Vorarbeiten in Aufgabe 9 und 10 (S. 37) in einem zusammenhängenden Text dar. Schreibe ins Heft: Setze dort den folgenden Textbeginn fort.**

In der Kurzgeschichte „Das Fenster-Theater" von Ilse Aichinger geht es um zwei Figuren, die sich offensichtlich in einer ähnlichen Lebenssituation befinden. Sie wohnen beide ...

Information **Textdeutung: Leitmotive in literarischen Texten erkennen und deuten**

Als Leitmotiv bezeichnet man einen **Baustein** (z. B. eine einprägsame Aussage/Wendung oder ein Sprachbild, einen besonderen Ort, ein Handlungselement, einen Gegenstand oder eine Farbe), **der in einem literarischen Text wiederkehrt** und dadurch eine besondere Bedeutung erhält.
Ein Leitmotiv stellt inhaltliche Verknüpfungen her, indem es dem Leser bestimmte Bilder, Situationen oder Figuren wieder ins Gedächtnis ruft.

Zu der Kurzgeschichte „Das Fenster-Theater“ wurde der folgende **weiterführende Arbeitsauftrag** gestellt: Stelle fest, welches Leitmotiv es in der Kurzgeschichte gibt und wie es verwendet wird, um die Unterschiede zwischen der Frau und dem alten Mann darzustellen. Belege deine Aussagen mit Hilfe des Textes.

4 **In der Kurzgeschichte „Das Fenster-Theater“ ist Licht ein Leitmotiv:**

a **Lies die Kurzgeschichte (S. 34 f.) erneut und unterstreiche alle Textstellen, in denen es um Licht oder um Dunkelheit geht.**

b **Ordne die Informationen: Übertrage die folgende Übersicht in dein Heft und trage deine Ergebnisse ein.**

c **Trage in die Kopfzeile der Übersicht ein, welche Figur durch Licht und welche durch Dunkelheit charakterisiert wird.**

A **Licht:** ______		B **Dunkelheit:** ______	
Zitat (Zeilenangabe)	**Wirkung**	**Zitat (Zeilenangabe)**	**Wirkung**
der Alte gegenüber Licht angedreht hatte (Z. 10–11)	freundlich, offen	… (Z.: ______)	…
… (Z.: ______)	…		..

5 **Stelle die Ergebnisse deiner Vorarbeiten von Aufgabe 4 in einem zusammenhängenden Text dar. Schreibe ins Heft: Die angebotenen Wendungen können dir helfen.**

Der gezielte Einsatz des Leitmotivs „Licht“ unterstreicht die Darstellung der beiden Hauptfiguren, indem …

Licht zeigt sich vorwiegend …

Das Licht wird in bildhafter Sprache beschrieben, z. B. …

Zu der Kurzgeschichte „Das Fenster-Theater“ wurde der folgende **weiterführende Arbeitsauftrag** gestellt: Weise am Text die Merkmale der Kurzgeschichte nach. Belege deine Aussagen mit Hilfe des Textes.

6 a **Lies die Kurzgeschichte (S. 34 f.) erneut und umkreise alle Textstellen, mit deren Hilfe sich die Merkmale der Kurzgeschichte nachweisen lassen.**

b **Notiere im Heft zu jedem der folgenden Merkmale Stichworte und/oder Zeilenangaben der Textstellen, die die Merkmale belegen:**

- alltägliches Geschehen (Ausschnitt),
- unmittelbarer Einstieg,
- Höhe- oder Wendepunkt,
- offener Schluss,
- Alltagssprache mit einfachem Satzbau.

c **Stelle deine Ergebnisse in einem zusammenhängenden Text dar. Schreibe ins Heft.**

Ein Gedicht untersuchen und vortragen

Information **Ein Gedicht verstehen und sinngestaltend vortragen**

Ein Gedicht vorzutragen, bedeutet immer, es zu interpretieren, also das eigene Verständnis des Gedichts zum Ausdruck zu bringen. Ein gelungener Gedichtvortrag erfordert ein genaues Verständnis des Gedichts:

1 Inhalt, Thema:
- Worum geht es in dem Gedicht (Thema)? Wird eine Handlung, eine Situation/Szene beschrieben? Werden Gefühle, Eindrücke, Gedanken oder eine Stimmung dargestellt? Kann man eine Entwicklung im Gedicht feststellen? Gibt es Brüche/Wendungen?
- Was bedeutet der Titel? Welchen Bezug hat er zum Gedichttext/Thema?

2 Der Sprecher/die Sprecherin (das lyrische Ich)
- Tritt ein lyrisches Ich/Wir in Erscheinung oder ist der Sprecher nicht direkt greifbar? Gibt es einen Adressaten/eine Adressatin?

3 Formaler Aufbau (Strophe, Vers, Reimform, Metrum)
- **Strophen und Verse:** Wie viele Strophen hat das Gedicht? Sind sie alle gleich gebaut? Werden einzelne Strophen oder Verse wiederholt (Refrain)?
- **Reim:** Ist das Gedicht gereimt? Welche Reimform liegt vor?
- **Metrum:** Lässt sich ein Metrum erkennen(z. B. Jambus, Trochäus, Daktylus)? Gibt es Abweichungen?

4 Sprachliche Gestaltung
- **Sprachliche Bilder:** Welche sprachlichen Bilder (z. B. Vergleiche, Metaphern, Personifikationen) werden verwendet? Was bedeuten sie? Wie wirken sie?
- **Wortwahl:** Welche Wörter fallen auf? Gibt es Wiederholungen? Herrscht eine bestimmte Wortart vor (z. B. Nomen, Adjektive)? Gibt es Wortneuschöpfungen (Neologismen)? Welche Wirkung wird durch die Verwendung bestimmter Wörter erzeugt?

1 **Lies das folgende Gedicht.**

Christian Morgenstern

Berlin (1906)

	Reimform	Hinweise für den Vortrag
Ich liebe dich bei Nebel und bei Nacht,	a	
wenn deine Linien ineinanderschwimmen, –	b	
zumal bei Nacht, wenn deine Fenster glimmen	b	
und Menschheit dein Gestein lebendig macht.	a	
Was wüst am Tag, wird rätselvoll im Dunkel;		
wie Seelenburgen stehn sie mystisch[1] da,		
die Häuserreihn, mit ihrem Lichtgefunkel;		
und Einheit ahnt, wer sonst nur Vielheit sah.		
Der letzte Glanz erlischt in blinden Scheiben;		
in seine Schachteln liegt ein Spiel geräumt;		
gebändigt ruht ein ungestümes Treiben,		
und heilig wird, was so voll Schicksal träumt.		

1 mystisch: geheimnisvoll

2 **Wähle zwei der folgenden Adjektive aus, die die Wirkung des Gedichts am besten beschreiben. Kreuze sie an.**

☐ humorvoll	☐ geheimnisvoll	☐ gefühlvoll
☐ spannend	☐ temperamentvoll	☐ nüchtern
☐ leidenschaftlich	☐ ruhig	☐ sachlich
☐ kritisch	☐ schwärmerisch	☐ feierlich

3 a **Kreuze für jede der folgenden Aussagen an, ob sie auf das Gedicht zutrifft oder nicht zutrifft.**
b **Begründe deine Wahl im Heft.**

	trifft zu	trifft nicht zu
A Es wird eine Handlung dargestellt, ein Ereignis oder Erlebnis steht im Vordergrund.	☐	☐
B Es wird eine Situation, eine Szene beschrieben.	☐	☐
C Es werden Gefühle, Eindrücke, Gedanken, eine Stimmung dargestellt.	☐	☐

4 **Fasse knapp zusammen, worum es in dem Gedicht geht. Beachte auch seinen Titel.**

____

____

____

5 a **Untersuche, welchen Sprecher oder Adressaten es im Gedicht „Berlin“ gibt. Notiere deine Ergebnisse.**

Jn der ersten Strophe ____

____

Jn der zweiten und dritten Strophe ____

____

____

b **Stelle deine Beobachtungen zum Sprecher und zum Adressaten in knapper Form anschaulich dar. Nutze dazu die folgende Grafik.**

Sprecher im Gedicht: →	**Art der Beziehung/Anrede:**	→ **Adressat im Gedicht:**
____________________	____________________	____________________
Textbelege:	____________________	Textbelege:
____________________	____________________	____________________
____________________		____________________

6 Untersuche den Aufbau des Gedichts. Gehe so vor:

a Gib an, wie viele Strophen und Verse vorkommen.

b Untersuche und notiere in der Tabelle unten …
- den <u>Inhalt</u> jeder Strophe kurz mit eigenen Worten.
- die <u>Reimform</u> (nutze die Randspalte auf S. 40 für die Analyse).
- das <u>Metrum</u>. Lies zuvor das Gedicht laut und setze dabei Betonungszeichen über die betonten Silben, z. B. *„Ich líebe dích bei Nébel …"*

Reimformen:
- Paarreim: a a b b
- Kreuzreim: a b a b
- umarmender Reim: a b b a

Metrum:
- Jambus: x x́ x x́
- Trochäus: x́ x x́ x
- Daktylus: x́ x x x́ x x
- Anapäst: x x x́ x x x́

	1. Strophe	2. Strophe	3. Strophe
Inhalt			
Reimform			
Metrum			

7 a Werte deine Ergebnisse aus den Aufgaben 5 und 6 aus: Was ist am Aufbau des Gedichts auffällig? Notiere.

1. Strophe = umarmender Reim, 2. + 3. Strophe =

b Wie kannst du die Unterschiede zwischen den Strophen in einem Gedichtvortrag deutlich werden lassen? Notiere deine Hinweise für den Vortrag in der Randspalte neben dem Gedichttext auf Seite 40.

8 a Nacht und Tag bilden im Gedicht einen Kontrast: Sammle Textaussagen, die diese These belegen.

Merkmale der Stadt bei Nacht

Merkmale der Stadt am Tag

b **Wie beeinflusst die Nacht im Unterschied zum Tag die Art, in der das lyrische Ich die Stadt wahrnimmt? Notiere knapp.**

____

____

c **Bereite den Vortrag vor: Markiere die beiden Begriffe im Gedicht in zwei unterschiedlichen Farben (z. B. gelb = Tag; blau = Nacht). Lies das Gedicht mehrfach laut und erprobe eine unterschiedliche Betonung der markierten Textstellen.**

9 **Untersuche die sprachlichen Bilder des Gedichts:**

a **Markiere im Gedicht den Vergleich.**

b **Beschreibe die Wirkung des Vergleichs, indem du den folgenden Text vervollständigst.**

Die Häuserreihen werden verglichen mit ____________________

____________________.

Das Besondere des Vergleichsworts ist, dass es sich um eine ____________________

____________________ *handelt. Mit diesem Vergleich könnte gemeint sein,*

dass ____________________

____

Sprachliche Bilder:

- **Vergleich:** zwei Vorstellungen mit einem „wie“ verknüpft, z. B.: *Sie ist schön wie eine Rose.*
- **Metapher:** ein Wort in übertragener, bildlicher Bedeutung, ohne Vergleichswort, z. B.: *Sie ist eine Rose.*
- **Personifikation:** Vermenschlichung von leblosen Gegenständen, Begriffen, Natur, z. B.: *Die Rose tanzt im Wind.*

c **Welche der folgenden Aussagen erklärt die Bedeutung der Metapher „in seine Schachteln liegt ein Spiel geräumt“ (V. 10) treffend, welche nicht?**

	treffend	nicht treffend
A Das eingeräumte Spiel steht beispielhaft dafür, dass am Abend in den Wohnungen der Stadt alles aufgeräumt worden ist.	☐	☐
B Die Metapher bedeutet, dass auch die Kinder in der Stadt jetzt nicht mehr spielen, sondern schlafen.	☐	☐
C Die dunkel und still gewordenen Häuser erinnern das lyrische Ich an Spielschachteln. Dass die Spiele eingeräumt sind, bedeutet, dass die Menschen nun (wie Spielfiguren) in den Häusern ruhen.	☐	☐

d **Die Personifikation spielt in diesem Gedicht eine besonders wichtige Rolle. Belege diese Aussage auch durch Angabe der entsprechenden Verse. Schreibe in dein Heft.**

10 **a** **Probiere aus, wie du die sprachlichen Bilder des Gedichts beim Vortrag zur Geltung bringen kannst, z. B. durch Pausen und unterschiedliche Sprechgeschwindigkeit. Notiere dazu weitere Betonungszeichen im oder neben dem Gedicht.**

b **Übe nun den Gedichtvortrag. Berücksichtige deine Markierungen am Text.**

c **Wähle eine Lernpartnerin/einen Lernpartner aus und trage ihr/ihm das Gedicht vor.**

Betonungszeichen

◀	(lauter)	▶	(leiser)
‖	(lange Pause)	|	(kurze Pause)
→	(schneller)	←	(langsamer)
—	(Betonung)	↗	(Zeilensprung)

11 **Lerne das Gedicht auswendig und trage es jemandem vor: Bitte um eine Rückmeldung (Feedback).**

Eine Dramenszene untersuchen

Information **Eine Dramenszene untersuchen**

Zur genauen Untersuchung einer Dramenszene solltest du die folgenden Aspekte berücksichtigen:
- **Ausgangssituation** und Stellung der Szene im Handlungsverlauf (z. B. Exposition/Einführung),
- **Aufbau** der Szene und Verlauf des Dialogs,
- **Figuren** und ihre Beziehung zueinander,
- zentrale Aussagen und deren **Bedeutung für die weitere Handlung**.

Neben dem **Monolog** (Selbstgespräch einer Figur) oder dem **Dialog** (Gespräch zwischen Figuren) solltest du auch die **Regieanweisungen** genau untersuchen, weil sie wichtige Hinweise des Autors zur Ausgestaltung der Szene sowie zum Verhalten und der Sprechweise der Figuren enthalten.

1 **Lies die folgende Szene aus William Shakespeares Drama „Romeo und Julia".**

Verona: Zwei Familien im Streit

Der Schauplatz von „Romeo und Julia" ist die mittelalterliche Stadt Verona in Italien. Die Handlung spielt im 16. Jahrhundert. Im Mittelpunkt stehen zwei junge Liebende, deren adlige Familien, die Montagues und die Capulets, seit Generationen verfeindet sind. Bevor Romeo Montague und Julia Capulet zum ersten Mal aufeinandertreffen, führt die Exposition des Dramas in den Ort des Geschehens ein und stellt wichtige Figuren vor.
Zu Beginn des 1. Akts (1. Szene) geraten auf einem großen Platz in Verona einige Mitglieder der verfeindeten Familien in einen heftigen Streit, den sie sogar mit Waffen austragen. Der Fürst von Verona, Prinz Escalus, kommt hinzu und verlangt unter Androhung der Todesstrafe, dass die Familien Frieden halten. Nachdem der Streit vorbei ist, betritt Romeo den Platz und trifft dort seinen Cousin Benvolio an. Romeo ist zu diesem Zeitpunkt unglücklich in Capulets Nichte Rosaline verliebt. Benvolio versucht, ihn zu trösten.

William Shakespeare

Romeo und Julia (1597)

1. Akt, 2. Szene

Eine Straße
Capulet, Graf Paris (Verwandter des Prinzen) und ein Bedienter kommen.

CAPULET: Montague ist genau wie ich vom Fürsten verwarnt worden. Wir würden sonst beide bestraft. Und so hoffe ich, dass es für uns alte Männer nicht schwer sein wird, Frieden zu halten.
PARIS: Sie haben beide einen guten Ruf. Zu schade, dass Sie sich schon so lange streiten. – Aber jetzt, Mylord, sprechen wir von etwas anderem:
Was sagen Sie zu meinem Heiratswunsch?
CAPULET: Was ich schon immer gesagt habe:
Meine Tochter hat noch keine Lebenserfahrung, sie ist ja kaum vierzehn Jahre alt.
Warten Sie noch zwei Jahre, dann ist sie reif genug, um eine Braut zu werden.
PARIS: Schon jüngere Mädchen als sie sind glückliche Mütter geworden.
CAPULET: Und sind deshalb auch schneller gealtert.
Das Mädchen ist meine einzige Hoffnung geblieben.
Lieber Graf, versuchen Sie, ihr Herz zu erobern.
Wenn sie einverstanden ist, dann werde ich es auch sein. Sie muss sich entscheiden. –
Übrigens, ich veranstalte heute wieder ein Fest.
Dazu habe ich viele liebe Gäste eingeladen,
auch Sie sind mir sehr willkommen.
Schöne Frauen werden dort leuchten wie die Sterne

am dunklen Himmel. Meine Tochter wird auch da sein.
Kommen Sie und sehen Sie sich alle an.
(zum Diener:) Lade überall in Verona die Leute ein, deren Namen ich auf diesen Zettel geschrieben habe.
Sag ihnen, mein Haus steht ihnen offen,
Sie können sich bei mir vergnügen.
(Capulet und Paris verlassen die Bühne.)

DIENER: Ich soll die Leute einladen, deren Namen auf diesem Zettel stehen? Mich mit Weibern amüsieren – das könnte ich, aber lesen?
Wie soll ich die Leute alle finden? Ich brauche jemanden, der lesen kann, und zwar bald.
(Benvolio und Romeo treten auf.)

BENVOLIO: Ach, Romeo, ein Feuer vernichtet das andere, ein Schmerz wird durch einen neuen gemildert, ein neues Leid verringert das alte.

ROMEO: Was soll das alles?
Ich bin nicht verrückt, aber ich fühle mich wie ein Verrückter, wie in einer Zwangsjacke,
im Gefängnis eingesperrt, ohne Nahrung,
ausgepeitscht und gefoltert.
(zum Diener:) Grüß dich, Bursche.

DIENER: Ich grüße Sie, Sir. Bitte, Sir, können Sie lesen?

ROMEO: Ja, wenn ich die Buchstaben und die Sprache kenne. Gib den Zettel her, ja, ich kann lesen.
(Er liest den Brief vor.)
„Herr Martino und seine Frau und Töchter – Graf Anselm und seine schönen Schwestern. – Die verwitwete Lady Vitruvio. – Herr Placentio und seine hübschen Nichten. – Mercutio und sein Bruder Valentin. – Mein Onkel, seine Frau und Töchter. – Meine schöne Nichte Rosaline. – Livia. – Herr Valentio und sein Vetter Tybalt. – Lucio und die lebhafte Helena." Das ist ja eine schöne Gesellschaft.
Wohin sollen sie denn kommen?

DIENER: Hierher.

ROMEO: Wohin?

DIENER: In unser Haus. Zum Abendessen.

ROMEO: In wessen Haus?

DIENER: Ins Haus meines Herrn. – Mein Herr ist der große, reiche Capulet!
Und wenn Sie kein Montague sind, können Sie auch kommen und ein Glas Wein trinken.
(Diener geht weiter.)

BENVOLIO: Hast du gehört, auch die schöne Rosaline ist auf dem Fest, die du so über alle Maßen liebst. Und noch viele andere Schönheiten sind da.
Geh hin und du kannst dort Rosaline mit ihnen vergleichen, und ich garantiere dir,
dein Schwan wird dir wie eine Krähe vorkommen!

ROMEO: Wenn ich je so falsch empfinden sollte, werden sich meine Tränen in Feuer verwandeln.
Eine andere, schöner als die geliebte Rosaline?
Die Sonne hat seit dem Beginn der Welt noch nie eine schönere Frau gesehen als sie!
Ich komme zu dem Fest – aber nicht, um Rosaline mit anderen zu vergleichen, sondern um mich an ihrem Glanz zu erfreuen.
(Sie verlassen die Bühne.)

2 **a** **Lies den einleitenden Text und die erste Regieanweisung und markiere Hinweise zur Ausgangssituation.**
b **Fasse zusammen:**

A Wann und wo spielt die Handlung des Dramas?

Das Drama spielt ______________________________

____

B Was erfährst du über die Beziehung zwischen den Capulets und den Montagues?

Die beiden Familien ______________________________

____

____

C Wer trifft in der 2. Szene des 1. Aktes an welchem Ort aufeinander?

____

____

3 a Lies die Szene (S. 44–45) erneut und unterteile sie ihn in Sinnabschnitte.
b Trage in die folgende Tabelle für jeden Sinnabschnitt die Zeilen, die handelnden Figuren und den Inhalt ein.

Um den **Aufbau einer Szene** besser zu verstehen, kannst du den Text in **Sinnabschnitte** unterteilen. Den Beginn eines neuen Sinnabschnitts erkennst du häufig daran, dass andere Figuren auftreten bzw. miteinander ins Gespräch kommen oder dass die Gesprächsthemen wechseln.

Sinnabschnitte	handelnde Figuren	Inhalt des Sinnabschnitts
1 *Z. 1–*	*Capulet, Paris*	*Paris*
2		
3		
4		
5		
6		

4 a Markiere im Text, was du über die Figuren Capulet und Paris erfährst.
b Schreibe in dein Heft:
Capulet ist … Paris ist …
c Gib stichwortartig den Verlauf des Dialogs zwischen Capulet und Paris wieder: Nutze dazu das folgende Flussdiagramm.

Paris' Absicht:	Capulets Einwand:	Paris' Argument:	Capulets Kompromiss:

Information **Die Exposition**

Die Exposition umfasst im klassischen Drama meist den ersten Akt und ist eine Art Einleitung, die in die Handlung einführt. Hier wird der Zuschauer über Zeit und Ort des Geschehens informiert und lernt die **Hauptfiguren (Protagonisten)** kennen. Geleichzeitig wird der **zentrale Konflikt** des Dramas angekündigt.

5 a **Erkläre, was du über die Figuren Benvolio und Romeo erfährst. Gehe auch auf die Beziehung der beiden ein.**

b **Fasse kurz zusammen, welchen Vorschlag Benvolio Romeo macht und wie er diesen begründet.**

6 **Formuliere einen Rollenmonolog für Romeo: Überlege, mit welchen Gedanken und Gefühlen er zu dem Fest gehen wird. Schreibe ins Heft, die folgenden Satzanfänge können dir helfen:**

Benvolio meint …, aber ich …

Jch freue mich … *Jch frage mich, ob …*

Ein **Rollenmonolog** kann helfen, eine Figur besser zu verstehen. Dies ist ein Selbstgespräch, in dem die Figur offen und ehrlich über die Gedanken und Gefühle spricht, die sie in der Situation hat.

7 **Stelle dir vor, Romeo besucht das Fest der Capulets und trifft dort auf Julia. Skizziere kurz, welcher zentrale Konflikt des Dramas sich aus dieser Situation entwickeln könnte.**

Romeo und Julia

8 **Julia wird den Grafen Paris auf dem Fest der Capulets kennen lernen. Sie erfährt, dass der Graf um ihre Hand anhalten möchte. Schreibe einen Rollenmonolog: Welche Gedanken und Gefühle bewegen Julia? Schreibe ins Heft, die folgenden Satzanfänge können dir helfen:**

Mein Vater sagt … *Paris ist …*

Jch weiß nicht, … *Schließlich bin ich doch erst …*

Was kannst du schon? – Grammatik

1 **a Markiere in diesen Sätzen 3 Verben grün, 3 Adverbien blau und 4 Pronomen gelb. (10 Punkte)**

Neulich vergaß Tim sein Handy im Bus. Es war neu und er bedauerte diesen Verlust deshalb sehr.

b Trage die Pronomen aus den Sätzen oben richtig in die folgende Übersicht ein. (4 Punkte)

Personalpronomen	Possessivpronomen	Demonstrativpronomen
______	______	______

2 **Untersuche in den folgenden Sätzen die markierten Verben:**
a Gib jeweils an, um welches Tempus es sich handelt. (je 1 Punkt = 6)
b Kreuze an: In welchem Satz steht ein Verb im Konjunktiv? (1 Punkt)
c Forme Satz D ins Passiv um und schreibe ihn auf. (1 Punkt)

A ☐ Tim 1 hofft nun, dass er sein Handy bald 2 zurückbekommen wird.

1 = ______ 2 = ______

B ☐ Nachdem er in der Schule 3 angekommen war, 4 begrüßte ihn Julia als Erste.

3 = ______ 4 = ______

C ☐ Ob Tim sie zu einem Eis 5 einlade, fragte sie ihn fröhlich.

5 = ______

D ☐ Sie fügte hinzu: „Ich 6 habe dein Handy im Bus gefunden!"

6 = ______

Passiv = ______

3 **Wende die Umstellprobe an, um den Satzanfang interessanter zu gestalten:**
Stelle das Akkusativobjekt an den Anfang und schreibe den umgeformten Satz auf. (1 Punkt)

Ein goldener Ring machte jahrelang eine besonders kuriose Reise.

______

4 **Bestimme in den folgenden Sätzen alle Satzglieder. (17 Punkte)**
Trage über jedem Satzglied die richtige Ziffer ein:
1 **Prädikat** – 2 **Subjekt** – 3 **Akkusativobjekt** – 4 **Dativobjekt** – 5 **adverbiale Bestimmung**

A Eine 72-jährige Frau | vermisste | seit drei Jahren | ihren Ring.

B Aus Versehen | hatte | sie | ihn | vermutlich | zusammen mit Küchenabfällen | im Kompost | entsorgt.

C Dieser Kompost | wurde | im Jahr darauf | im heimischen Garten | verwendet.

5 **a** **Unterteile die folgenden Sätze in Satzglieder und unterstreiche, wo vorhanden, das Attribut darin. (je 1 Punkt = 5)**
b **Umkreise zu jedem Attribut das zugehörige Bezugswort. (je 1 Punkt = 5)**
c **Es gibt eine Apposition. Markiere sie. (1 Punkt)**

Nach drei Jahren fand ihr überraschter Ehemann das verlorene Schmuckstück in einer Kartoffel wieder.

Die Freude über den Ring, eine Goldschmiedearbeit der Tochter, war riesengroß.

Keiner hatte jetzt noch mit dem Fund des Ringes gerechnet.

6 **Kreuze für jeden Satz an: Satzreihe oder Satzgefüge? (5 Punkte)**

	Satzreihe	Satzgefüge
A In manchen Ländern gehen ganze Straßenzüge auf Reisen, sie verschwinden über Nacht.	☐	☐
B In einer nächtlichen Aktion hat in Russland ein 40-jähriger Mann eine Straße gestohlen, ohne dass es zunächst bemerkt wurde.	☐	☐
C Der Dieb hatte mit einem Kranwagen 82 Betonplatten einer Landstraße abgebaut, er wollte sie Rohstoffhändlern verkaufen.	☐	☐
D Erst beim Verladen der Einzelteile auf Laster wurden Anwohner auf den Mann aufmerksam, sie alarmierten die Polizei.	☐	☐
E Nachdem der Anruf eingegangen war, konnte die Polizei den Straßendieb bei einer Verkehrskontrolle wenig später festnehmen.	☐	☐

7 **a** **Unterstreiche in jedem Satzgefüge den Nebensatz und markiere sein Einleitewort. (je 1 Punkt = 4)**
b **Setze die fehlenden Kommas an die richtigen Stellen. (je 1 Punkt = 4)**
c **Kreuze jeweils an, um welche Art von Nebensatz es sich handelt. (je 1 Punkt = 4)**

A Mitte Mai 2013 wurde in der Darmstädter Liebigstraße ein Brief abgegeben der 1951 in Karlsruhe losgeschickt worden war und zwischendurch irgendwie in die USA gelangt sein musste.

☐ Subjektsatz ☐ Temporalsatz ☐ Relativsatz

B Obwohl der Brief in einer Plastikhülle mit einer freundlichen Entschuldigung in englischer Sprache steckte war die deutsche Adresse gut lesbar.

☐ Modalsatz ☐ Konzessivsatz ☐ Konditionalsatz

C Allerdings musste der Postbote den Brief wieder mitnehmen weil niemand von den heutigen Mietern schon im Jahre 1951 dort gewohnt hatte.

☐ Finalsatz ☐ Kausalsatz ☐ Objektsatz

D Wenn sich Sender und Empfänger zunächst nicht ermitteln lassen landet die Sendung für ein Jahr in einem Servicecenter Briefermittlung und wird dann vernichtet.

☐ Konditionalsatz ☐ Konsekutivsatz ☐ Kausalsatz

8 **a** **Überprüfe deine Lösungen mit Hilfe des Lösungsheftes. Für jede richtige Antwort bekommst du einen Punkt.**
b **Trage ein, wie du die Aufgaben bewältigt hast:** ✔ = das Meiste richtig ? = noch etwas unsicher

Aufgabe	1 ☐	2 ☐	3 ☐	4 ☐	5 ☐	6 ☐	7 ☐
Weitere Übungen	Seite 50	Seite 50	Seite 60–61	Seite 60–61	Seite 62	Seite 64	Seite 66–70

Wiederholung: Mit Verben Zeitformen bilden

Information **Die Tempora (Zeitformen) der Verben**

Die Zeitform (das Tempus) eines Verbs drückt aus, wann etwas passiert.

- Das **Präsens** wird verwendet, wenn etwas in der **Gegenwart** geschieht (z. B.: *Es regnet [gerade].*), wenn eine Aussage immer gilt ist (z. B.: *In der Sahara regnet es selten.*) oder um Zukünftiges auszudrücken, dann meist in Verbindung mit einer ***Zeitangabe*** (z. B.: ***Morgen*** *regnet es hoffentlich nicht.*).
- Das **Futur** (Personalform von „werden“ + Infinitiv des Verbs) drückt ein **zukünftiges Geschehen** aus, z. B.: *Die Schneeschmelze im Frühling wird Hochwasser verursachen.*
- Das **Perfekt** verwendet man vorwiegend **mündlich**, um von etwas **Vergangenem** zu berichten. Es ist eine zusammengesetzte Zeitform (Personalform von „haben“ oder „sein“ im Präsens + Partizip II des Verbs), z. B.: *Ein Reporter berichtet vom Rheinufer: „Der Pegel hat heute einen neuen Höchststand erreicht.“*
- Das **Präteritum** ist die **einfache Zeitform der Vergangenheit**, z. B.: *Im Sommer 2013 regnete es stark.*
- Das **Plusquamperfekt** ist eine **zusammengesetzte Zeitform der Vergangenheit** (Personalform von „haben“ oder „sein“ im Präteritum + Partizip II des Verbs), in der man wiedergibt, was vor der Vergangenheit geschehen ist, über die im Perfekt oder Präteritum berichtet wird (Vorzeitigkeit), z. B.: *Nachdem es fortwährend geregnet hatte, trat auch die Elbe über die Deiche.*

1 **a** **Unterstreiche im folgenden Text die Zeitformen der Verben.**
b **Notiere im Heft für jeden Satz die Zeitform(en) und bestimme sie so:** *A bestand = Präteritum, ...*

Bauernregeln und Wettervorhersagen

A Bis über das Mittelalter hinaus bestand die Wetterkunde aus Beschreibungen und Bauernregeln. B Diese meist gereimten Sprüche erwuchsen aus langjährigen Wetterbeobachtungen. C Sie geben regionale Erfahrungen wieder. D Im 20. Jahrhundert hatte man die Bauernregeln zunächst für Aberglauben gehalten. E Bei ihrer statistischen Überprüfung erwiesen sie sich jedoch als recht zuverlässig.

F „Wir haben jetzt bei der Prüfung auf das Entstehungsgebiet der Bauernregeln geachtet“, erklärt ein wissenschaftlicher Mitarbeiter des Deutschen Wetterdienstes. G „Was der Volksmund an der Nordküste überliefert, wird für die Küstenbewohner auch zukünftig hilfreich sein, aber natürlich nicht für die Bauern am Alpenrand.“

2 ●●● **Berichte mit Hilfe der folgenden Informationen über einige Meilensteine der Wetterforschung. Schreibe einen zusammenhängenden Text mit Überschrift ins Heft und beginne so:** *Nachdem Galileo Galilei ...*

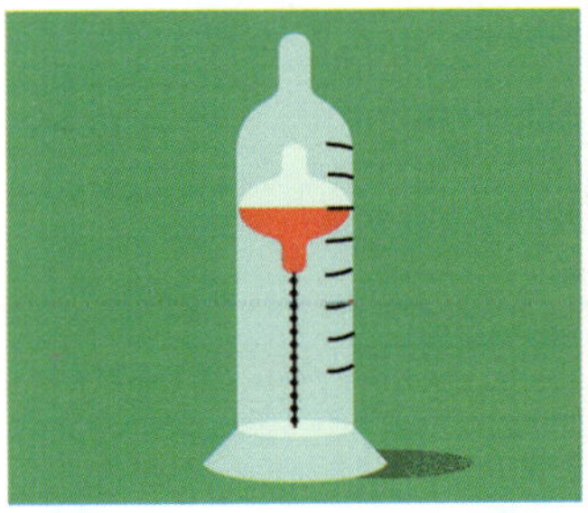

1592 Galileo Galilei erfindet das Thermometer.

1634 Sein Schüler Evangelista Torricelli entwickelt das erste Barometer.

1901 Zwei Meteorologen steigen mit ihrem Wetterballon in fast elf Kilometer Höhe auf.

1960 Mit dem Satelliten TIROS startet die erste Fernsehkamera in die Erdumlaufbahn.

Das Verb – Der Konjunktiv

Der Konjunktiv II und die würde-Ersatzform

Information | **Den Konjunktiv II (Irrealis) bilden**

Verben haben einen **Modus** (Aussageweise): Er zeigt an, wie wirklich und sicher eine Aussage ist. Wenn man eine Aussage als **unwirklich**, nur vorgestellt, unwahrscheinlich oder gewünscht kennzeichnen möchte, verwendet man den Konjunktiv II. Man bezeichnet den Konjunktiv II daher auch als **Irrealis**.

Bildung des Konjunktivs II
Der Konjunktiv II wird in der Regel **vom Präteritum Indikativ abgeleitet**. Bei unregelmäßigen Verben werden **a**, **o**, **u** im Wortstamm zu **ä**, **ö**, **ü**, z. B. (Infinitiv: *sehen*) *er sah* → *er sähe*.
Anstelle des Konjunktivs II wird die **würde-Ersatzform** verwendet, wenn
- der Konjunktiv II (im Textzusammenhang) **nicht vom Indikativ Präteritum zu unterscheiden ist**, z. B.: *Wir ~~gingen~~ wieder auf allen Vieren.* → *Wir würden wieder auf allen Vieren gehen.*
- die Konjunktiv-II-Form als besonders **ungebräuchlich** oder **unschön** empfunden wird, vor allem im mündlichen Sprachgebrauch, z. B.: *Ich ~~empfähle~~ Knieschoner.* → *Ich würde Knieschoner empfehlen.*

1 **a** **Markiere im folgenden Text die fünf Konjunktivformen und die zwei würde-Ersatzformen.**

Leben im Rückwärtsgang – Gedankenexperiment

Wieso muss die Zeit eigentlich voranschreiten? Unser Leben könnte doch auch umgekehrt ablaufen. Wir kämen aus einem dunklen Grab als alte Menschen in die bunte, lebendige Welt. Im Altersheim ginge es uns von Monat zu Monat besser, wir verlören langsam unsere Falten aus dem Gesicht und würden uns körperlich erholen. Sobald das letzte weiße Haar verschwände, würden wir als rüstige Rentner das Altersheim verlassen.

b **Erkläre, warum im Text oben die beiden würde-Ersatzformen verwendet wurden.**

Übereinstimmung mit Indikativ Präteritum (erholten, verließen)

2 **Ergänze im folgenden Text jeweils die Personalform des angegebenen Verbs im Konjunktiv II.**

Nach der Zeit im Altersheim ständen [stehen] jetzt ausgedehnte Reisen und die Erfüllung von Lebensträumen in unserem Kalender. Erst wenn diese Zeit voll weiser Gelassenheit vorbei wäre [sein], begönne [beginnen] auf einem interessanten, gehobenen Posten unser Berufsleben. Das anschließende Studium und der Schulbesuch nähme [nehmen] die Last der Verantwortung von unseren Schultern und gäbe [geben] uns einen Vorgeschmack auf die Freiheit der Kindertage: spielen, toben und vieles ausprobieren. Oder gefiele [gefallen] es dir gar nicht, mit der Erfahrung eines 80-Jährigen zur Welt zu kommen und im Kinderwagen dein Leben zu beenden? Immerhin erhieltest [erhalten] du am letzten Schultag eine Tüte voller Süßigkeiten statt nur ein bedrucktes Stück Papier mit der Überschrift „Abgangszeugnis“. Wie fändest [finden] du diesen Lebenslauf?

Die Verwendung des Konjunktivs II in Konditionalgefügen

Information | **Irreale Konditionalgefüge (Bedingungsgefüge)**

In einem Satzgefüge stellt der Konditionalsatz (Nebensatz, der mit „wenn“ oder „falls“ eingeleitet wird) eine Bedingung dar; die Folge wird im Hauptsatz formuliert.

- Ist die **Bedingung möglich oder real**, werden Hauptsatz und Nebensatz im Indikativ formuliert, z. B.:
  Wenn ich spannende Geschichten lese, entspanne ich mich sofort.
- Ist die **Bedingung unwahrscheinlich bzw. irreal**, wird im Hauptsatz und im Nebensatz (Konditionalsatz) der Konjunktiv II (Irrealis) bzw. die würde-Ersatzform verwendet, z. B.:
  Wenn ich Zeitreisen unternehmen könnte, würde ich Friedrich Schiller gern einmal besuchen.
  Wäre ich eine berühmte Schriftstellerin, schriebe ich Theaterstücke.

1 **Stelle dir vor, du sprängest in die Geschichten der folgenden Bücher hinein: Formuliere irreale Konditionalgefüge.**

als Hobbit in Mittelerde unterwegs sein

den Drachen Smaug mühelos bezwingen

Wenn ich als Hobbit in Mittelerde unterwegs wäre, ~~wür~~ bezwänge ich den Drachen Smaug mühelos

einen Tag in Hogwarts verbringen

auf Anhieb ein Quidditchspiel gewinnen

Wenn ich einen Tag in Hogwarts verbrächte, gewänne ich auf Anhieb ein Quidditchspiel

an den Hungerspielen von Panem teilnehmen müssen

aus der Arena fliehen

Wenn ich an den Hungerspielen von Panem teilnehmen würde, flöhe ich aus der Arena

2 ●●●
a Unterstreiche im folgenden Text die realen Bedingungsgefüge grün, die irrealen Bedingungsgefüge blau.
b Kreise die Verbformen im Konjunktiv II ein.
c Markiere die würde-Ersatzformen.

Wer von euch kennt das nicht? Wenn ein Buch eine spannende Geschichte erzählt, vergisst man alles um sich herum und versinkt in der Welt zwischen den Buchdeckeln. Zöge ein Karnevalsumzug vorüber, man würde es nicht merken. Vielen jungen Lesern ergeht es so, wenn der Name der Autorin Cornelia Funke auf dem Buchrücken steht. Aber Vorsicht! In Cornelia Funkes Roman „Tintenherz“ können auch die Bücher Menschen verschlingen. Falls dir Zauberzunge Mortimer aus einem Krimi vorläse, ständest du plötzlich neben der Leiche. Du müsstest dein Leben in der Krimiwelt verbringen, wenn niemand mit der besonderen Gabe dich wieder befreien würde.

Der Konjunktiv I in der indirekten Rede

Information **Den Konjunktiv I bilden**

Um Äußerungen Dritter wiederzugeben, verwendet man die **indirekte Rede**.
Das Verb steht im **Konjunktiv I**, z. B.
- **Indikativ:** *Die Wetterstation meldet: „Es schneit seit Tagen."*
- **Indirekte Rede mit Konjunktiv I:** *Die Wetterstation meldet, es schneie seit Tagen.*

Der Konjunktiv I wird durch den Stamm des Verbs (Infinitiv ohne -en) und die entsprechende Personalendung gebildet, z. B.:

Singular		Plural	
Indikativ Präsens	**Konjunktiv I**	**Indikativ Präsens**	**Konjunktiv I**
ich komm-e	*ich komm-e*	*wir komm-en*	*wir komm-en*
du komm-st	*du komm-est**	*ihr komm-t*	*ihr komm-et**
er/sie/es komm-t	*er/sie/es komm-e**	*sie komm-en*	*sie komm-en*

* In einigen Fällen wird ein *e* eingefügt.

1 **Wähle für jeden der folgenden Sätze das passende Verb und setze die Verbform im Konjunktiv I ein.**

behindern • erhalten • verlassen • sein • räumen • schließen

Wenn das Wetter alles auf den Kopf stellt

Nach tagelangem Schneegestöber ist die Kleinstadt eingeschneit:

A Die Brüder Paul und Julius berichten jubelnd, die Schule schließe eine ganze Woche.

B Die ältere Nachbarin sorgt sich, wie sie bei diesem Wetter frische Lebensmittel erhalte.

C Der Mann vom Winterdienst stöhnt, er räume jetzt Tag und Nacht Schnee fort.

Die Pegelstände an Rhein und Ruhr sind auf einem neuen Höchststand:

D Ein Bewohner kündigt an, er verlasse das Haus nicht, bis das Wasser im ersten Stock stehe.

E Die Polizei wirft der Menge der Schaulustigen vor, sie behindere die Rettungsarbeiten.

F Die Bürgermeisterin beruhigt die Bevölkerung, die Lage in der Stadt sei unter Kontrolle.

2 **a Unterstreiche im folgenden Text die Verbformen im Indikativ.**
●●● **b Kreise die Verbformen im Konjunktiv I ein.**

Die Initiative „für mich. für uns. für alle" vergibt jährlich Auszeichnungen für herausragendes ehrenamtliches Engagement. Im Jahr 2013 informiert sie, dass sie einen Sonderpreis „Hochwasser-Helfer" auslobe. Der Preis würdige die zahlreichen Helferinnen und Helfer in den Hochwassergebieten. Aus den 140 Vorschlägen wählt eine Jury schließlich drei Preisträger. Einen Preis erhält auch die Initiative „Passau räumt auf". Diese Hilfsaktion mittels Facebook zeige, dass eine Handvoll Studenten eine Welle der Hilfsbereitschaft auslösen könne.

Information **Wörtliche Rede in indirekter Rede wiedergeben**

Wer in der wörtlichen Rede **etwas gesagt hat**, wird in der indirekten Rede mit einem einleitenden Hauptsatz angegeben, z. B.:
Die Biologin Katrin Glowa erklärt: „Dieses Insekt hat sich stark vermehrt."
Die Biologin Katrin Glowa erklärt, dieses Insekt habe sich stark vermehrt.

3 **Übertrage die wörtliche Rede aus dem Interview in die indirekte Rede.**

Immer häufiger müssen in Deutschland Hubschraubereinsätze geflogen werden, um den Eichenprozessionsspinner zu bekämpfen. Hier ein Ausschnitt aus einem Interview mit der Biologin Katrin Glowa:

Katrin Glowa: „Der Eichenprozessionsspinner ist ein unauffälliger Nachtfalter, der dem Wald nicht gefährlich schadet. Das Problem sind die Gifthaare seiner Raupen."

Die Biologin erklärt, der Eichenprozessionsspinner sei ein unauffälliger Nachtfalter, der dem Walt nicht gefährlich schade. Das Proplem seien die Gifthaare seiner Raupen.

Frage: „Kann das Nesselgift in den Haaren der Raupe dem Menschen Schaden zufügen?"

Der Interviewer möchte wissen, ob das Nesselgift in den Haaren der Raupe dem Menschen Schaden zufügen könne.

Katrin Glowa: „Kommt man mit den Haaren in Berührung, kann eine allergische Reaktion auftreten. Neben Hautreaktionen mit starkem Juckreiz oder Atemproblemen besteht sogar die Gefahr eines Kreislaufversagens."

Die Expertin warnt, dass eine allergische Reaktion auftreten könne, wenn man mit den Haaren in Berührung komme. Neben Hautreaktionen mit starkem Juckreiz bestehe soga di Gefahr eines Kreislaufversagens.

4 ●●● **Der Stadtrat diskutiert: Gib die wörtlichen Stellungnahmen im Heft in indirekter Rede wieder. Achte auf abwechslungsreiche Redeeinleitungen und, wo nötig, auf Pronomenwechsel.**

Der Schulleiter des Gymnasiums: „Vor zwei Jahren ist ein Raupennest von einem Baum gefallen und hat bei fast 200 Schülern stark juckende Pusteln ausgelöst. Seither prüfe ich persönlich jeden Baum auf dem Schulhof."

Der Bürgermeister: „Für Rückfragen der Bürger hat das Grünflächenamt eine Hotline geschaltet. Ich sichere zu, dass dort auch Fachfirmen gelistet sind, die auf das Absaugen der Raupennester spezialisiert sind."

- Verwende für die **Redeeinleitungen abwechslungsreiche Verben**, z. B. *erklären, berichten, empfehlen, informieren, versichern, behaupten, vermuten, feststellen, raten, befürchten.*
- Beim Wechsel von der wörtlichen zur indirekten Rede kann das **Pronomen wechseln**: „ich" → „er", „sie".

Eine Ärztin: „Wer mit den Raupenhaaren in Kontakt gekommen ist, soll die betroffenen Körperstellen gründlich abspülen. Raupenhaare kann man mit Klebestreifen von der Haut entfernen. Ich rate vom Kratzen sehr ab! Kleidung muss bei 60 °C gewaschen werden, damit das Nesselgift vernichtet wird."

Information **Ersatzformen für den Konjunktiv I**

Wenn der **Konjunktiv I** in der indirekten Rede nicht vom Indikativ Präsens zu unterscheiden ist, wird der **Konjunktiv II** oder die **würde-Ersatzform** verwendet, z. B.:

Konjunktiv I = Indikativ Präsens	*Er sagt, viele ~~sehen~~ in ihrem ganzen Leben kein Polarlicht.*
Konjunktiv II als Ersatzform	*Er sagt, viele sähen in ihrem ganzen Leben kein Polarlicht.*
Umschreibung mit „würde" als Ersatzform	*Er sagt, viele würden in ihrem ganzen Leben kein Polarlicht sehen.*

Achtung: Ist der Konjunktiv II (im Textzusammenhang) **nicht vom Indikativ Präteritum zu unterscheiden**, muss die Ersatzform mit „würde" verwendet werden, z. B.:
Wir ~~entdeckten~~ Nordlichter. → Wir würden Nordlichter entdecken.

5 **a** **Trage in die folgende Übersicht die fehlenden Verbformen ein.**
b **Kreuze jede Konjunktivform an, die im Satz durch „würde" ersetzt werden müsste.**

	Indikativ Präsens	Konjunktiv I	Indikativ Präteritum	Konjunktiv II
A	*er fragt*	☐ er frage	er fragte	☐ er fragte
B	sie beobachten	☒ sie beobachte	*sie beobachteten*	☐ sie beobachteten
C	sie scheint	☐ sie scheine	sie schien	☐ *sie schiene*
D	sie fallen	☒ sie fallen	*sie fielen*	☐ sie fielen
E	sie leuchten	☒ *sie leuchten*	sie leuchteten	☐ sie leuchteten

6 **Wähle für jeden der folgenden Sätze die richtige Verbform: Streiche jeweils die falsche Form durch.**

A Ein Hotelbesitzer in Nordschweden erklärt, jeder Urlauber, der ein Polarlicht sehe, ‹ **frage** / ~~**würde**~~ › sich ‹ , / ~~**fragen,**~~ › wie diese Farben entstehen könnten.

B Urlauber bestätigen, die Farben am Himmel ‹ **würden** / ~~**leuchteten**~~ › ganz unwirklich und wunderbar ‹ **leuchten.** / . ›

C Ein Tourist simst begeistert, man ‹ **beobachtete** / ~~**würde**~~ › seit Stunden ein grün leuchtendes Polarlicht ‹ . / ~~**beobachten.**~~ ›

D Ein Reisebegleiter erklärt, Sonnenwinde ‹ ~~**fallen**~~ / **würden** › bei diesem Phänomen mit ihren geladenen Teilchen auf die Erdatmosphäre ‹ . / **fallen.** ›

E Dabei entstehe das Phänomen aber nur dort, wo die Sonne sehr schräg auf die Erdoberfläche ‹ ~~**scheinen würde.**~~ / **scheine.** ›

Die Modalverben

Information **Aussagen verändern mit Modalverben**

Mit Modalverben verändert man den Aussagewert des Vollverbs. Man zeigt an, ob man z. B. etwas *darf* oder *muss*.
Das Modalverb steht in der Personalform, das Vollverb im Infinitiv, z. B.: *Ilka kann sehr gut surfen.*
Durch ein Modalverb wird der Bedeutung des Vollverbs ein bestimmter Aspekt hinzugefügt:

können	**sollen**	**müssen**	**dürfen**	**wollen**	**mögen**
Möglichkeit	Vorschrift	Gebot	Erlaubnis	Absicht	Wunsch
Fähigkeit	Empfehlung	Zwang	Möglichkeit	Bereitschaft	Möglichkeit

1 **Umkreise im folgenden Text jedes Modalverb und unterstreiche jeweils das dazugehörige Vollverb.**

Auf dem Campingplatz

Neue Gäste müssen sich bei Ankunft an der Rezeption melden. Die Fahrzeuge und Campinganhänger sollen zunächst auf dem Parkplatz bleiben. Nach der Anmeldung darf man sich einen Stellplatz frei wählen. Wer Strom nutzen möchte, kann an der Rezeption einen Stromkastenschlüssel sowie Verlängerungskabel ausleihen. Die Duschen dürfen kostenlos benutzt werden. Camper, die in der Nacht abreisen wollen, müssen bis 18 Uhr an der Rezeption bezahlen.

2 **Auf einem Campingplatz findet man den folgenden, etwas umständlich ausgedrückten Aushang. Verwende passende Modalverben und schreibe den Aushang sprachlich flüssiger auf.**

Bei Gewitter zu beachten:

A Sie haben keine Erlaubnis, im Meer oder im Pool zu baden.
B Es besteht die Vorschrift, sich von hohen Bäumen fernzuhalten.
C Für Kinder gilt das Gebot, die Spielgeräte auf dem Campinggelände sofort zu verlassen.
D Wer den Wunsch hat, sich über die aktuelle Wetterlage zu informieren, hat die Möglichkeit, folgende Hotline zu wählen: 12 37 89 10.
E Es besteht der Zwang, alle elektrischen Geräte auszuschalten.
F Bei extremem Unwetter haben Sie die Möglichkeit, in den Räumen der Campingplatzverwaltung Schutz zu suchen.

A Sie dürfen nicht

B Sie müssen

C Kinder müssen

D Wer möchte,

E müssen

F Sie können

Texte überarbeiten

Den Konjunktiv in der indirekten Rede prüfen

1 **Im folgenden Text wurde die indirekte Rede im Indikativ wiedergegeben. Markiere die Verbformen im Indikativ und notiere am Rand die passende Verbform im Konjunktiv oder die Ersatzform mit „würde“.**

VORSICHT FEHLER!

Projektwoche: Lichtspiele am Nachthimmel des August

Sebastian und Nils erzählen, sie treffen sich immer im August zur Sternschnuppennacht. Bei klarem Himmel bewundern sie in einer solchen Nacht über hundert Sternschnuppen. Der Himmel sieht dann zeitweilig aus wie bei einem Feuerwerk, behaupten die beiden. Sie schwärmen, sie wissen dann gar nicht mehr, was sie sich noch wünschen sollen. Auch wenn die beiden Jungen etwas übertreiben, bestätigen auch Astronomen, dass man im August auffällig häufig Sternschnuppen beobachten kann. Mitte August – sagen sie – erreicht die Anzahl der Leuchterscheinungen an unserem Sternenhimmel ihren Höhepunkt.

2 **Der folgende Text ist wenig abwechslungsreich, weil ausschließlich die würde-Ersatzform verwendet wurde. Verbessere ihn: Streiche die würde-Ersatzformen und schreibe die passende Konjunktivform über die Zeile.**

VORSICHT FEHLER!

Projektwoche: Astronomen informieren

Beim Projekttag erklären einige Astronomen, die Erde würde sich immer im August durch einen Meteorschauer hindurchbewegen. Dieser würde aus Staub und Gestein bestehen. Ein Komet würde diese Reste hinterlassen haben. In dem Moment, in dem diese Kometenreste in die Erdatmosphäre eindringen würden, würden sie die Atmosphäre zum Glühen bringen. Da die Erde auf ihrer Umlaufbahn um die Sonne immer den gleichen Kometenspuren zur selben Zeit im Jahr begegnen würde, würde in bestimmten Monaten eine Häufung von Sternschnuppen auftreten. Sebastian und Nils würden also nicht besonders viel Glück gehabt haben, so die Astronomen, sondern sie würden nur im richtigen Monat am Lagerfeuer gesessen haben.

Teste dich!

Das Verb – Konjunktiv und Modalverben

1 **Unterstreiche im folgenden Text die Verbformen im Indikativ grün und die Verbformen im Konjunktiv I blau. (12 Punkte)**

Der Grünspecht – Zorro der Lüfte

„Fliegender Zorro" lautet der Spitzname eines heimischen Vogels: Der Grünspecht mit rötlicher Kappe und schwarzem Bereich um die Augen ist der Vogel des Jahres 2014. Die Jury gibt an, mit der Prämierung wolle man auf das Verschwinden der Streuobstwiesen hinweisen, wo sich der Grünspecht besonders gern aufhalte. Die Tierschützer heben hervor, der Vogel des Jahres sei nicht wie viele seiner Vorgänger vom Aussterben bedroht. Der Grünspecht zähle zu den wenigen heimischen Brutvögeln, deren Bestand deutlich zugenommen habe. „Es gibt in Deutschland derzeit etwa 42 000 Brutpaare und damit mehr als doppelt so viele wie vor 20 Jahren. Die letzten drei kalten Winter haben jedoch gezeigt, dass es auch für den Grünspecht schnell wieder abwärtsgehen kann", erklärt der Naturschützer Helmut Opitz (NABU) die Entscheidung für den Vogel des Jahres 2014.

2 **Kreuze für jede der folgenden Verbformen an: Konjunktiv I oder Konjunktiv II? (5 Punkte)**

	Konjunktiv I	Konjunktiv II
A sie arbeite	X	
B ich wolle	X	
C er sänge		X
D sie lögen		X
E er komme	X	

3 **a Kreuze für jede der folgenden Aussagen an, ob sie richtig oder falsch ist. (4 Punkte)**

	richtig	falsch
A Der Konjunktiv I wird in der indirekten Rede verwendet.	X	
B Der Indikativ wird auch Irrealis genannt, weil das Gesagte als möglich gilt.		X
C Anstelle ungebräuchlicher Formen des Konjunktivs II tritt die Ersatzform mit „würde".	X	
D Der Konjunktiv II wird in der indirekten Rede verwendet, wenn der Konjunktiv I nicht vom Indikativ Präsens zu unterscheiden ist.	X	

b Zu jedem der folgenden Sätze passt eine der Aussagen von Aufgabe 3 a. Trage den richtigen Buchstaben ein. (3 Punkte)

[A] Biologen betonen, der Flug der Zugvögel sei auch nach neuesten Forschungen kaum eindeutig zu erklären.

[D] Kinder glauben manchmal, sie sähen die Zugvögel infolge des Winterschlafs nicht.

[C] Würden die Zugvögel nicht vor dem kalten Winter fliehen, würden sie erfrieren.

4 Führe die Sätze zu Ende. (3 Punkte)

A Wenn alle Mitteleuropäer wie die Zugvögel den Winter im Süden zubrächten, *(brauchen keine Heizungen)*

brauchten sie keine Heizungen

und *(auf dem Stundenplan stehen afrikanische Sprachen)*

und auf dem Stundenplan ständen afrikanische Sprachen.

B Würden alle Vögel Nahrungslager anlegen, wie Eichelhäher oder Haubenmeisen, *(können im Norden überwintern)*

könnten sie im Norden überwintern.

5 Gib die folgenden Aussagen in indirekter Rede wieder. (4 Punkte)

A Viele Wissenschaftler vertreten die Meinung: „Zugvögel haben einen Kompass im Schnabel."

hätten

B Forscher der Universität Wien widersprechen: „Wir können im Schnabel keinen Orientierungssinn finden."

sie könnten

C Ein Biophysiker aus Illinois behauptet: „Ich weiß, dass die Zugvögel das Magnetfeld der Erde sehen können."

er wisse könnten

D Vogelforscher aus dem Mittelmeerraum teilen mit: „Wir beobachten fortlaufend, wie klug die Vögel ihre Höhe für die Überquerung des Meeres wählen."

sie würden ... beobachten

wählen würden

6 Welches Modalverb kann welche Formulierung ersetzen? Verbinde. (4 Punkte)

Es ist verboten …	müssen
Man ist verpflichtet …	nicht dürfen
Es steht Ihnen frei, …	sollen
Es ist wünschenswert, …	dürfen

Vergleiche deine Ergebnisse mit dem Lösungsheft. Für jede richtige Antwort bekommst du einen Punkt.

☺ 35–27 Punkte	😐 26–18 Punkte	☹ 17–0 Punkte
Gut gemacht!	Gar nicht schlecht, aber lies dir die Informationskästen auf den Seiten 50 bis 57 noch einmal genau durch.	Arbeite die Seiten 50 bis 57 noch einmal genau durch.

Wiederholung: Satzglieder unterscheiden

Information **Satzglieder und ihre Erweiterung kennen**

- Jeder Satz hat mehrere Satzglieder. Du erkennst diese mit Hilfe der Umstellprobe (▶ S. 61).
  Ein Satz besteht mindestens aus **Subjekt** und **Prädikat**, z. B.:
  [*Reisen*] [*bildet*].
  In vielen Sätzen wird ein **Objekt** hinzugefügt, z. B.:
  [*Reisen*] [*bildet*] [*jeden Menschen*].
- **Adverbiale Bestimmungen** sind Satzglieder, die im Satz zusätzliche Informationen geben, z. B.:
  [*Reisen*] [*bildet*] [*auf ganz unterschiedliche Weise*] [*jeden Menschen*].
- **Attribute** bestimmen ein Bezugswort (meist ein Nomen) näher und sind immer Teil eines Satzglieds, z. B.:
  [***Weites** Reisen*] [*bildet*] [*auf ganz unterschiedliche Weise*] [*jeden **wissbegierigen** Menschen*].

1 **Trage die angebotenen Fachbegriffe richtig in die folgende Übersicht ein.**

lokal | Objekt(e) | modal | Subjekt | kausal | adverbiale Bestimmungen | Prädikat | temporal

Satz

Satzglieder

A ____________

B ____________

C ____________

D ____________
____

E ____________		F ____________	G ____________		H ____________
Ort *Wo?* *Wie weit?*	**Richtung** *Woher?* *Wohin?*	**Grund/Ursache** *Warum?* *In welchem Fall?* *Mit welcher Folge?* *Wozu?* *Trotz wessen?*	**Zeitpunkt** *Bis wann?* *Seit wann?* *Wann?*	**Dauer** *Wie oft?* *Wie lange?*	**Art und Weise** *Wie?* *Wie viel?* *Wie sehr?* *Womit?* *Wodurch?*

Attribut: Erweiterung eines Satzglieds, z. B. des Subjekts, des Objekts, der adverbialen Bestimmung

2 ●●● **Gestalte die folgenden Sätze mit jeweils zwei weiteren Satzgliedern aus und schreibe sie auf.**

Familie Lustig reist. Die Reiseroute liegt fest. Sie segeln.

____

____

____

Information **Satzglieder mit der Umstellprobe erkennen**

Mit der **Umstellprobe** stellst du fest, wie viele Satzglieder ein Satz hat. Die Wörter oder Wendungen, die dabei zusammenbleiben, bilden ein Satzglied.

- Satzglieder lassen sich umstellen, ohne dass sich der Sinn des Satzes verändert, z. B.:
  Urlaubsreisen in alle Welt haben heute einen zentralen Platz in der Jahresplanung der Bevölkerung.
  Heute haben Urlaubsreisen in alle Welt einen zentralen Platz in der Jahresplanung der Bevölkerung.
- Attribute werden mit dem jeweiligen Satzglied zusammen umgestellt, z. B.:
  *Urlaubsreisen **in alle Welt** (präpositionales Attribut), einen **zentralen** Platz (Adjektivattribut), in der Jahresplanung **der Bevölkerung** (Genitivattribut).*

1 **Stelle den Beispielsatz aus dem Merkkasten mindesten noch zweimal um. Notiere beide Sätze.**

Information **Satzglieder mit der Frageprobe bestimmen**

Das **Prädikat** ist der Kern des Satzes, es besteht aus Verben. In einem Aussagesatz steht die Personalform des Verbs immer an zweiter Satzgliedstelle. Mit der Frageprobe bestimmst du weitere Satzglieder, z. B.:

Satzglied	Subjekt	Akkusativobjekt	Dativobjekt	Genitivobjekt	adverbiale Bestimmung
Frageprobe	Wer/Was ...?	Wen/Was ...?	Wem ...?	Wessen ...?	Wann?, Wo?, Warum?, Wie? (weitere Fragewörter ▸ S. 60)

2 **a** **Unterteile die folgenden Sätze in Satzglieder.**
b **Bestimme alle Satzglieder.**

Couchsurfing – Ein neuer Trend für Sparfüchse

Familie Kross	reist	in den Sommerferien	nach Neuseeland.
Wer?	*Verb*	*Wann?*	*Wohin?*
Subjekt	*Prädikat*	*adv. Best. temporal*	*adv. Best. lokal*

A Aus Kostengründen vermeiden die Reisenden Hotels oder Gasthöfe.

B Viel lieber übernachtet die Familie in gemütlichen Privatunterkünften.

C Die Gastgeber überlassen Gästen ganz zwanglos ihre Couch.

Texte überarbeiten mit Hilfe von Proben

Methode **Die Textlupe anwenden: Texte überarbeiten**

Die folgenden Proben helfen dir, **genauer zu schreiben** und Texte **stilistisch zu verbessern.**

- Die **Umstellprobe** (► S. 61) kannst du anwenden, um Satzanfänge abwechslungsreicher zu gestalten.
- Die **Ersatzprobe** hilft dir, Wortwiederholungen zu vermeiden. Ersetze z. B. ein Subjekt durch ein anderes: *die Reise → der Urlaub, die Unternehmung;* oder durch ein Pronomen: *sie.*
- Mit der **Erweiterungsprobe** kannst du aussagekräftiger und genauer schreiben, indem du einem Satz Objekte, adverbiale Bestimmungen oder Attribute hinzufügst, z. B.:

  um die Welt ↓ *Wochen* ↓

  Eine Reise ↓ *kann* ↓ *dauern.*

- Die **Weglassprobe** erleichtert es, Wiederholungen oder Überflüssiges zu streichen:
  Ein Student verbindet ~~während seines Studiums~~ seine Weltreise ~~um die Welt~~ mit einem Projekt.

1 **a Lies den folgenden Text und unterstreiche Wiederholungen, Überflüssiges oder ungenaue Stellen.**
b Überarbeite den Text mit Hilfe der Proben und schreibe den verbesserten Text in dein Heft.

Der Student Florian Luxenburger studierte Kommunikationsdesign an der Fachhochschule in Trier, Bereich Kommunikationsdesign. Für seine Diplomarbeit reiste der Diplom-Student Florian Luxenburger um die Welt. Von der Fachhochschule in Trier aus fuhr Luxenburger zunächst mit dem Auto nach Istanbul. Von Istanbul aus ging es mit dem Flugzeug weiter.

c Kreuze an, welche der Proben du für die Überarbeitung des Textes oben nicht anwenden musstest.

☐ A Umstellprobe ☐ B Ersatzprobe ☐ C Erweiterungsprobe ☐ D Weglassprobe

2 **a Der folgende Text ist wenig abwechslungsreich. Kennzeichne im Text, was verbessert werden muss.**
b Notiere vor jedem der Sätze, welche Probe du zur Verbesserung angewendet hast. Trage ein:

A Formulierung doppelt → weglassen
B Subjekt steht immer am Satzanfang → umstellen
C Wörter wiederholen sich → ersetzen
D genauere Angaben fehlen → erweitern

[A] Luxenburger ging es um ein ungewöhnliches ~~Tausch~~projekt. *(Projekt)*

[ ] *(Sein)* ~~Luxenburgers~~ Ziel war es, Gegenstände zu tauschen, die für ihre Besitzer etwas Besonderes bedeuten.

[ ] Luxenburger besuchte zum Beispiel Menschen wie Maler, Fotografen, Bildhauer.

[ ] Jedes Mal, bevor er abreiste, bat er diese Menschen jedes Mal darum, etwas mit ihm zu tauschen.

[ ] Er bekam zum Beispiel eine Bronzepyramide oder ein Spielzeugboot.

[ ] Er selbst hatte das Kaleidoskop seiner Oma weggegeben.

[ ] Er fotografierte seine Tauschpartner und schrieb dann ihre Geschichten auf.

3 ●●● **Schreibe den Text von Aufgabe 2 verbessert in dein Heft.**

Teste dich!

Satzglieder und Attribute

1 Welche der folgenden Begriffe bezeichnen keine Satzglieder? Umkreise diese. (5 Punkte)

A Nominativ B Akkusativobjekt C Subjekt D Präposition E Genitivobjekt

F temporale adverbiale Bestimmung G Konjunktion H Relativpronomen I Apposition J Prädikat

2 Wie viele Satzglieder hat der folgende Satz? Kreuze die richtige Anzahl an. (1 Punkt)

☐ A 5 ☐ B 6 ☐ C 7 ☐ D 8

Auf Island machten Vulkanausbrüche den Flugverkehr in der Vergangenheit mehrfach zu einer Lotterie.

3 a Stelle im Satz von Aufgabe 2 das Subjekt an den Satzanfang und schreibe den Satz auf. (1 Punkt)

____

____

b Welche Probe hat dir geholfen, den Satz zu verändern? Kreuze an. (1 Punkt)

☐ A Ersatzprobe ☐ B Erweiterungsprobe ☐ C Umstellprobe ☐ D Weglassprobe

4 Welche der Aufzählungen bestimmt die Satzglieder des folgenden Satzes richtig, welche nicht? Kreuze an. (2 Punkte)

Weltweit strandeten hunderttausende Passagiere wegen einer als gefährlich erachteten Aschekonzentration in der Luft auf den Flughäfen.

	richtig	falsch
A lokale adverbiale Bestimmung, Prädikat, Subjekt, Akkusativobjekt, temporale adverbiale Bestimmung	☐	☐
B lokale adverbiale Bestimmung, Prädikat, Subjekt, kausale adverbiale Bestimmung, lokale adverbiale Bestimmung	☐	☐

5 a Bestimme die im folgenden Text unterstrichenen Attribute: Markiere Adjektivattribute gelb, Präpositionalattribute grün und Genitivattribute blau. (4 Punkte)
b Umkreise zu jedem Attribut das Bezugswort, das näher bestimmt wird. (4 Punkte)

A Oft entdecken Bahnreisende viele Gelegenheiten <u>für Reiseerleichterungen</u>.

B Allerdings blieben nicht nur Bahnreisende <u>aus dem Norden</u> im Sommer 2013 in Mainz einfach stecken.

C Die <u>digitalen</u> Hinweistafeln <u>des Hauptbahnhofs</u> zeigten dort ausschließlich einen Hinweis: Zug fällt aus.

Vergleiche deine Ergebnisse mit dem Lösungsheft. Für jede richtige Antwort bekommst du einen Punkt.

☺ 18–14 Punkte	☺ 13–9 Punkte	☹ 8–0 Punkte
Gut gemacht!	Gar nicht schlecht, aber lies dir die Informationskästen auf den Seiten 60 bis 62 noch einmal genau durch.	Arbeite die Seiten 60 bis 62 noch einmal genau durch.

Wiederholung: Satzreihe und Satzgefüge

Information **Satzreihe** (Hauptsatz + Hauptsatz) **und Satzgefüge** (Hauptsatz und Nebensatz)

- Eine **Satzreihe** besteht aus **zwei oder mehr Hauptsätzen**. Die einzelnen Hauptsätze werden manchmal nur durch ein Komma getrennt. Meist werden die Hauptsätze durch eine [nebenordnende Konjunktion] (z. B. *und, denn, oder, aber, doch*) miteinander verbunden. Vor dieser Konjunktion steht ein **Komma**, z. B.: *Reisende würden kleinere Haustiere oft gern mitnehmen,* [*aber*] *Flugreisen sind für diese zu anstrengend.* Nur vor den Konjunktionen *und* bzw. *oder* kann das Komma entfallen.
- Ein **Satzgefüge** besteht aus mindestens einem **Hauptsatz** (Hs) und einem **Nebensatz** (Ns). Ein Nebensatz kann hinter, vor oder innerhalb eines Hauptsatzes stehen. Er wird mit einer [unterordnenden Konjunktion] (z. B. *weil, dass, nachdem, wenn*) oder mit einem Relativpronomen (▶ S. 70) eingeleitet. Hauptsatz und Nebensatz werden immer durch **Komma** voneinander getrennt, z. B.: *Manche Menschen verzichten auf weite Reisen,* [*weil*] *sie sich nicht vom Haustier trennen möchten.* Im Nebensatz steht die Personalform des Verbs an letzter Stelle.

1 **Verbinde jeweils zwei Hauptsätze zu einer Satzreihe. Benutze die angegebenen nebenordnenden Konjunktionen und setze die Kommas.**

A Ein junger Chinese möchte eine Urlaubsreise antreten. Auf die Begleitung seiner geliebten Schildkröte will er nicht verzichten. [aber]

____

____

B Er befürchtet Probleme am Flughafen. Tiere benötigen für die Ausreise oft besondere Genehmigungen. [denn]

____

C Da kommt er auf eine ausgefallene Idee. Er setzt sie auch in die Tat um. [und]

____

2 ●●● **Formuliere die Satzreihen von Aufgabe 1 in Satzgefüge um. Verwende die angegebenen unterordnenden Konjunktionen bzw. das Relativpronomen.**

A [ohne dass] ____

B [weil] ____

C [die] ____

3 **a Unterstreiche in jedem der folgenden Satzgefüge den Nebensatz und umkreise die nebenordnende Konjunktion.**
b Prüfe: Wo steht das Komma im Satzgefüge? Ergänze den Satz unten.

Der Mann steckte das Tier, nachdem er es zwischen Brotstücke gelegt hatte, in die Verpackung einer Fastfood-Kette. Als das Handgepäck des Reisenden durchleuchtet wurde, wunderte sich das Sicherheitspersonal am Flughafen von Guangzhou sehr. „Verdächtige Ecken" hätten aus dem angeblichen Fleischklops herausgeschaut, sodass die Tarnung als Burger aufflog.

Das Komma im Satzgefüge steht immer ____

Nebensätze unterscheiden

Adverbialsätze: adverbiale Bestimmungen als Nebensätze

Information **Zusammenhänge herstellen mit Adverbialsätzen**

Adverbialsätze sind **Gliedsätze**, weil sie im Satz die Stelle einer adverbialen Bestimmung einnehmen. Sie werden mit einer **unterordnenden Konjunktion** (z. B. *weil, als, nachdem, damit, obwohl, indem, wenn, falls, sodass*) eingeleitet und durch **Komma** vom Hauptsatz getrennt, z. B.:

Nach Auffinden eines Gegenstandes soll man diesen in einem Fundbüro abgeben.
temporale adverbiale Bestimmung (wann?)
↓
Nachdem ein Gegenstand aufgefunden worden ist, soll man diesen in einem Fundbüro abgeben.
Adverbialsatz (temporal)

1 **a Unterstreiche in den folgenden Sätzen die adverbialen Bestimmungen.**
b Wandle jeden Satz in ein Satzgefüge mit einem Adverbialsatz um. Wähle dafür eine der angebotenen unterordnenden Konjunktionen aus und setze die Kommas.

obwohl	~~falls~~	damit

A Bei Auffinden oder Verlust eines Gegenstandes kann man auch über das Internet ein Fundbüro kontaktieren.

Falls man

B Als zusätzlicher Anreiz für die Abgabe von Fundstücken wird manchmal ein Finderlohn in Aussicht gestellt.

Damit

C Viele Reisende lassen trotz nachdrücklicher Erinnerungen durch das Zugpersonal etwas im Zug liegen.

Obwohl

2 **a Unterstreiche in den folgenden Sätzen die adverbialen Bestimmungen.**
b Wandle jeden Satz in ein Satzgefüge mit einem Adverbialsatz um.

A Herr K. aus W. konnte wegen des Vergessens seines Gebisses im Hotel einige Zeit keine feste Nahrung zu sich nehmen.

B Erst nach Zuschicken seines Kauwerkzeugs durch das aufmerksame Hotelmanagement konnte Herr K. wieder herzhaft zubeißen.

Weil Herr K. sein Gebiss im Hotel vergessen hatte, konnte er einige Zeit keine feste Nahrung zu sich nehmen.

Information **Arten von Adverbialsätzen**

Mit der **Frageprobe** kannst du ermitteln, welche Art von Adverbialsatz vorliegt:

Adverbialsatz	Frageprobe	Konjunktionen	Beispiel
Kausalsatz (Grund, Ursache)	Warum ...? Aus welchem Grund ...?	*da, weil*	*Ich besuche einen Fotokurs, weil ich schöne Fotos machen will.*
Konditionalsatz (Bedingung)	Unter welcher Bedingung ...?	*wenn, falls, sofern*	*Wir werden die gesamte Reise dokumentieren, sofern der Akku hält.*
Finalsatz (Ziel, Absicht)	Wozu ...? Mit welcher Absicht ...?	*damit, dass*	*Mache viele Fotos, damit wir eine schöne Erinnerung haben.*
Konsekutivsatz (Folge, Wirkung)	Mit welcher Folge ...?	*sodass (auch: so ..., dass)*	*Die Ampel war lange rot, sodass ich aus dem Auto heraus Fotos machen konnte.*
Konzessivsatz (Einräumung)	Trotz welcher Umstände ...?	*obwohl, obgleich, obschon, auch wenn*	*Obwohl ich die Bedienungsanleitung studiert hatte, wurden manche Fotos unscharf.*
Temporalsatz (Zeitpunkt/-dauer)	Wann ...? Seit/bis wann ...? Wie lange?	*nachdem, als, während, bis, bevor, solange, sobald ...*	*Nachdem die Reise beendet war, erstellte ich ein Fotobuch.*
Modalsatz (Art und Weise)	Wie ...?	*indem; dadurch ...; dass; wie; als (ob) ...*	*Ich kam nur ins Bild, indem ich Passanten meine Kamera in die Hand drückte.*
Adversativsatz (Gegenüberstellung)	Was passiert im Gegensatz zu ...?	*wohingegen, während*	*Ich benutze eine Kamera, wohingegen mein Freund mit seinem Handy Fotos macht.*

3 **a** **Unterstreiche in den folgenden Sätzen die Adverbialsätze.**
b **Notiere in der Randspalte die richtige Frageprobe und umkreise die Konjunktion im Adverbialsatz.**

Die kuriose Reise eines Fotoapparates

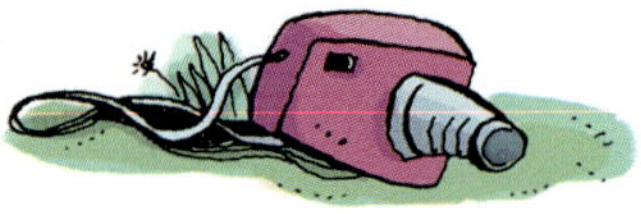

Als der aus Hennef stammende Lars Etzinger das deutsche Generalkonsulat in Shanghai aufsuchte, lernte er die ebenfalls in Shanghai lebende Philippinerin Jennifer kennen. Gemeinsam reisten sie nach Deutschland, damit Jennifer seine Heimat und seine Eltern kennen lernen konnte. Auf einer Rundreise machten sie am Tegernsee Halt und bestiegen den Wallberg, sodass sie einen herrlichen Blick über Bayerns schönste Berge hatten. Dort oben machten sie einen überraschenden Fund: einen Fotoapparat. Da sich die Sonne in der Linse der Kamera spiegelte, sprang ihnen das Fundstück ins Auge. Sie nahmen die Kamera mit nach Hennef, obwohl sie diese besser in einem bayerischen Fundbüro hätten abgeben sollen.

wann?

4 **Trage passende unterordnende Konjunktionen in die Lücken ein.**

Lars und Jennifer erzählten die ganze Geschichte, ____________ sie bei Lars' Eltern eingetroffen waren. ____________ es ein großer Zufall gewesen wäre, einen Hinweis auf den Besitzer zu finden, durchforsteten sie die 500 Fotos auf dem Speicherchip. Sie schauten jedes Detail an, ____________ sie einen Anhaltspunkt dafür fanden, wem diese Kamera gehörte. ____________ auf einem Foto ein Auto mit einem Nummernschild zu sehen war, stellte sich Überraschendes heraus: Der Besitzer musste aus der Nachbarschaft der Eltern stammen. ____________ die Kamera doch zurück zu ihm gelangte, brachten die Eltern Etzinger sie zur Polizei. ____________ kaum jemand daran glaubte, ermittelten diese den Glücklichen: einen Mann aus Königswinter.

5 **a Unterstreiche in den folgenden Satzgefügen den Adverbialsatz.**
b Überprüfe mit der Frageprobe, ob für den Adverbialsatz die richtige Konjunktion gewählt wurde. Bestimme die Art des Adverbialsatzes und notiere gegebenenfalls die verbesserte Konjunktion.
Tipp: Beachte die Fragen und Konjunktionen in der Übersicht im Informationskasten auf Seite 66.

VORSICHT FEHLER!

Die kuriose Geschichte des Fotoapparates ging ihnen immer noch im Kopf herum, weil die Eltern Etzinger an einem Sonntag zu einem Musikfestival in Bonn gingen.

Wann ...? Temporalsatz: als, während

A Weil sich das Musikfestival immer mehr füllte, fiel ihnen ein bestimmter Mann auf.

____

B Sie erkannten ihn wieder, weil der Mann einen prachtvollen Lockenkopf hatte.

____

C Weil sie ihn angesprochen hatten, bestätigte sich ihre Vermutung.

____

D Jenem Mann war im Winterurlaub auf dem Wallberg die Kamera entglitten, weil sie im Tiefschnee unauffindbar verschwand.

____

E Weil Lars Etzinger und seine Freundin zwei Monate später den Wallberg bestiegen, war der Schnee lange weggeschmolzen.

____

6 **Kläre, um welche Art von Adverbialsatz es sich handelt. Kreuze an.**

A Während die Etzingers dem Mann ihre Kontaktdaten gaben, machte er keine persönlichen Angaben.

☒ Temporalsatz ☐ Adversativsatz

B Wenn der Besitzer der Kamera sich wider Erwarten bei ihnen melden sollte, würden sie sich sicher freuen.

☐ Konditionalsatz ☐ Temporalsatz

Subjekt- und Objektsätze: Nebensätze als Satzglieder

Information | **Nebensätze unterscheiden: Subjektsätze und Objektsätze**

Subjektsätze und Objektsätze sind Gliedsätze, weil sie **für den Hauptsatz die Rolle des Subjekts bzw. des Objekts** übernehmen. Sie lassen sich wie das Subjekt oder das Objekt durch die Frageprobe ermitteln:

- **Subjektsatz:** Das Subjekt eines Satzes kann von einem Nebensatz gebildet werden, z. B.:
  Wer einen Segelflugschein machen möchte, muss mindestens 16 Jahre alt sein.
  Satzgliedfrage: **Wer oder was** muss mindestens 16 Jahr alt sein? (→ Subjektsatz)
- **Objektsatz:** Das Objekt eines Satzes kann von einem Nebensatz gebildet werden, z. B.:
  Man erlebt beim Fliegen, was man nicht für möglich hielt.
  Satzgliedfrage: **Wen oder was** erlebt man beim Fliegen? (→ Objektsatz)

Subjekt- und Objektsätze werden **immer** durch ein **Komma** vom Hauptsatz abgetrennt.

1 **a** **Unterstreiche in jedem der folgenden Sätze den Gliedsatz.**
b **Setze für jeden Satz das fehlende Komma.**
c **Führe die Frageprobe durch und bestimme: Subjekt- oder Objektsatz?**

VORSICHT FEHLER!

„Mars one" – Reise zum Roten Planeten

	Subjektsatz	Objektsatz
Wie viele Interessenten es für eine geplante Mars-Reise im Jahre 2023 gibt, zeigen tausende E-Mails von Reisewilligen an eine niederländische Stiftung.	☐	☒
Frageprobe: Wen oder was zeigen tausende E-Mails von Reisewilligen?		
A Noch ist keineswegs sicher wer die anspruchsvollen Reisebedingungen erfüllen wird.	☐	☐
Frageprobe: ______		
B Wer diese Reise tatsächlich antritt kann lebenslang nur noch über Telefon, E-Mail oder Skype mit den Menschen auf der Erde in Kontakt treten.	☐	☐
Frageprobe: ______		
C Der Fluglehrer Stephan G. aus Magdeburg will das erleben was noch kein Mensch erlebt hat: die Reise zum Mars.	☐	☐
Frageprobe: ______		

2 ●●● **Die folgenden Sätze wirken umständlich formuliert. Wandle sie deshalb in Satzgefüge mit Subjekt- oder Objektsatz um. Die Unterstreichungen helfen dir dabei.**

(Subjekt)
Der eine Reise zum Mars Buchende bekommt nur ein „One-Way-Ticket".

______

______

(Objekt)
Stephans hartes Trainingsprogramm zeigt den Ernst seines Weltraumvorhabens.

______

______

Information **Formen von Subjekt- oder Objektsätzen**

Subjekt- und Objektsätze können auf unterschiedliche Weise gebildet werden:

Satzform	Subjektsatz (Wer oder was …?)	Objektsatz (Wen oder was …?)
dass-Satz	*Es ist bekannt, dass Ballonfahren ein faszinierendes Erlebnis ist.*	*Viele glauben, dass Ballonfahren für „Freiheit" steht.*
indirekter Fragesatz (z. B. mit *ob, warum, wie, wo*)	*Es hängt vom Wind ab, wo ein Ballon landen kann.*	*Ich frage mich, warum es heißt, „ein Ballon fährt" und nicht „ein Ballon fliegt".*

3 **Verbinde die folgenden Satzteile und Sätze zu sinnvollen „dass"-Sätzen. Schreibe sie ins Heft.**

Ich bin erstaunt, …
Der Ballonfahrer ist sich sicher, …
Jans Freundin findet, …
Er meint, …
Ich weiß, …
Wir denken, …
Du siehst, …
Jan freut sich sehr, …

Die **Konjunktion *dass*** schreibt man immer mit dem Doppelkonsonanten ss.

Ballonfahren gleicht einem Traum.
Die Sicht ist heute besonders gut.
Der Sturm von gestern hat sich gelegt.
Der Himmel ist blau und die Sonne scheint.
Der leichte Wind gibt Auftrieb.
Jan bekommt eine Ballonfahrt geschenkt.
Jan wollte schon immer einmal mit einem Ballon fahren.
Es ist das schönste Geburtstagsgeschenk für ihn.

4 **a Unterstreiche in den folgenden Sätzen die Subjekt- und Objektsätze und setze die fehlenden Kommas.**
b Trage für jede Satzform die Buchstaben der Sätze ein, in denen sie vorkommen.

VORSICHT FEHLER!

A Dass man mit Ballonfahren Geld verdienen kann, haben schon einige Reiseunternehmen entdeckt. B Der Ballonfahrer will wissen, wie das Wetter in den nächsten Tagen wird. C Verrückt ist, dass kuriose Ballonformen wie die Nachbildung der Stiftskirche aus St. Gallen weiteren Anreiz bieten sollen. D Mich interessiert eher, wie schnell ein Ballon fährt. E Ich bin ausgesprochen neugierig, ob man die Welt von oben bei etwa 20 km/h anders wahrnimmt.

dass-Satz in den Sätzen: A, C   indirekter Fragesatz in den Sätzen: B, D, E

5 **Gib die folgenden Äußerungen zusammengefasst wieder. Verwende dazu Subjekt- oder Objektsätze. Schreibe in dein Heft.**

Subjekt- und Objektsätze werden oft bei der **Wiedergabe von Äußerungen Dritter** verwendet.

Der Ballonführer sagt bedauernd zu Familie Flug:
„Leider muss ich die Ballonfahrt für morgen absagen."
Er fügt hinzu: „Das Wetter ist morgen zu schlecht." Familie Flug fragt: „Woher wollen Sie das jetzt schon wissen?" Der Ballonführer antwortet: „Ich beobachte die Wolken und prüfe den Wetterbericht." Am nächsten Morgen staunt Frau Flug: „Das Wetter ist wunderbar!" Ihr Mann weist sie auf etwas hin: „Jetzt schau dort. Da sind acht Ballons am Himmel!" Die Kinder fragen: „Warum bloß dürfen wir nicht mitfahren?"

Relativsätze: Attribute in Form von Nebensätzen

Information **Näher erklären mit einem Relativsatz** (auch Attributsatz)

Relativsätze sind Nebensätze, die ein **vorausgehendes Bezugswort** (Nomen oder Pronomen) näher erklären.

- Relativsätze nehmen im Satz die **Rolle eines Attributs** ein und werden deshalb auch Attributsätze genannt, z. B.: *Das schwarz-weiß gestreifte Tier frisst Gras. – Das Tier, welches schwarz-weiße Streifen hat, frisst Gras.*
- Relativsätze werden mit einem **Relativpronomen** eingeleitet, z. B. *der, die, das, welcher, welche, welches.* Vor dem Relativpronomen steht manchmal eine Präposition, z. B.: *Das Tier, auf dessen dunklem Fell weiße Streifen zu sehen sind, frisst Gras.*
- Ein Relativsatz wird **immer** durch ein **Komma** vom Hauptsatz getrennt. Eingeschobene Relativsätze werden durch zwei Kommas abgetrennt, z. B.: *Das Tier, das auf der Weide steht, sieht aus wie ein Zebra.*

1 **Bilde aus je zwei Sätzen ein Satzgefüge mit Relativsatz und beachte dabei die Kommasetzung. Tipp: Der Relativsatz steht im Satzgefüge dicht hinter dem Bezugswort.**

A Herr Fron ist ein Reitsportfan. Seinen letzten Sommerurlaub verbrachte er auf einem Reiterhof.

____

____

B Der Besitzer des Hofes führte ein Reittier am Zügel. Es trug einen Streifen-Look und sah aus wie ein Zebra.

____

____

C Tierfreund Fron lachte lauthals auf. Er glaubte zunächst an einen Scherz.

____

2 **Unterstreiche in jedem der folgenden Sätze das Attribut und forme es in einen Relativsatz um. Schreibe die umgeformten Sätze ins Heft und achte auf die Kommasetzung.**

A Der keine Miene verziehende Besitzer blieb wortkarg.

B Dann händigte ihm dieser für das Pferd eine Kopfmaske und eine Fliegendecke mit Zebrastreifen aus.

C Die perfekte Verwandlung zum Pseudo-Zebra hinterließ nur Kopfschütteln beim Urlauber.

D Erst am Abend las er in der in seinem Zimmer ausliegenden Pferdesportzeitung einen Artikel: „Bremsenfrei dank Zebrastreifen?"

3 **Erkläre die Schreibweise der farbig hervorgehobenen Wörter. Schreibe ins Heft.**

●●●

A Ein Pferd, das häufig von Bremsen attackiert wird, fühlt sich unwohl. B Wissenschaftler haben herausgefunden, dass Zebras weitgehend von stechenden Quälgeistern verschont werden. C Das Streifenmuster, das anscheinend Insekten bereits beim Anflug verwirrt, soll nun auch Pferden helfen. D Das Farbrezept, das ganz einfach und preiswert ist, lautet: Mischen Sie Mehl, Wasser und Essig oder verwenden Sie weiße Fingerfarbe!

Infinitivsätze

Information **Der Infinitivsatz** (auch: satzwertiger Infinitiv)

Ein Infinitivsatz besteht aus einem Infinitiv mit „zu“ und mindestens einem weiteren Wort, z. B.:
In den letzen Jahren war das Ehepaar Schauinsland bestrebt, Städtereisen zu unternehmen.

- Infinitivsätze **darf** man immer durch **Komma** vom Hauptsatz trennen. **Tipp:** Es empfiehlt sich, hier immer ein Komma zu setzen, weil es die Gliederung eines Satzes verdeutlicht und niemals falsch ist.
- Ein **Komma muss** stehen,
  – wenn der Infinitivsatz durch *um, statt, anstatt, außer, als* eingeleitet wird, z. B.:
  ***Statt** am Pool **zu** liegen, wollten sie Museen besuchen. Sie reisten teils weit, **um** Ausstellungen **zu** sehen.*
  – wenn der Infinitivsatz von einem **Nomen** oder von einem **hinweisenden Wort** abhängt, wie z. B. *daran, darauf* oder *es*, z. B.: *Neulich dachten sie erstmals **daran**, ihr Reiseziel zu ändern.*

1 **a Markiere in jedem der folgenden Sätze den Infinitivsatz.**
b Lies die folgende Erklärung und trage den Buchstaben des Satzes ein, auf den sie zutrifft.

A Um etwas Neues auszuprobieren, buchten Schauinslands Urlaub in einem Landhotel auf Mallorca.

B Sie freuten sich darauf, die Ruhe auf dem Land zu genießen.

C Anstatt aber geruhsam die Natur zu erleben, fühlten sie sich belästigt und schrieben ans Reisebüro.

Erklärung: In Satz ____ hängt der Infinitivsatz von einem hinweisenden Wort ab, darum muss ein Komma stehen.

2 **a Unterstreiche in dem folgenden Beschwerdebrief von Herrn Schauinsland die Infinitivsätze.**
b Setze darin die fehlenden Kommas.

VORSICHT FEHLER!

Sehr geehrte Damen und Herren,

das von Ihnen so gepriesene Landhotel war ein Reinfall um nicht zu sagen: eine Katastrophe. Um uns am Frühstück zu erfreuen mussten wir auf einer Terrasse im Freien sitzen. Gleich am ersten Morgen waren wir gezwungen schlimmstes Getöse zu ertragen. Zuerst gingen wir davon aus den Lärm nur dieses eine Mal zu hören. Er entpuppte sich jedoch als morgendliches Dauerübel: Sechs Esel weigerten sich still auf ihre Fütterung zu warten. Es kam noch ärger! Statt zur Freude der Ruhe suchenden Gäste ihren Schnabel zu halten schnatterten auch noch zahllose Gänse. Ob dieses tierischen Dauerkonzerts lief man ständig Gefahr sein eigenes Wort nicht mehr zu verstehen. Ein Schild am Zaun forderte die Gäste dazu auf die Tiere zu füttern und zu streicheln. Eine Unverschämtheit! Ich verlange von Ihnen uns für die entgangene Erholung zu entschädigen. Ich fordere umgehend eine positive Antwort zu erhalten.

Mit verärgerten Grüßen

Prof. Dr. Dr. h. c. Peter Schauinsland

3 ●●● **Der folgende Satz kann zwei Bedeutungen haben: Verdeutliche diese, indem du die fehlenden Kommas an den entsprechenden Stellen setzt.**

VORSICHT FEHLER!

A Mancher Gast wünschte auf der Veranda seine Ruhe zu haben um ein Schläfchen zu machen.

B Mancher Gast wünschte auf der Veranda seine Ruhe zu haben um ein Schläfchen zu machen.

Teste dich!

Satzreihe und Satzgefüge

1 **a** **Kreuze für jeden Satz an: Satzreihe oder Satzgefüge? (4 Punkte)**
b **Setze die fünf fehlenden Kommas. (5 Punkte)**

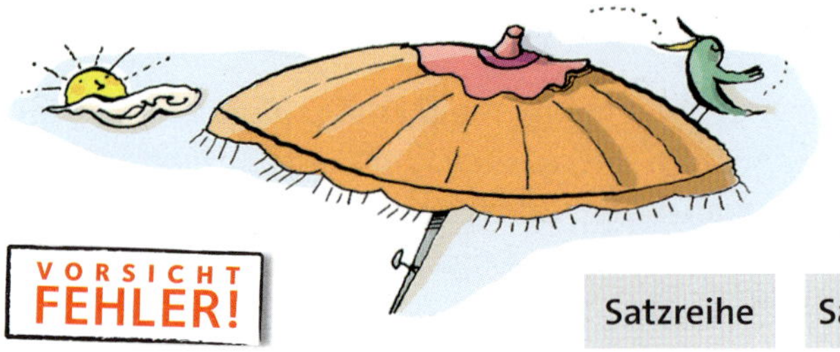

VORSICHT FEHLER!

	Satzreihe	Satzgefüge
A Familie Heim hatte genug von stressigen Urlaubsreisen, bei denen sie auf Autobahnen im Stau oder auf Flughäfen in langen Schlangen stand.		X
B Sie hatte auch hinreichend viele schlechte Erfahrungen damit gemacht, in lauten Unterkünften zu wohnen.		X
C Doch nicht nur die Lautstärke machte den Familienmitgliedern zu schaffen, auch das Schlafen in fremden Betten fanden sie wenig erholsam.	X	
D Da sie wussten, dass sie unbekannte Gerichte mit fremden Gewürzen nicht wirklich gern aßen, schreckten sie auch davor zurück.		X

2 **a** **Markiere in den folgenden Sätzen den Nebensatz. (4 Punkte)**

A Weil es Erholung für unbegrenzte Zeit bietet, ist das Traumland für Familie Heim nun „Balkonien".

B Die Verkehrsverhältnisse erlauben es, Balkonien in weniger als 30 Sekunden zu erreichen.

C Die über der Straße schwebende Freizeitoase liegt so nah, dass selbst der kürzeste Kurzurlaub möglich ist.

D Der neueste Trend, dem sich jeder problemlos anschließen kann, heißt Ein-Tages-Urlaub.

b **Notiere für jede Nebensatzart, welchen der Sätze A bis D sie bestimmt. (4 Punkte)**

Subjektsatz: [f] Adverbialsatz! Objektsatz: [X] Relativsatz: [X] Adverbialsatz: [X]

3 **a** **Ergänze jeweils einen Infinitivsatz. Verwende, wo nötig, einleitende Wörter. (3 Punkte)**
b **Setze die Kommas. (3 Punkte)**

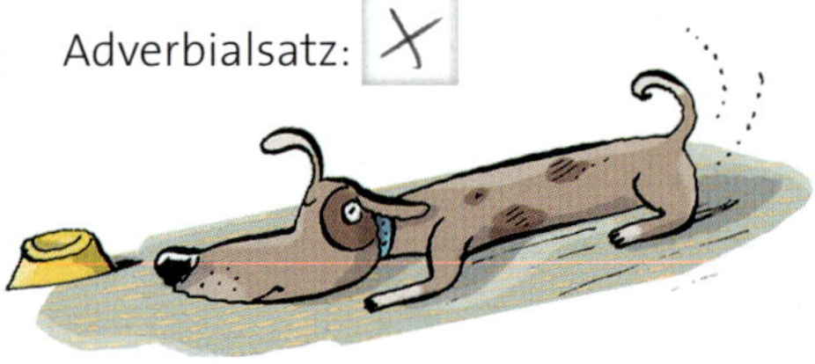

Familie Heim sitzt auf dem Balkon, um dort zu frühstücken — dort frühstücken

Der Familienhund wartet darauf, eine Wurst abzubekommen — eine Wurst abbekommen

Die angenehmen Temperaturen sichern das nötige Wohlbefinden, um zu entspannen — entspannen

4 **Entscheide mit Blick auf den Inhalt der Aufgaben 1 bis 3: Welche Kommasetzung ist hier zutreffend? (2 Punkte)**

A Die Familie Heim bedauert es, nicht zu Hause zu chillen.

B Die Familie Heim bedauert es nicht, zu Hause zu chillen.

Richtig gesetzt ist das Komma in Satz [B],

weil die Familie Heim gerne zu Hause ist.

5 **Erkläre für jeden der folgenden Adverbialsätze, um welche Art von Satz es sich handelt: Verbinde. (4 Punkte)**

A	Familie Heim benötigt zwei Sonnenschirme, damit ihr die sommerliche Hitze nicht zu Kopf steigt.
B	Während die Eltern Heim sich im Schatten der Schirme aufhalten, lässt sich die Tochter auch gern einmal in der Sonne bräunen.
C	Bevor sie sich in den Liegestuhl legt, hat sie sich aber sorgfältig eingecremt.
D	Einen Sichtschutz zum Nachbarn hat Herr Heim geschaffen, indem er riesige Sonnenblumen gezüchtet hat.

a	modal
b	temporal
c	adversativ
d	final

6 **Formuliere die Sätze in Satzgefüge mit Relativsätzen um. Setze auch die Kommas. (3 Punkte)**

A Am Abend werden die „Balkonier" hellwach. Sie haben eine Party geplant.

____

B Kerzen sind am Abend die stilvollste Beleuchtung für Balkonien. Ihr sanftes Licht wirkt romantisch.

____

C Lampions besitzen eine besondere Ausstrahlung. Sie verwandeln Balkonien in einen Zaubergarten.

____

7 **Trage in den folgenden Sätzen die fehlenden Kommas ein. (4 Punkte)**

VORSICHT FEHLER!

Eine Übernachtung auf Balkonien hat ihren ganz besonderen Reiz denn Campingspaß und Abenteuerlust werden kombiniert. Wenn man etwas Wert auf Gemütlichkeit legt sollte man auf eine Isomatte oder normale Luftmatratze verzichten. Um sich ein bequemes Nachtlager einzurichten stellt man besser einen Liegestuhl mit Auflage oder ein Klappbett auf. Sofern man über eine Hängematte verfügt kann man auch diese aufbauen.

Vergleiche deine Ergebnisse mit dem Lösungsheft. Für jede richtige Antwort bekommst du einen Punkt.

☺ 36–25 Punkte	😐 24–17 Punkte	☹ 16–0 Punkte
Gut gemacht!	Gar nicht schlecht, aber lies dir die Informationskästen auf den Seiten 65 bis 71 noch einmal genau durch.	Arbeite die Seiten 65 bis 71 noch einmal genau durch.

Was kannst du schon? – Rechtschreibung

1 Im folgenden Text sind zehn Nomen kleingeschrieben. Unterstreiche sie. (10 Punkte)

VORSICHT FEHLER!

Bionik ist seit Beginn der 1990er jahre eine ziemlich anerkannte wissenschaft. Es handelt sich hierbei um ein Forschungsfeld, das eine verbindung zwischen Biologie und Technik herstellt. Der bionik haben wir zum beispiel die erfindung der Schwimmanzüge zu verdanken, deren Oberfläche an eine haihaut erinnert. Die Hautschuppen schnell schwimmender haie sind nämlich so angeordnet, dass die Rillen einer Schuppe in die rillen der nächsten übergehen. So verringern die zusammenhängenden Längslinien den unerwünschten reibungswiderstand.

2 Prüfe für die markierten Wörter, ob es sich um Nominalisierungen handelt, und umkreise den richtigen Anfangsbuchstaben. (6 Punkte)

Der Bionik geht es um das systematische E/erkennen von Lösungen der Natur. Forscher wollen sich also etwas von der Natur A/abschauen, um die gewonnenen Erkenntnisse auf die Alltagswirklichkeit zu Ü/übertragen. Zum Beispiel ist die Schleiereule für ihr geräuschloses G/gleiten bekannt. Die Form der Flügel ist es, die E/erstaunliches bewirkt und zum Beispiel als Vorbild für das rasche K/kühlen durch einen Ventilator dient.

3 Trenne die Wörter und schreibe die Sätze in der richtigen Groß-und Kleinschreibung auf. (2 Punkte)

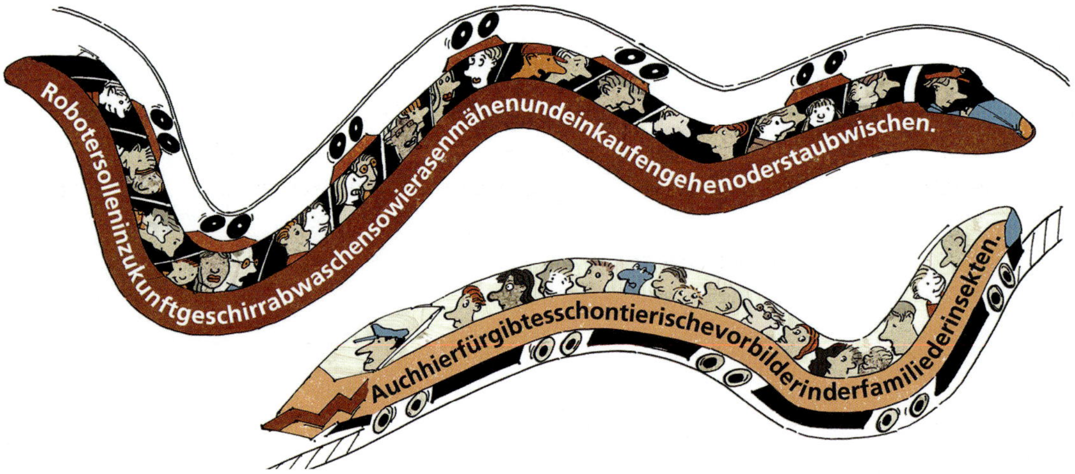

4 Zusammen oder getrennt?
Kreuze für jede Unterstreichung an, ob hier falsch oder richtig geschrieben wurde. (5 Punkte)

VORSICHT FEHLER!

	falsch	richtig
A Wenn wir in lockerem Schnee spazierengehen, sinken wir tief ein.	☐	☐
B Das Alpenschneehuhn bewegt sich auf Schnee ohne ein zu sinken.	☐	☐
C Grund ist ein Federkranz, der um seinen Fuß herumwächst.	☐	☐
D Die nordische Sportindustrie konnte sich Ähnliches ausdenken.	☐	☐
E Es sind Schneeschuhe mit Holzreifen, die sogar bequemsein sollen.	☐	☐

5 **Trage im folgenden Text die fehlenden Konsonanten ein. (10 Punkte)**

Die Natur hat nicht nur geschi_____te Läufer, so_____dern auch flo_____e Schwimmer hervorgebra_____t. Einige Käferarten, wie zum Beispiel der Furchenschwi_____er, sind perfe_____t an das Leben unter Wa_____er angepa_____t. Der Mensch ka_____ von ihrer Techni_____ des Ruderschlags lernen.

6 **Trage die Wörter in die nachfolgende Übersicht ein und ergänze dabei das i in der richtigen Schreibweise: i, ie, ih oder ieh. (10 Punkte)**

diskut?ren • s?t • ?deal • Masch?ne • ?nen • v?lfach • ?re • fl?t • Kl?ma • Garant?

i	ie	ih	ieh

7 **a** **Achte auf den s-Laut: Jeweils ein Wort in jedem Block ist falsch geschrieben. Streiche es durch. (6 Punkte)**

VORSICHT FEHLER!

A grüssen – Grußkarte – grüßt – gruselig
B fließen – Fluß – Fließgeschwindigkeit – Floß
C Größe – grossartig – Großbetrieb – größer
D wissbegierig – Weißheit – Wissensdrang – wusste
E mäßigen – maßvoll – massig – Massregelung
F schließen – Schlüssel – schliesslich – Schließfach

b **Schreibe die falsch geschriebenen Wörter verbessert auf. (6 Punkte)**

8 **das oder dass? Kreuze für jeden der folgenden Sätze an, ob die Schreibweise richtig oder falsch ist. (5 Punkte)**

VORSICHT FEHLER!

	falsch	richtig
A Wer hätte früher gedacht, dass uns die Natur mit ihren Lösungen etwas zeigt.	☐	☐
B Das man von der Natur lernen kann, erfährt heutzutage jedes Schulkind.	☐	☐
C Bionik ist ein wissenschaftliches Gebiet, das noch populärer werden muss.	☐	☐
D Es ist sehr erfreulich, das sich das Fernsehen der Bionik nun verstärkt annimmt.	☐	☐
E Dass sehen selbst einige skeptische Wissenschaftler ein.	☐	☐

9 **a** **Überprüfe deine Lösungen mit Hilfe des Lösungsheftes. Für jede richtige Antwort bekommst du einen Punkt.**
b **Trage ein, wie du die Aufgaben bewältigt hast: ✔ = das Meiste richtig ? = noch etwas unsicher**

Aufgabe	1 ☐	2 ☐	3 ☐	4 ☐	5 ☐	6 ☐	7 ☐	8 ☐
Weitere Übungen	Seite 76–79	Seite 76–79	Seite 76–79	Seite 81–85	Seite 88	Seite 89	Seite 90	Seite 91

Groß- und Kleinschreibung

Wiederholung: Nominalisierungen

Information | **Nominalisierung: Großschreibung von Verben und Adjektiven**

Verben oder Adjektive schreibt man **groß**, wenn sie **im Satz als Nomen verwendet** werden. Diesen Vorgang nennt man **Nominalisierung**. Nominalisierte Wörter erkennst du an den **Nomenbegleitern**, meist:

1 ein **Artikel**, z. B. *eine Entdeckung, das Nachahmen,*
2 eine **Präposition**, die mit einem Artikel verschmolzen sein kann, z. B. *durchs (durch das) Untersuchen,*
3 ein **Adjektiv**, z. B. *genaues Fragen, hartnäckiges Beobachten,*
4 ein **Pronomen** (Possessiv-, Demonstrativ- oder Indefinitpronomen), z. B. *unser Ausprobieren, dieses Überraschende, viel Interessantes.*

Nicht immer wird ein nominalisiertes Wort durch einen Nomenbegleiter angekündigt. Prüfe in Zweifelsfällen mit der Erweiterungsprobe: Wenn du vor einem Wort einen Nomenbegleiter einfügen kannst, ist das Wort ein Nomen oder eine Nominalisierung, z. B.:

Tunnel ermöglichen ↓ *das* *Fortbewegen unter der Erde.* Oder: *Tunnel ermöglichen* ↓ *schnelles* *Fortbewegen unter der Erde.*

Tipp: Beim Schreiben kannst du das Begleitwort in Gedanken einfügen.

1 **a Wähle passende Verben aus und trage sie in der richtigen Schreibweise in den folgenden Lückentext ein.**
b Umkreise bei nominalisierten Verben den Nomenbegleiter.

~~bauen~~ • übernehmen • herstellen • hervorbringen • aufnehmen • abhalten • verfeinern • schlafen
errichten • ausgleichen • schützen • vermischen

Tiere sind perfekte Baumeister

Tiere sind uns ein Vorbild beim Bauen von Behausungen, die Wind und Wetter ________________. Neben einigen Insekten sind vor allem viele Schwalbenarten für das professionelle ________________ von Nestern aus Erde, Lehm und Speichel bekannt. Indem sie ihre Behausungen unter Dächern und in Mauernischen ________________, ________________ sie sich vor ihren Feinden. Die Ureinwohner Nordamerikas und einige arabische Völker konnten die Architektur der Schwalbennester ________________. Ihr Rezept zum ________________ des Baustoffs war das ________________ des Lehms mit Tierdung, gehäckseltem Stroh und anderen Materialien. Einige Wüstenregionen erstaunten durch das ________________ ganzer Städte aus Lehm. Das Material trägt außerdem durch ________________ der Temperaturunterschiede zum gesunden Leben bei, denn es kann zum Beispiel die Feuchtigkeit ________________, die der Mensch täglich beim ________________ abgibt.

- **Nominalisierte Adjektive** schreibt man **groß**, z. B.: *alles Interessante, nichts Gutes.*
- **Adjektive im Superlativ mit *am*** schreibt man **klein**, z. B.: *Mit am interessantesten ist die Nestbauweise vieler Schwalbenarten.* oder *Am besten schaut man sich das genau an.*

2 **Prüfe im folgenden Text die Schreibweise der markierten Wörter und umkreise den richtigen Anfangsbuchstaben. Tipp: Wende in Zweifelsfällen die Erweiterungsprobe an.**

Auch von den Tunnelbauten einiger Tierarten kann der Mensch N/nützliches lernen. Die Technik des H/herstellens eines unterirdischen Röhrensystems zeigt uns mit am B/besten der Maulwurf. Seine Technik zeichnet sich durch gezieltes E/einsetzen der Nase zum S/stochern sowie der Vorderbeine als Grabschaufeln aus. Für Ingenieure mit am I/interessantesten ist es, dass der Maulwurf beim A/anlegen von unterirdischen Gangsystemen vorwärts- und rückwärtskriechen kann. Mit Abstand am I/imponierendsten ist die unterirdische Teamarbeit der in Ostäthiopien lebenden Nacktmulle. Beim G/graben, Z/zerbrechen und B/befördern von Erde und Steinen sind sie gemeinsam am S/stärksten. Unter vielen Großstädten hat der Mensch ähnliche unterirdische Gangsysteme angelegt, etwa für U-Bahnen. Damit wurde V/vorteilhaftes bewirkt, weil der überirdische Verkehr so am Z/zügigsten entlastet wurde.

3 ●●●

a **Unterstreiche im folgenden Text die nominalisierten Adjektive und Verben.**

b **Lass dir den Text von einer Lernpartnerin/einem Lernpartner diktieren.**
Tipp: Wende die Erweiterungsprobe an, wenn du unsicher bist.

c **Überprüfe mit Hilfe der Lösungen, ob du alles richtig geschrieben hast.**

DER TRAUM VOM FLIEGEN

AUF DEN MEISTEN FLUGHÄFEN DIESER WELT KANN MAN IMMER AUFS NEUE TÄGLICH HUNDERTE VON FLUGZEUGEN BEIM STARTEN UND LANDEN BEOBACHTEN, VIELLEICHT ERREICHT DEREN ZAHL AUCH DIE TAUSEND. WAHRHAFT ERSTAUNLICH IST, DASS DAS FLIEGEN EIN ERGEBNIS MENSCHLICHEN FORSCHENS ÜBER MEHR ALS 2000 JAHRE HINWEG IST.

DIE SAGEN DER GRIECHEN ZEIGEN, DASS DER „TRAUM VOM FLIEGEN" DIE FANTASIE DER MENSCHEN SCHON FRÜH BESCHÄFTIGTE. IKARUS UND DÄDALUS NUTZTEN VOGELFLÜGEL ALS VORBILD ZUM KONSTRUIEREN EINES FLUGAPPARATES. DAS BEFESTIGEN DER FEDERN MIT WACHS WAR ALLERDINGS RISKANT. ALS DIE BEIDEN DER SONNE ZU NAHE KAMEN, FÜHRTE DAS ZUM SCHMELZEN DER FLÜGEL UND DAS SCHLIMMSTE TRAT EIN: IKARUS STÜRZTE INS MEER.

ES WAR OTTO LILIENTHAL, DER DANN GEGEN ENDE DES 19. JAHRHUNDERTS ENTSCHEIDENDES ENTDECKTE, NÄMLICH DASS FÜR DEN AUFTRIEB DIE NACH OBEN GEWÖLBTE FORM DER FLÜGEL AM ALLERWICHTIGSTEN IST. OBERHALB DES FLÜGELS ENTSTEHT EIN UNTERDRUCK UND UNTERHALB EIN ÜBERDRUCK, DER AUFTRIEB WIRD SO AM STABILSTEN ERREICHT UND DIE ERDANZIEHUNG ÜBERWUNDEN. ETWAS WICHTIGES IST HIERBEI JEDOCH AUCH, DASS DER FLÜGEL GEGENÜBER DER STRÖMUNG LEICHT NACH OBEN ANGEHOBEN IST. DIESES SOGENANNTE ANSTELLEN DES FLÜGELS VERSTÄRKT DEN AUFTRIEB MIT AM NACHDRÜCKLICHSTEN.

Schreibung von Eigennamen und Herkunftsbezeichnungen

Information **Groß- und Kleinschreibung bei Eigennamen und Herkunftsbezeichnungen**

- **Eigennamen** schreibt man **groß**. In mehrteiligen Eigennamen schreibt man alle Wörter groß, mit Ausnahme der Artikel, Konjunktionen und Präpositionen, z. B. *das Kap der Guten Hoffnung, Institut für Biochemie.*
- **Herkunftsbezeichnungen:**
  - Die von geografischen Namen abgeleiteten **Wörter auf -er** werden immer **großgeschrieben**, z. B. *Altenberg**er** Dom, ein Schweiz**er** Messer, die Düsseldorf**er** Altstadt, das Münchene**r** Hofbräuhaus.*
  - Die von geografischen Namen abgeleiteten **Adjektive auf -isch** werden **kleingeschrieben**, z. B. *nordrheinwestfäl**isch**e Städte, engl**isch**e Landschaftsbilder, chines**isch**e Vasen.*

    Achtung: Als Bestandteil mehrteiliger Eigennamen werden auch geografische Namen mit Adjektiv großgeschrieben, z. B.: *das Bergische Land, die Lippische Rose.*

1 **Prüfe für jede der folgenden Bezeichnungen, ob es sich um einen Eigennamen handelt: Schreibe sie dann in der richtigen Groß- und Kleinschreibung auf.**
Tipp: Wenn du unsicher bist, schau in einem Rechtschreib-Wörterbuch nach.

A DIE KÖLNER U-BAHN

____

B STEINHUDER MEER

____

C INSTITUT FÜR DEUTSCHE SPRACHE

____

D EINE ENGLISCHE TAGESZEITUNG

____

E VEREINIGTE STAATEN VON AMERIKA

____

F WESTFÄLISCHER FRIEDEN

____

G DER BESTE FRANZÖSISCHE PRÄSIDENT

____

H INDISCHER OZEAN

____

2 **Prüfe die Groß- und Kleinschreibweise für die im Text markierten Wortanfänge. Umkreise den richtigen Anfangsbuchstaben.**

Touristische Superlative

In Deutschland ist eine der meistbesuchten Attraktionen der K/kölner Dom. Aber auch das H/heidelberger Schloss und das berühmte B/brandenburger Tor in Berlin gehören dazu. In den F/französischen Alpen findet man viele Liebhaber des Montblanc. Tausende lassen sich täglich auf der S/spanischen Treppe in Rom fotografieren, versuchen mit optischen Tricks den S/schiefen Turm V/von Pisa gerade zu stellen oder lassen sich von I/italienischer Mode begeistern. In A/afrikanischen Naturschutzgebieten können Besucher die fantastische Tierwelt beobachten oder in China die G/große Mauer entlangwandern, das einzige Bauwerk, das man sogar vom Weltall aus sehen kann. Auf dem A/amerikanischen Kontinent sind die G/großen Seen mit den Niagarafällen, das W/weiße Haus in Washington oder der K/kalifornische Yosemite-Nationalpark millionenfach besuchte Ziele.

3 ●●● **Notiere acht weitere mehrteilige Eigennamen im Heft.**
Tipp: Schau in einem Wörterbuch nach.

Schreibung von Tageszeiten und Wochentagen

Information | **Groß-und Kleinschreibung bei Tageszeiten und Wochentagen**

- **Tageszeiten** und **Wochentage** werden **großgeschrieben**, wenn sie **Nomen** sind. Du erkennst sie an den Nomenbegleitern (▶ S. 76), z. B. *am Dienstag, diesen Sonntag, für Freitag.*
- **Tageszeiten** und **Wochentage** werden **kleingeschrieben**, wenn sie **Adverbien** sind, z. B. *nachts, gestern, morgen, übermorgen früh, tagsüber, montags.*
- Bei **kombinierten Zeitangaben** schreibt man die **Adverbien klein** und die **Nomen groß**, z. B. *heute Morgen, gestern Mittag, morgen Abend.*

Tipp: Für **zusammengesetzte Zeitangaben** aus Wochentag und Tageszeit gilt: Sie werden großgeschrieben, wenn sie Nomen sind, und kleingeschrieben, wenn sie Adverbien sind, z. B. *der Dienstagnachmittag – dienstagnachmittags, am Montagabend – montagabends.*

1 **Die folgende SMS des Chefs der Stadtwerke ist zu knapp geraten: Formuliere mit den Informationen eine zusammenhängende E-Mail an den Ausschuss „Fahrplan". Verwende die rechts passend angebotenen Zeitangaben in der richtigen Schreibweise. Setze die unten begonnene E-Mail in deinem Heft fort.**

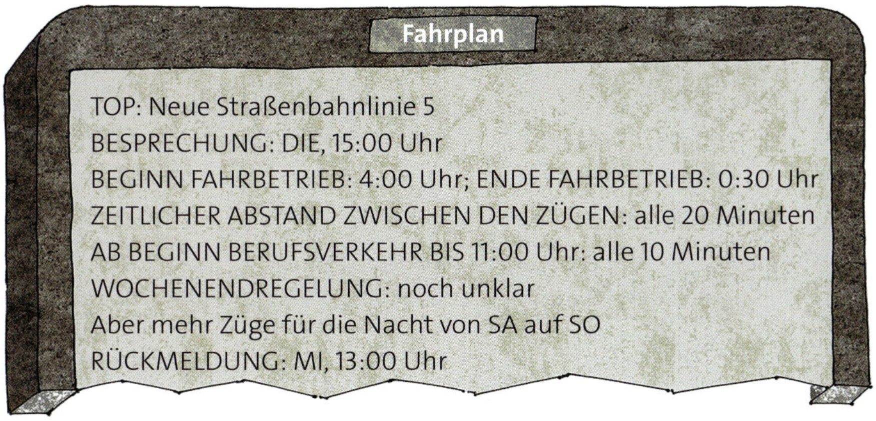

Zeitangaben

DIENSTAGNACHMITTAG
MORGENS; AMABEND
WERKTAGS

AMWOCHENENDE
SAMSTAGNACHTS
MORGENMITTAG

Sehr geehrte Mitglieder des Ausschusses „Fahrplan",
zur Ausgestaltung des Fahrplans für die neue Linie 5 laden wir Sie für Dienstagnachmittag um 15:00 Uhr ein. Der Linienbetrieb soll …

2 **Stell dir vor, es ist Mittwochabend: Schreibe einen kurzen Blogbeitrag über das Programm deiner Klassenfahrt ins „Odysseum" in Köln. Verwende kombinierte Zeitangaben und schreibe ins Heft.**

Beginne so: *Gestern Morgen kamen wir …*

	Dienstag	**Mittwoch**	**Donnerstag**
10:00 Uhr	Anreise mit der Bahn	Workshop *„Sinnvolle Sensoren"* Experimente mit Robotern	Abreise mit der Bahn
15:00 Uhr	Workshop *„Schaumfabrik"* Kreative Schaumschlägerei!	Vortrag *„Volle Ladung"* Elektrisierendes über Energie	

3 ●●● **Die Schulleitung macht eine Umfrage: Beschreibe, wann und wie du zur Schule und zu deinen Nachmittagsaktivitäten gelangst. Verwende die angebotenen Zeitangaben und schreibe in dein Heft.**

DIENSTAGS • JEDEN MORGEN • MITTAGS • AM SPÄTEN NACHMITTAG • AM NÄCHSTEN MORGEN
ABENDS • AM DONNERSTAG • AN WERKTAGEN • AMFREITAGABEND

Teste dich!

Groß- oder Kleinschreibung?

1 **Erkläre im Heft für jede in diesem Text unterstrichene Wendung kurz die Schreibweise. (4 Punkte)**

Stabil wie ein Blatt

Manchmal entstehen Innovationen durch genaues A Hinschauen. Anlässlich der B Londoner Weltausstellung im Jahr 1851 gelang dem C englischen Gartenbauarchitekten Sir Joseph Paxton die Konstruktion eines neuartigen Rippen-Glasdaches. Dass ihm dafür das Blatt einer Riesenseerose als Vorbild diente, überrascht vielleicht. Doch am D verblüfftesten ist man, wenn man sieht, dass es nur zwei Millimeter dick ist. Es beflügelte den Bau riesiger Gewächshäuser, z. B. in Berlin-Dahlem in einem Park namens E Botanischer Garten und Botanisches Museum.

A Großschreibung, da Nominalisierung eines Verbs – B …

2 **Setze die angegebenen Wörter in der richtigen Schreibweise in die Lücken ein. (8 Punkte)**

Dass er etwas absolut Ungewöhnliches [ungewöhnlich] erlebte, verstand Joseph Paxton sofort, als ein Blatt der Königlichen Riesenseerose mühelos seine achtjährige Tochter trug. Er wollte beim Betrachten [betrachten] zunächst kaum seinen Augen trauen [trauen]. Die Pflanze trug sein Kind mühelos, sogar ohne sich zu verbiegen [verbiegen]. Durch anschließendes Untersuchen [untersuchen] der Blattunterseite konnte er am leichtesten [leicht] das geniale [geniale] System aus Rippen erkennen [erkennen], welches ihm als Architekt später Weltruhm einbrachte.

3 **Schreibe folgende Zeitangaben in der richtigen Schreibweise auf. (10 Punkte)**

GESTERNFRÜH • MORGENABEND • SONNTAGABEND • FREITAGS • SPÄTABENDS
SAMSTAGNACHMITTAGS • HEUTEMORGEN • ÜBERMORGEN • GESTERNMITTAG • AMMONTAG

gestern früh, morgen Abend, Sonntagabend, freitags, spätabends, samstagnachmittags, heute Morgen, übermorgen, gestern Mittag, am Montag

Vergleiche deine Ergebnisse mit dem Lösungsheft. Für jede richtige Antwort bekommst du einen Punkt.

☺ 22–16 Punkte	☺ 15–10 Punkte	☹ 9–0 Punkte
Gut gemacht!	Gar nicht schlecht, aber lies dir die Informationskästen auf den Seiten 76 bis 79 noch einmal genau durch.	Arbeite die Seiten 76 bis 79 noch einmal genau durch.

Getrennt- und Zusammenschreibung

Information | **Wortgruppen aus Nomen und Verb**

Wortgruppen aus **Nomen und Verb** können immer **getrennt geschrieben** werden, z. B.: *Riesenrad fahren, Eis essen, Lose kaufen.*
Achtung: Werden sie nominalisiert (▶ S. 77), schreibt man sie zusammen und groß, z. B.: *Beim Achterbahnfahren wird es mir immer schlecht. Dann hilft mir nur noch Eisessen.*

1 **Notiere die hervorgehobenen Wortgruppen in der richtigen Schreibung in der Randspalte.**
Tipp: Achte auf Nominalisierungen und schreibe diese zusammen und groß.

Auf dem Jahrmarkt

Eine Kirmes zu besuchen, das A-C-H-T-E-R-B-A-H-N-F-A-H-R-E-N und Z-U-C-K-E-R-W-A-T-T-E-E-S-S-E-N sowie auch ganz einfaches P-L-A-S-T-I-K-R-O-S-E-N-S-C-H-I-E-ß-E-N und selbst sehr vertrautes L-O-S-E-Z-I-E-H-E-N – all dies kann große F-R-E-U-D-E-M-A-C-H-E-N.

Im Schaustellermuseum in Essen kann man bestaunen, mit welchen Gerätschaften die Schausteller früher ihr G-E-L-D-V-E-R-D-I-E-N-T-E-N. Besonderen E-I-N-D-R-U-C-K-E-R-R-E-G-E-N die Buckelbergwerke, schrankartige Schaukästen, die auf dem Rücken getragen wurden. Wer mit der Kurbel Figuren und Förderaufzug B-E-W-E-G-U-N-G-V-E-R-L-E-I-H-T, kann sehen, wie sie im U-N-T-E-R-T-A-G-E-B-A-U-A-R-B-E-I-T-E-N. Wissenschaftler, die am Schaustellerwesen I-N-T-E-R-E-S-S-E-H-A-B-E-N, können im Museum F-O-R-S-C-H-U-N-G-B-E-T-R-E-I-B-E-N. Vor einem Besuch muss man rechtzeitig vorher einen T-E-R-M-I-N-A-B-S-P-R-E-C-H-E-N.

2 a **Verbinde jeweils ein Nomen und ein Verb zu einer sinnvollen Wortgruppe.**
b **Schreibe den folgenden Text ab und setze die jeweils passende Wortgruppe ein.**
Tipp: Achte bei Nominalisierungen auf die richtige Schreibung.

Entchen	Freunde	Riesenrad	Glücksrad
Lust	Autoscooter	Reiz	Paradiesapfel

drehen	haben	treffen	haben
fahren	essen	fahren	angeln

Ich muss gestehen, dass ich wenig ?, auf die Kirmes zu gehen. Das ? finde ich langweilig. Beim ? habe ich noch nie etwas gewonnen. Beim ? bekomme ich Höhenangst und nach dem ? tun mir immer alle Knochen weh. Das Einzige, was für mich einen gewissen ?, ist, dass ich auf dem Kirmesplatz ? und leckeren ? kann.

Information **Wortgruppen aus Verb und Verb**

Wortgruppen aus **Verb und Verb** können immer getrennt geschrieben werden, z. B.: *spazieren gehen.*
Achtung: Nominalisiert schreibt man sie zusammen und groß, z. B.: *Zum Fahrenüben lädt ein Simulator ein.*

3 **Der Buchstabensalat im Text ergibt jeweils zwei Verben. Schreibe diese in richtiger Schreibung auf.**

Von der Pferdebahn zur Straßenbahn

Das hätte sich das „Finchen" sicher nicht [A ~~TRMNLSSNÄUEAE~~], dass es einmal der Star des Straßenbahn-Museums in Köln-Dellbrück sein würde. Mit „Finchen", deren Name sich von der Linienbezeichnung F [B BLTNLSSTAEIEÄ], konnten sich 1914 die ersten Fahrgäste von Frechen nach Köln [C FHRNLSSNAEAE]. Mit den ersten elektrischen Bahnen fuhr man ins Grüne: Dort konnte man schön [D BDNGHNAEEE]. Oder man fuhr in die Stadt, denn hier konnte man besser [E NKFNGHNEIAUEEE]. Den öffentlichen Nahverkehr hatten aber schon seit 1877 die ersten Pferdebahnen [F RLLNLSSNOEAE]. Dieses und vieles andere zeigt das Straßenbahnmuseum [G BSCHNKMMTEUEO], wo auf 2 500 Quadratmetern 26 Bahnen zu [H BNDRCKENWSSNEEIUE].

A träumen lassen, ableiten lassen, fahren lassen, baden gehen, einkaufen gehen, rollen lassen, besuchen kommt, beeindrucken weise

4 **Setze in die Lücken den passenden Ausdruck mit „sein" ein: Achte dabei auf Zeitform und Personalform.**

Wortgruppen mit „sein" werden immer getrennt geschrieben, z. B.: *vorbei sein, los sein, vorhanden sein.*

vorbei • los • offen • vonnöten • dabei
möglich • vorhanden

Wann die Zeit der Pferdebahnen endgültig vorbei ist, welche historischen Bahnen im Museum vorhanden sind und welche Anstrengungen vonnöten sind, damit eine solch imposante Präsentation möglich ist, all das kannst du erfahren, wenn du bei einer Führung im Museum dabei bist. Du solltest dich vorher erkundigen, wann das Museum offen ist und ob dort vielleicht auch gerade etwas Besonderes los ist.

5 **Markiere die sieben Fehler im folgenden Text. Schreibe ihn verbessert in dein Heft.**

VORSICHT FEHLER!

Wenn ihr unser Museum Besuchen kommt, bieten wir euch zum kennenlernen unserer historischen Bahnen etwas ganz Besonderes an: Wir laden euch zum fahrenüben auf dem Gleis rund um das Museum ein! Beim Einsteigenlassen könnt ihr zunächst kassierenlernen. Dann lernt ihr, die Bahn in Bewegung zu setzen und könnt sie dann schneller oder langsamer fahren lassen. Für das Bremsenüben bekommt ihr vorher eine genaue Erklärung. Nach dem sicheren stehenbleiben der Bahn dürft ihr eure Fahrgäste aussteigen lassen.

Information **Wortgruppen aus Adjektiv und Verb**

- Wortgruppen aus **Adjektiv und Verb** werden **meist getrennt geschrieben**, z. B.: *flugsicher machen, lebensecht darstellen, interessant gestalten.* → Steigerungs- oder Erweiterungsprobe
- Entsteht durch die Verbindung von Adjektiv und Verb **ein Wort mit einer neuen Gesamtbedeutung, schreibt man zusammen**, z. B.: *freistellen* (= beurlauben), *leichtfallen* (= keine Mühe machen), *kleinschreiben* (= ein Wort mit kleinem Buchstaben beginnen), *glattbügeln* (= einen Fehler beheben). gutschreiben

Tipp: Wenn du unsicher bist, wie eine Wortgruppe richtig geschrieben wird, schau im **Wörterbuch** nach.

6 **a** **Verbinde die Adjektive und Verben durch Linien zu sinnvollen Wortgruppen aus Adjektiv und Verb.**

vollständig | nahe | willkommen | möglich | gut | bereit | schwer | sicher

unterhalten | gehen | stehen | heißen | erhalten | bringen | fallen | machen

b **Setze diese Wortgruppen sinnvoll in den folgenden Text ein.**
Tipp: Vier der Wortgruppen werden getrennt, vier werden zusammengeschrieben. Wenn du unsicher bist, schlage in einem Wörterbuch nach.

Der alte Flughafen BUTZENWEILERHOF lädt ein

Unsere Luftfahrtausstellung möchte Sie willkommen heißen. Über 500 große und kleine Ausstellungsstücke, die hier für Sie bereitstehen, wollen Ihnen die Geschichte der Kölner Luftfahrt nahebringen. Da wird es Ihnen bestimmt schwerfallen, eine Auswahl zu treffen!

Außerdem können wir es möglich machen, dass Sie bei uns – neben Berlin Tempelhof – die einzige Flughafenanlage aus den 1930er-Jahren besichtigen können, weil wir sie als Stiftung vollständig erhalten. Sie können sichergehen, dass Sie sich an einem Tag auf dem „Butz" gut unterhalten.

7 **a** **Im folgenden Gitterrätsel verstecken sich waagerecht fünf (4) Wortgruppen aus (Farb-)Adjektiv und Verb, die eine neue Gesamtbedeutung haben. Markiere sie.**

A	R	O	S	C	H	W	A	R	Z	F	A	H	R	E	N	X
B	H	Y	M	R	O	T	S	E	H	E	N	Z	L	Ä	M	B
C	I	C	K	S	C	H	W	A	R	Z	Ä	R	G	E	R	N
D	Z	B	L	A	U	M	A	C	H	E	N	K	I	D	A	F

b **Formuliere mit jedem der Verben einen Satz aus. Schreibe ins Heft.**

Information **Verbindungen aus Adverb und Verb, Präposition und Verb**

1 Verbindungen aus **Adverb und Verb** werden in der Regel
- **zusammengeschrieben**, wenn die Hauptbetonung auf dem Adverb liegt, z. B.: *Wenn Meinungen aufeinanderprallen, gibt es oft Streit.*
- getrennt geschrieben, wenn Adverb und Verb gleich betont werden, z. B. *Ihr solltet aufeinander hören!*
  Tipp: Mache die **Erweiterungsprobe**: Wenn du ein Wort zwischen Adverb und Verb einfügen kannst, schreibst du getrennt, z. B.: *Wir können nicht gut miteinander (in einem Raum) arbeiten.*

2 Verbindungen aus Präposition und Verb schreibt man in der Regel zusammen. Die Hauptbetonung liegt bei der Zusammensetzung auf der Präposition, z. B.: *aufmachen, mitsingen, durchgehen.*

8 **a** **Unterstreiche: Wo liegt bei den markierten Verbindungen aus Adverb und Verb die Betonung?**
b **Kreuze für jede der Verbindungen an, ob Getrennt- oder Zusammenschreibung richtig ist.**

Klassenausflug ins Museum

	Getrennt-schreibung	Zusammen-schreibung
A Sofern wir alle rechtzeitig zusammen?kommen, nehmen wir denselben Bus.	☐	☒
B Das Klassensprecherteam wird die Gruppe zusammen?halten.	☐	☒
C Würdet ihr bitte während der Führung nicht dazwischen?reden?	☐	☒
D Die Führung hat zwei Teile: Ihr könnt euch dazwischen?setzen.	☒	☐
E Wir können nicht genau vorher?sagen, wie lange die Veranstaltung dauert.	☐	☒
F Ob die Bilder euch gefallen, könnt ihr erst nachher?sagen.	☒	☐
G Schön wäre es, wenn anschließend alle zusammen?bleiben.	☐	☒

9 **Prüfe jede der folgenden Verbindungen zwischen Adverb und Verb mit der Erweiterungsprobe: Notiere sie, wo möglich, und kreuze diejenige Verbindung an, die getrennt geschrieben wird.**

☒ A Nach der Führung müsst ihr euch unbedingt untereinander?austauschen.

☐ B Morgen könnt ihr euch mit der Beschreibung der Bilder herum?schlagen, heute habt ihr frei.

Erweiterungsprobe: ______________________________

10 **Bilde mit den nachfolgenden Präpositionen jeweils fünf Verben. Verwende dazu die angebotenen Verben und schreibe die Verbindungen in dein Heft.**

ziehen • gehen • arbeiten • laufen • sehen
sprechen • kommen • rechnen • wirken • lassen • stimmen
machen • nehmen • fragen • legen

durch... hinter... über... mit... auf...

11 ●●● **Trenne in den folgenden Sätzen die Wörter voneinander ab und schreibe sie auf. Achte dabei auf die Getrennt- und Zusammenschreibung sowie auf die Groß- und Kleinschreibung.**

Haus Safari – Museum für Kuriositäten in Lindlar

Ichmussesgleichvorwegnehmen:

____

Derbeiname„museumdergutenlaune“istnichtübertrieben.

____

____

werhiernichtlautauflachenoderzumindestinsichhineinkichernmuss,istselbstschuld.

____

Übersehenkannmandasmuseumnicht:

____

schonvordertürlasseneinigemonsterfigurendenbesucherzusammenzucken.

____

hinterdermuseumstüristeinewildemischungzusammengekommen.

____

allesdarfangefasstundausprobiertwerden,nurmitnehmendarfmannatürlichnichts!

____

wersichgruselnmöchte,mussindenkellerhinabsteigen,woeinegeisterbahnaufgebautist.

____

12 ●●● **Bilde Verbindungen aus Adverb und Verb, die zu den folgenden Umschreibungen passen. Schreibe sie auf.**

A die Zukunft deuten: vorraussagen

B zwei Streithähne trennen: auseinanderbringen dazwischengehen

C ohne Zwischenräume schreiben: zusammenschreiben

D in die Einzelteile zerlegen: auseinandernehmen

E betrügen: hintergehen

F zu laufen beginnen: losrennen

G erschaffen: hervorbringen

H sicher auf die andere Seite bringen: hinüberretten

gehen
auseinander
rennen
zusammen
gehen
voraus
schreiben
bringen
dazwischen
retten
nehmen
los
sagen
hinter
hervor
hinüber

Teste dich!

Getrennt- oder Zusammenschreibung?

1 **a** **Unterstreiche im folgenden Text acht Fehler. (8 Punkte)**
b **Schreibe die verbesserten Wörter in die Randspalte. (8 Punkte)**

VORSICHT FEHLER!

Rundherum im Flug

Genauergründen können die Historiker nicht, wann das Karussell entstan-denist. Dass der Spaß zunächst der höfischen Gesellschaft vor behalten war, ist hingegengesichert – und auch, dass es aus einem Zweikampf zu Pferde hervor gegangen ist. Zu einem Ziel zu jagen und als Erster einen dort aufgehängten Ring zu durch stoßen – auf diesen Wettkampf soll das Karussell fahren letztlich zurück gehen.

2 **Notiere jeweils die richtige Schreibweise auf der Linie. (8 Punkte)**

Sonnenkönig Ludwig XIV. hat für seine Versailler Gäste immer neue Attraktionen erfinden lassen [erfinden?lassen], und so ließ er auch das Ringturnier weiterentwickeln [weiter?entwickeln]: Hölzerne Pferde, die sich im Kreis drehen [Kreis?drehen] – diese weniger anstrengende Neuerung sollte bald an vielen europäischen Höfen Einzug halten [Einzug?halten]. In der Französischen Revolution wurden adlige Privilegien auch dem Volk zugänglich gemacht [zugänglich?gemacht] – so auch die Karussells. Nostalgische Karussells können heute neben modernen Fahrgeschäften die Erinnerung an die frühen Zeiten des Karussells wachhalten [wach?halten]. Ein Karussell zu unterhalten [unter?halten], ist bis heute ein Beruf, der nicht leichtfällt [leicht?fällt].

Vergleiche deine Ergebnisse mit dem Lösungsheft. Für jede richtige Antwort bekommst du einen Punkt.

☺ 24–18 Punkte	😐 17–12 Punkte	☹ 11–0 Punkte
Gut gemacht!	Gar nicht schlecht, aber lies dir die Informationskästen auf den Seiten 81 bis 85 noch einmal genau durch.	Arbeite die Seiten 81 bis 85 noch einmal genau durch.

Üben macht sicher – Regeln zum Rechtschreiben

Fremdwörter richtig schreiben

Information **Fremdwörter**

Fremdwörter sind **Wörter**, die **aus anderen Sprachen** kommen, z. B. *Detonation* (lat.-frz.), *kalkulieren* (lat.), *Lexikon* (griech.), *Backstage* (engl.). Meist erkennt man sie an der Aussprache und der Schreibweise. Häufig gebrauchte Fremdwörter wurden eingedeutscht, d. h. dem Deutschen angeglichen. Für einige dieser Wörter sind dann zwei Schreibweisen möglich, z. B.: *Biogra**ph**ie/Biogra**f**ie, Portemonn**aie**/Portmon**ee**, Ket**ch**up/Ket**sch**up*.

1 **a** **Unterstreiche in jeder Gruppe das Wort, dessen Schreibweise du für richtig hältst.**
Tipp: Wenn du unsicher bist, schlage im Wörterbuch nach.
b **Lasse dir die Fremdwörter diktieren. Prüfe mit Hilfe der Lösungen, ob du richtig geschrieben hast.**

VORSICHT FEHLER!

A Agression – Agresion – Aggression – Aggresion

B Accesoire – Assessoire – Accessoire

C Ballance – Ballence – Balance – Balence

D Intresse – Inntresse – Interese – Interesse

E dynahmisch – dünamisch – dynamisch – dynamig

F Athmosphäre – Atmosphäre – Atmosfäre

G Opposizion – Opposition – Oposition – Oposizion

H Highteck – Highthek – Highthech – Hightech

2 **a** **Unterstreiche in jeder Gruppe die beiden Wörter, deren Schreibweise du für richtig hältst.**
Tipp: Wenn du unsicher bist, schlage im Wörterbuch nach.
b **Lasse dir die Fremdwörter diktieren. Prüfe mit Hilfe der Lösungen, ob du richtig geschrieben hast.**

VORSICHT FEHLER!

A Grafic – Grafik – Graphik – Grafick

B Bufet – Buffet – Büfett – Büfee

C kremig – krehmig – cremig – crehmig

D Necessaire – Neccessaire – Nessessär

E Potential – Potentzial – Potenzial – Potencial

F Fanthasy – Fantasie – Phantasy – Phantasie

G Jogurt – Jogourt – Joguhrt – Joghurt

H Ortographie – Orthografie – Orthographie

I Spageti – Spagheti – Spaghetti – Spagetti

J Cousine – Cusine – Kusine – Cousiene

K substantiell – substanziell – substanziel

L Frissör –Frisör – Friseure – Friseur

3 **a** **Gesucht sind Fremdwörter, die Sportarten bezeichnen: Trage diese ins Bildrätsel ein.**
b **Kreuze die Wortzusammensetzung an, deren Fremdwort nicht aus dem Englischen stammt.**
Tipp: Wenn du unsicher bist, schlage im Wörterbuch nach.

Fremdwörter können auch **in zusammengesetzten Wörtern** vorkommen, z. B.: *Surfbrett, Skatebahn, Ballonfahren.*

☐ A

☐ B

☐ C

☐ D

Schreibweisen nach einem kurzen Vokal

Information | **Schreibweisen nach betonten kurzen Vokalen**

Nach einem **betonten kurzen Vokal** folgen fast immer **zwei** oder mehr **Konsonanten**. Beim deutlichen Sprechen kannst du sie meist gut unterscheiden, z. B.: *klo**pf**en, gri**ns**en, schwa**nk**en*.
Hörst du nur einen Konsonanten, wird er **verdoppelt**, z. B.: *Wa**ss**er, We**ll**e, schwi**mm**en*.
Anstatt kk schreibt man in der Regel **ck**, anstatt zz schreibt man **tz**, z. B.: *Be**ck**en, Ka**tz**e*.
Achtung: ck wird am Zeilenende nicht getrennt, z. B.: *Be-cken*.

1 **Markiere im folgenden Gitterrätsel waagerecht → und senkrecht ↓ mindestens 20 Wörter, bei denen der betonte Vokal kurz gesprochen wird.**

	A	B	C	D	E	F	G	H	I	J	K
1	Z	O	X	M	I	T	T	A	G	J	L
2	P	L	A	T	Z	M	K	L	E	O	T
3	R	I	S	S	W	I	T	Z	B	G	E
4	J	M	K	O	I	R	O	W	E	G	S
5	G	R	A	L	L	F	R	I	Z	E	T
6	R	O	S	S	D	H	T	C	R	N	P
7	A	S	S	J	K	L	M	K	A	L	T
8	M	P	E	W	E	T	T	E	C	A	O
9	M	N	P	A	R	O	S	N	H	G	T
10	A	T	U	C	U	L	V	W	E	E	Z
11	C	R	V	H	O	L	Z	A	B	C	D
12	K	U	S	S	E	F	A	G	H	I	K
13	E	H	E	W	S	K	U	M	M	E	R

2 **a** **Trage die im Gitterrätsel markierten Wörter passend in die folgende Übersicht ein.**
b **Setze bei jedem Wort einen Punkt unter den betonten kurzen Vokal und umkreise die Konsonanten, die ihm folgen.**

Nach dem betonten kurzen Vokal ...

A ... zwei (oder mehr) verschiedene Konsonanten: ____________________

B ... ck oder tz: ____________________

C ... verdoppelter Konsonant: ____________________

____

3 ●●● **Fülle die Lücken. Entscheide, ob der fehlende Konsonant nach dem betonten kurzen Vokal verdoppelt werden muss bzw. ob <u>tz</u> oder <u>ck</u> einzusetzen sind.**

We___cher Schüler ke___t ihn nicht, diesen Augenbli___, we___ das Aufgabenbla___ der Kla___enarbeit ausgeteilt wird? Man si___t da, versucht an den Bli___en der anderen abzulesen, ob die Aufgaben eher verzwi___t oder einfach sind. Und schließlich ko___t die Lehrerin zum eigenen Sitzpla___: Schne___ erfa___t man, was zu lei___ten ist, ke___t schon die erste Antwort nicht ga___z, ka___ sich unter der nächsten Frage nichts vorste___en. Die re___ende Idee gegen Panik: Tief durchatmen!

Schreibweisen langer Vokale

Information **Schreibweisen bei betonten langen Vokalen**

- In den meisten Fällen wird der **betonte lange Vokal (a/ä, e, o/ö, u/ü)** nur **mit einem Buchstaben** geschrieben. Danach folgt meist nur ein Konsonant, z. B.: *das Lager, der Käfer, reden, holen, mögen, super.* Das gilt besonders für einsilbige Wörter, z. B.: *der Schal, nur, los, her, gut.*
- Mehr als drei Viertel aller Wörter mit **lang gesprochenem i** werden mit ***ie*** geschrieben. Es ist also die häufigste Schreibweise, z. B.: *hier, wie, viel, die Liebe, kriechen, fließen, der Kiesel.* Von Fremdwörtern abgeleitete Verben enden oft auf ***-ieren***, z. B.: *spazieren, dividieren, detailliert.* **Achtung:** Manchmal wird das lang gesprochene i durch den Einzelbuchstaben wiedergegeben, z. B.: *mir, dir, wir, der Igel, die Bibel, das Kino, das Kaninchen, Margarine, Apfelsine.*

1 **a** **Unterstreiche im folgenden Text alle Wörter mit einem betonten langen Vokal.**
b **Umkreise darunter die Wörter mit einem lang gesprochenen i.**

Moderne Sklaven oder pfiffige Anbieter?

Viele Menschen in den Metropolen Europas sind beim ersten Anblick ziemlich schockiert von diesem Bild: Kleine Dreiräder, angetrieben von einem Radler, befördern vielfach Gäste jedes Alters durch die Straßen. Sie schießen oft schneller als ein Taxi voran, denn sie stecken fast nie im Stau fest. Diese Velo-Taxis genießen auch einen umweltfreundlichen Ruf. Das Wort „Velo" ist die Kurzform des französischen „vélocipède", was wiederum, wortgeschichtlich betrachtet, mit „Schnell-Fuß" (lateinisch *velox* = schnell und *pes* =Fuß) zu übersetzen wäre.

2 **Trage ein: ie oder i? Wenn du unsicher bist, schlage im Wörterbuch nach.**

Fahrradrikschas, eine alternat___ve Bezeichnung für die Velo-Taxis, kutsch___ren inzw___schen in z___mlich v___len Bez___rken der Großstädte herum. Pol___tisch Interess___rte betonen, man müsse diese Veh___kel stärker fördern. Sie seien anges___chts g___gantisch gest___gener Benz___npreise die ___deale Ergänzung zum L___nien- und Indiv___dualverkehr. Die Velo-Fahrer kass___ren gut, wenn sie Tour___sten transport___ren.

Bei einer kleineren Gruppen von Wörtern folgt nach dem betonten langen Vokal (oder Umlaut) ein **h**, z. B.: *sehr, wohl, mehr, ungefähr, ähnlich.*
Das **h** steht besonders häufig **vor den Konsonanten l, m, n** und **r** und bleibt auch in den verwandten Wörtern erhalten, z. B.: *Nahrung – nahrhaft, ernähren; lehren – Lehrer, gelehrt; Lohn – lohnend, Belohnung.*
Achtung: Nur in einigen Pronomen wird das lange **i** als **ih** geschrieben, z. B.: *ihr, ihm, ihn, ihre, ihren.*

3 **Schreibe zu jedem der folgenden Wörter je fünf verwandte Wörter in dein Heft.**

A Befehl B fahren C hohl D nehmen E stehlen F dehnen G Fehler H wahr

4 **Informiere dich, z. B. in deinem Lehrbuch, über das silbenöffnende h nach einem lang gesprochenen Vokal: Nenne zehn Beispielwörter und verfasse eine knappe Erklärung für diese Schreibweise.**

Die Schreibung der s-Laute

Information **Schreibweisen der s-Laute: s und ß**

1 Das **stimmhafte s** (= weicher, gesummter Laut) **wird immer mit einfachem s** geschrieben, z. B.: *Hose, Riese*.

2 Das **stimmlose s** (= harter, zischender Laut) wird **nach einem betonten langen Vokal oder nach einem Diphthong** (Doppellaut: *ei, au, eu, ai, äu*) **mit ß** geschrieben, z. B.: *draußen, Straße, schießen*.
Prüfe am Wortende mit der **Verlängerungsprobe**. Zerlege dafür, wo nötig, zusammengesetzte Wörter:
– Bleibt der s-Laut **stimmlos**, schreibst du **ß**, z. B.: *Heiß|luft → heißer, Süß|kartoffel → Süße*.
– Wird der stimmlose **s**-Laut im verlängerten Wort **stimmhaft**, wird das Wort mit einem einfachen **s** geschrieben, z. B.: *Glas|schrank → Gläser, Gras|fläche → grasen*.

1 **s oder ß? Prüfe für diese zusammengesetzten Wörter die Schreibweise des fehlenden s-Lauts, indem du die Verlängerungsprobe anwendest. Schreibe jedes Wort richtig auf und gib das Verlängerungswort an.**

~~Ma?band~~ Lau?bub Bla?instrument Krei?verkehr Glei?führung
Wei?wurst Gru?wort Ei?waffel Na?horn Rei?leine

Maß|band → Maße,

Information **Schreibweise für den s-Laut nach einem betonten kurzen Vokal**

Hörst du beim deutlichen Sprechen in Silben **nach einem betonten, kurzen Vokal** nur **den Konsonanten s**, wird dieser **verdoppelt,** also **ss** geschrieben, z. B.: *vermessen, gelassen, Klasse, vermissen*.
Um ein Wort besser in Silben sprechen zu können, kannst du es **zerlegen** und mit einem **Verlängerungswort prüfen**: z. B.: *Mess|technik → messen*.

2 a **Zerlege die folgenden Wörter und notiere jedes Wort mit Verlängerungswort.**
b **Achtung: Eines der Wörter wird mit ß geschrieben. Erkläre diese Schreibweise.**
c **Setze in jedem Verlängerungswort mit ss einen Punkt unter den betonten kurzen Vokal.**

~~Schu?fahrt~~ • Bi?wunde • Schlo?park • Me?becher • Sto?dämpfer • Flu?biegung
Vergi?meinnicht • Schlu?verkauf • Achtklä?ler • Na?zelle • Pa?wort • e?bar

Schuss|fahrt → Schüsse,

Erklärung: ____________________

„das“ oder „dass“?

Information **Relativpronomen (das) oder Konjunktion (dass)?**

Zu Beginn eines Nebensatzes wird das **Relativpronomen „das“** häufig verwechselt mit der **Konjunktion „dass“**. Prüfe mit der **Ersatzprobe**:

- Kann **„das“ durch „welches“ ersetzt** werden, wird es mit einem **s** geschrieben, z. B.:
  Das Gefühl, ~~das~~ welches wohl die meisten Menschen erstreben, ist das Glück.
- Die Konjunktion „dass“ kann nicht ersetzt werden, z. B.:
  Das Gefühl, dass die Zeit zu schnell verrinne, quält viele Menschen.

1 **a** **Formuliere die nachfolgenden Sätze in Relativsätze (▸ S. 70) um und schreibe sie in dein Heft.**
b **Unterstreiche in deinen Sätzen das Relativpronomen.**

A Das neu heruntergeladene Spiel lässt Carl die Zeit vergessen.

B Ebenso aus dem Blick gerät das für morgen vorzubereitende Referat über Zeitmanagement.

C Als schließlich alles zu spät ist, denkt Carl sich für den nächsten Tag ein den Lehrer besänftigendes Märchen aus.

2 **a** **Gib die nachfolgende direkte Rede in Subjekt- oder Objektsätzen (▸ S. 68–69) wieder. Schreibe ins Heft.**
Tipp: Beachte, dass sich bei der Redewiedergabe das Personalpronomen ändert.
b **Unterstreiche in deinen Sätzen die Konjunktion.**

A Carl erzählt seinem Lehrer: „Das Ticken der Uhr ging im Lärm des neuen Spiels unter, bis es zu spät war.“

B Der Lehrer denkt: „Carl scheint mich für dumm zu halten.“

C Er sagt grinsend: „Carl, mit deiner Erfindungsgabe solltest du Schriftsteller werden.“

3 ●●● **Entscheide für die folgenden Sätze, ob es sich um das Relativpronomen das oder um die Konjunktion dass handelt.**
Führe die Ersatzprobe durch und streiche das falsche Wort.

Menschen ohne Zeitgefühl

Habt ihr schon bemerkt, das/dass Erwachsene kein Zeitgefühl haben? Meine Eltern zum Beispiel: Morgens rufen sie ungeduldig ins Bad, das/dass ich gerade erst betreten habe, um mir mitzuteilen, das/dass auch andere duschen möchten. Für das Frühstück, das/dass man nun wirklich blitzschnell erledigen kann, planen sie dagegen eine halbe Ewigkeit ein. Das/dass der Bus nicht auf mich warten würde, höre ich jeden Morgen, obwohl ich ihn fast nie verpasse. Jeden Tag aufs Neue sind unsere Lehrer überrascht, das/dass die Stunde schon zu Ende ist, während wir das Ende, das/dass sich extrem schleichend nähert, immer im Blick haben. Das/dass Erwachsene kein Zeitgefühl haben, wird abends besonders deutlich: Kaum fasse ich mein Handy an, das/dass in der Schule beiseitegelegt werden musste, höre ich, das/dass ich meine Zeit nicht damit verschwenden solle. Auch das/dass ausgerechnet dann Schlafenszeit sein soll, wenn man endlich chillen könnte, kann nur mit fehlendem Zeitgefühl erklärt werden.

Texte überarbeiten

Strategien und Regeln zur Überprüfung der Rechtschreibung

1 **a** **Vervollständige die folgende Checkliste zur Rechtschreibung: Streiche bei den Hervorhebungen jeweils die falsche Angabe durch und trage in die Lücken die richtigen Begriffe ein.**
Tipp: Falls du unsicher bist, schau dir die Informationskästen auf den Seiten 76 bis 91 noch einmal genau an.

b **Kontrolliere deine Checkliste sorgfältig mit dem Lösungsheft. Wenn alles richtig ist, kannst du sie zur Überarbeitung deiner Texte nutzen.**

Checkliste

Groß- oder kleinschreiben? Nomen und Nominalisierungen erkennen

Nomen und nominalisierte Wörter (▶ S. 76) werden kleingeschrieben/großgeschrieben.
Du erkennst sie meist an den folgenden Nomenbegleitern:

Artikel, Art. + Präp., Indefinitpronomen, Artikel + Adj.

Prüfe in Zweifelsfällen mit der Erweiterungsprobe/Weglassprobe:

Wenn du vor einem Wort einen Artikel einfügen kannst, ist das Wort ein Nomen oder eine Nominalisierung und es wird großgeschrieben.

Doppelte Konsonanten heraushören

Hörst du nach einem betonten langen/kurzen Vokal nur einen Konsonanten, wird dieser verdoppelt.
Verlängere Einsilber, um die Schreibung zu klären, z. B.: *schwimmt* → *schwi**mm**en*, *kann* → *kö**nn**en*.

Lange Vokale richtig schreiben

In den meisten Fällen wird der betonte lange Vokal nur mit Dehnungs-h/einem Buchstaben geschrieben.
Mehr als drei Viertel aller Wörter mit lang gesprochenem **i** werden mit ie geschrieben.
Bei einer kleineren Gruppe von Wörtern folgt nach dem betonten langen Vokal (oder Umlaut) ein **h**.
Das **h** steht besonders häufig vor den Konsonanten n, m, l und r, z. B.: Bahn.

s-Laute sicher unterscheiden

Probleme macht vorwiegend die Schreibung des stimmlosen/stimmhaften **s**-Lauts. Man schreibt ihn:
- nach einem betonten langen/kurzen Vokal fast immer **ss**, z. B.: *kü**ss**en, Me**ss**e*
- nach einem betonten langen/kurzen Vokal oder Diphthong (au, ei) **ß**, z. B.: *Stra**ß**e, au**ß**en*
- wenn das **s** bei Verlängerung stimmhaft wird, mit einfachem **s**, z. B.: *Gras* → *Gräser*

„das" oder „dass"? Kann das Wort durch „welches" ersetzt werden, schreibt man dass/das.

Zusammenschreiben

In der Regel werden Wörter oder Wortgruppen getrennt geschrieben/zusammengeschrieben.
Zusammengeschrieben werden Verbindungen
- aus Adverb und Verb, wenn die Hauptbetonung auf dem Adverb/Verb liegt, z. B.: *vorhersagen*
- aus Präposition und Verb, z. B.: *aufsagen, zusagen*
- aus Adjektiv und Verb, wenn sich eine neue Gesamtbedeutung ergibt, z. B.: *fernsehen*
- nominalisierte Verbindungen aus Nomen und Verb, z. B.: *das Radfahren, beim Luftholen.*

Fremdwörter/fremdsprachige Endungen

Beachte die lautgetreue/besondere Schreibweise. Schlage im Zweifel im Fremdwörterbuch nach.
In den Endungen **-ie**, **-ier**, **-ieren** wird das lang gesprochene **i** mit **ie** geschrieben, z. B.: *Industr**ie***.
In den Endungen **-iv**, **-ine** wird das lang gesprochene **i** mit **i** geschrieben, z. B.: *relativ, Rosine.*

Textlupe: Strategien und Regeln anwenden

2 **Überarbeite den folgenden Text:**
a **Unterstreiche die Fehler: Achte besonders auf die Schreibung der langen Vokale, die Konsonantenschreibung nach betonten kurzen Vokalen sowie die s-Laute.**
b **Schreibe die Fehlerwörter verbessert in die Randspalte.**

Kennst du den „Wahl-O-Mat“?

VORSICHT FEHLER!

Was mag wol ein „Wahl-O-Mat“ sein? Villeicht ist das ein Roboter, der mit aufgeladenem Aku am Wahltag fleissig zum Wahllokal marschiert. Dort gibt er die Stimen derer ab, die nicht mehr gut zu Fuss sind oder deren Kinder lieber etwas draußen im Wald unternemen möchten. Er läuft wiselflink ständig in die Wahlkabiene, um dort für jemanden ein Kreuzchen zu machen. Sicher liese sich so der sinkenden Wahlbeteiligung entgehgenwirken. Oder es handelt sich um einen Automahten, in den mann bei der Wahl seine Wahlbenachrichtigung stecken muß? Auf seinem Dissplay würden dann alle Parteien aufleuchten, von denen eine anschliessend mit Fingerdruck ausgewält werden kann.

Vielleicht wohl
Akku fleißig
Stimmen Fuß
unternehmen, wieselflink
Wahlkabine ließe
entgegenwirken
Automaten
muss Display
anschließend ausgewählt

3 **a** **Lasse dir den folgenden Text von einem Lernpartner oder einer Lernpartnerin diktieren. Tipp: Bereite das Diktat vor, indem du den Text vorher liest und schwierige Wörter unterstreichst.**
b **Überprüfe deinen Text sorgfältig mit Hilfe der Lösungen, um deine Fehlerschwerpunkte bei der Groß- und Kleinschreibung sowie der Getrennt- und Zusammenschreibung zu erkennen.**

Ein „Wahl-O-Mat“ kommt nicht erst am Tag des Wählens, sondern lange vorher zum Tragen. Auffinden kannst du ihn im Internet. Hineingestellt wurde er dort von der Bundeszentrale für politische Bildung. Die Regierung der Bundesrepublik Deutschland möchte besonders den jungen Wählern beim Ankreuzen des Wahlzettels behilflich sein. Der „Wahl-O-Mat“ kann die Aussagen aller Parteien so miteinander mischen, dass man nicht erkennen kann, welche Positionen woher kommen. Er formuliert diese in Fragen an den Wählenden um. Durch das Fragenstellen will der „Wahl-O-Mat“ dazu anregen, über eigene Einstellungen und Ansichten nachzudenken. Alle Antworten kann man aufschreiben und das Computerprogramm übernimmt anschließend das Auswerten. Ist dieses abgeschlossen, wird es eine Art Meinungsbild auswerfen, das darstellt, welche Übereinstimmung man mit welcher Partei aufweist. Schon für manch einen gab es dabei ein böses Erwachen! Nicht selten ist es aber auch lustig, zu sehen, bei welcher Partei man sich mit der eigenen Meinung unerwartet wiederfindet.

Teste dich!

Regeln zum Rechtschreiben

VORSICHT FEHLER!

1 **Die folgenden Fremdwörter enthalten Fehler. Schreibe sie verbessert auf. (6 Punkte)**

A Rhethorik Rhetorik

B Downlod Download

C Hometräner Hometraina

D Havari Havarie

E Symmetri ___

F Sympatie ___

2 **Trage die fehlenden Konsonanten in die Lücken ein.**
Entscheide, wo verdoppelt werden muss. (10 Punkte)

Die DASA: Großartige Erlebnisse ru___d um die Arbeitswelt

Nur wenige ke___en diese riesige Ausste___ung in Dortmund. Eine Familienrallye ermu___tert dort zu allerha___d Aktivitäten: Im Lkw-Simulator ka___st du einen schweren Truck durch eine to___e Kulisse le___ken. Im „DASA-Drom“ gerät ein Warenlager zur gruseligen Gei___terbahn. Im Space-Curl machst du Beka___tschaft mit dem Training für Astronauten.

3 **Kreuze für jede der folgenden Aussagen über die mögliche Schreibung betonter langer Vokale an, ob sie richtig oder falsch ist. (3 Punkte)**

	richtig	falsch
A Der betonte lange Vokal wird meistens nur mit einem Buchstaben geschrieben.	☐	☐
B Das lang gesprochene **i** schreibt man meistens mit nur einem Buchstaben.	☐	☐
C Ein **h** folgt nur in einer kleinen Gruppe von Wörtern auf einen langen Vokal.	☐	☐

4 **s, ss oder ß? Trage in die Lücken ein. (10 Punkte)**

Was pa___iert, wenn drau___en nichts geschieht, man aber ständig aufpa___en mu___? Das lä___t sich in der rie___engro___en historischen Leitwarte des Kraftwerks Hamm-Uentrop nachempfinden. Und wei___t du schon, da___ der sogenannte „elektrische Kuss“ in Flaschen abgefüllt wurde? Im Jahr 1745 machte eine „Elektri___iermaschine“ dies möglich. Wie das funktionierte, erfährst du in der DASA.

5 **Das oder dass? Erkläre im Heft, wie du die Schreibweise mit der Ersatzprobe klären kannst. (1 Punkt)**

Vergleiche deine Ergebnisse mit dem Lösungsheft. Für jede richtige Antwort bekommst du einen Punkt.

☺ 30–24 Punkte	😐 23–16 Punkte	☹ 15–0 Punkte
Gut gemacht!	Gar nicht schlecht, aber lies dir die Informationskästen auf den Seiten 87 bis 91 noch einmal genau durch.	Arbeite die Seiten 87 bis 91 noch einmal genau durch.

Zeichensetzung

Das Komma zwischen Sätzen

Information **Die Kommasetzung in Satzreihe (Hs + Hs) und Satzgefüge (Hs + Ns)**

- Die einzelnen **Hauptsätze einer Satzreihe** (▸ S. 64) werden durch ein Komma voneinander getrennt, z. B.: *Kaum jemand versteht Gebrauchsanweisungen, die meisten sind rätselhaft.*
  Nur vor *und* bzw. *oder* darf das Komma entfallen, z. B.: *Man liest sie(,) und oft verzweifelt man daran.*
- In einem **Satzgefüge** (▸ S. 64) kann der **Nebensatz vor, zwischen oder hinter dem Hauptsatz** stehen. Zwischen Hauptsatz und Nebensatz muss **immer ein Komma** stehen, z. B.:
  Die Gebrauchsanweisung, die jeder versteht, muss erst noch erfunden werden.
  Ein Satzgefüge kann **mehrere Nebensätze** enthalten. Alle Nebensätze werden mit einem Komma abgetrennt, z. B.: *Man kann nur ohne Bedienungsanleitung zurechtkommen, wenn man weiß, wie es geht.*
  Folgende Wörter können **Nebensätze einleiten**:

unterordnende **Konjunktionen**	*nachdem, wenn, obwohl, weil, dass, indem …*	*Wenn man Schritt für Schritt liest, erschließt sich manchmal der Sinn.*
Fragewörter und **„ob"**	*wann, woher, warum, weshalb, wie, wo, ob …*	*Man versteht nicht immer, weshalb man etwas tun soll.*
Relativpronomen	*der, die, das, welcher, welche, welches*	*Ein Gerät, das alle benutzen, muss sich selbst erklären.*

1 **a** **Setze in den folgenden Sätzen die fehlenden Kommas.**
b **Begründe deine Zeichensetzung: Trage für jeden Satz die Ziffer der passenden Beschreibung des Satzbauplans ein.**

Beschreibung der Satzbaupläne:

1 1 Hs, 1 Ns, 1 Hs, 2 Kommas
2 2 Hs, 1 Komma kann stehen
3 1 Hs, 2 Ns, 2 Kommas
4 2 Hs, 1 Komma muss stehen
5 1 Ns + 1 Hs, 1 Komma
6 1 Hs + 1 Ns, 1 Komma

Bedienungsanleitung „Sprache", Seriennummer 2000/14

VORSICHT FEHLER!

A [2] Wir gratulieren zum Erwerb Ihrer Muttersprache und wir wünschen viel Erfolg bei ihrer Verwendung!

B [3] Ihre Sprache ist ein hochentwickeltes und vielseitiges Medium das Ihnen in allen Lebenssituationen nützliche Dienste leisten wird wenn Sie es richtig einzusetzen wissen.

C [5] Damit Sie viel Freude daran haben sollten Sie folgende Sicherheitshinweise unbedingt beachten:

D [4] Gehen Sie achtsam und überlegt mit Ihrer Sprache um denn ein unsachgemäßer Gebrauch kann zu schwerwiegenden Störungen in zwischenmenschlichen Beziehungen führen.

E [1] Für eine optimale Nutzung Ihrer Sprache raten wir Ihnen zur Anschaffung eines Wörterbuchs das Ihnen besonders beim schriftlichen Gebrauch eine große Hilfe sein kann und wir empfehlen Ihnen den regelmäßigen Besuch von Sprachunterricht.

F [6] Den Erwerb einer Zweitsprache sollten Sie erwägen wenn Sie grundsätzlich Gefallen am Gebrauch einer Sprache finden.

Das Komma bei Infinitiv- und Partizipialsätzen

Information **Komma in Infinitivsätzen**

Infinitivsätze **darf** man immer durch **Komma** vom Hauptsatz abtrennen. Ein Komma **muss** stehen,
- wenn der Infinitivsatz mit *um, anstatt, statt, außer, ohne, als* eingeleitet wird, z. B.: *Sie schreibt, ohne nachzudenken.*
- wenn der Infinitivsatz von einem Nomen oder einem hinweisenden Wort wie *dazu, daran, darauf* oder *es* im Hauptsatz abhängt, z. B.: *Benutzerhinweise dienen* dazu*, das Nachschlagen zu erleichtern.*

Bei einfachen Infinitiven (*zu + Infinitiv*) kann man das Komma weglassen, sofern dadurch kein Missverständnis entsteht, z. B.: *Es fällt mir leicht(,) zu schreiben.*

Tipp: Es empfiehlt sich, immer ein Komma zu setzen, weil es die Gliederung eines Satzes verdeutlicht und niemals falsch ist.

1 **a** **Setze in den folgenden Satzgefügen fehlende Kommas.**
b **Verwende für jeden Satz das umrahmte Wort, um ihn in einen Infinitivsatz umzuformen.**
c **Unterstreiche in deinem Satz den Infinitivsatz und prüfe: Komma richtig gesetzt?**

VORSICHT FEHLER!

A Wenn du lange über der richtigen Schreibweise eines Wortes grübeln musst solltest du lieber gleich in einem Wörterbuch nachschlagen. | anstatt |

Anstatt lange

B Allerdings musst du einige Nachschlagetechniken beherrschen damit du gezielt suchen kannst. | um |

C Wahrscheinlich hast du schon oft in der alphabetischen Wörterliste eines Wörterbuchs nachgeschlagen dich vorher aber nicht um die Benutzerhinweise gekümmert. | ohne |

D Wenn man alle Abkürzungen in den Einträgen zu einem Wort verstehen will muss man sich in der Einführung ein wenig kundig gemacht haben. | um |

E Falls du an der Kommasetzung zweifelst bleibt dir nur übrig dass du im Regelteil des Wörterbuchs nachschaust. | nichts anderes ... als |

F Wenn du dir nie die Benutzerhinweise und den Regelteil in einem Wörterbuch ansiehst findest du zu manchen Rechtschreibfragen womöglich keine Antwort. | ohne |

2 **a** **Unterstreiche in den folgenden Sätzen die Infinitivsätze.**
●●● **b** **Setze die fehlenden Kommas und markiere das hinweisende Wort im Hauptsatz.**

Wandelnde Wörterbücher

VORSICHT FEHLER!

In der Schule hast du die Möglichkeit interaktive Wörterbücher zu benutzen: Die Deutschlehrkräfte sind gerne dazu bereit dir auch die kompliziertesten Fragen zur Rechtschreibung zu beantworten. Für den Umgang mit ihnen ist es allerdings ratsam einige Benutzerhinweise zu beachten. Warte eine günstige Gelegenheit ab um deine Frage zu stellen. Bemühe dich darum dein Problem möglichst klar zu formulieren. Wenn dir die angebotene Lösung nicht wirklich hilft, ist es unbedenklich noch einmal nachzufragen. Bei orthografischen Fragen ist es eine gute Alternative sich die Hilfe schriftlich geben zu lassen. Denke daran dich nach erfolgreicher Hilfe freundlich bei deinem interaktiven Wörterbuch zu bedanken.

Information **Komma in Partizipialsätzen**

Partizipialsätze darf man immer durch ein Komma vom Hauptsatz trennen.
Ein Komma **muss** stehen,

- wenn durch ein hinweisendes Wort auf den Partizipialsatz Bezug genommen wird, z. B.:
  Der Redner vermittelte so, ständig von einem Bein aufs andere wechselnd, einen unruhigen Eindruck.
- wenn der Partizipialsatz eine nachgestellte Erläuterung ist, z. B.:
  Die Rede, vom Publikum mit Spannung erwartet, wurde eine Enttäuschung.

In allen anderen Fällen **kann** der Partizipialsatz vom Hauptsatz abgetrennt werden, um den Satz übersichtlicher und besser verständlich zu machen, z. B.: *Die einkehrende Ruhe abwartend(,) stand die Rednerin da.*

3 **a** **Die folgenden Sätze enthalten Partizipialsätze: Unterstreiche diese und setze die fehlenden Kommas.**
b **Formuliere die Sätze mit Hilfe von Infinitivsätzen um: Schreibe sie auf und setze die Kommas.**

VORSICHT FEHLER!

A Klar und deutlich strukturiert vermittelt dieser Ratgeber in übersichtlicher Form die wichtigsten Strategien für eine gelungene Rede.

Dieser Ratgeber ist klar und deutlich strukturiert, um

B Ein guter Redner die Aufmerksamkeit seines Publikums nicht überfordernd umwirbt dieses durch die interessante und unterhaltsame Art seines Vortrags.

C Ein trockenes Thema auflockernd kann man Zuhörer durch die Präsentation von Bildmaterial begeistern.

D Eine farblose Vortragsweise vermeidend bewahrt man das Publikum am besten vor Langeweile.

Das Komma bei Appositionen und Erläuterungen

Information **Die Kommasetzung bei Appositionen und nachgestellten Erläuterungen**

1 Die **Apposition** besteht in der Regel aus einem Nomen oder einer Nomengruppe. Sie folgt ihrem Bezugswort (meist ein Nomen), steht im gleichen Kasus wie dieses und wird **durch Kommas abgetrennt**, z. B.:
Ein Beamer, ein Gerät zur Projektion von Bildschirmoberflächen, sollte in jedem Klassenraum stehen.

2 Die **nachgestellte Erläuterung** wird oft mit Wörtern wie *nämlich, und zwar, vor allem, das heißt (d. h.), zum Beispiel (z. B.)* eingeleitet. Sie wird **durch Kommas abgetrennt**, z. B.:
Der mündliche Vortrag, vor allem freies Reden vor einer größeren Gruppe, muss trainiert werden.

1 **a** **Unterstreiche im folgenden Text die Appositionen. Umkreise das Bezugswort im Hauptsatz.**
b **Setze die fehlenden Kommas.**

VORSICHT FEHLER!

Visualisierungsmedien technische Hilfsmittel zur Unterstützung eines mündlichen Vortrags dienen der Anschaulichkeit und der vereinfachenden Erklärung. Auf Flipcharts meist dreibeinigen Ständern mit einem sehr großen Papierblock können Ideen und Ergebnisse in einer Gruppenarbeit mit einem Filzstift spontan festgehalten werden. Vorbereitete Folien können mit dem Overheadprojektor einem auch im digitalen Zeitalter noch häufig eingesetzten Medium gut lesbar präsentiert werden. Die digitalisierte Form der Tafel das sogenannte Whiteboard ermöglicht es, vorgefertigte Grafiken oder Texte handschriftlich zu ergänzen und so speichern zu lassen. Das Handout ein Zettel mit gedruckten Informationen begleitet den Vortrag mit wichtigen Thesen und ergänzt ihn um Literaturhinweise. Plakate bieten so besser wahrnehmbar auch aus der Ferne großformatige Kombinationen aus Text, Bild und Grafik auf Papier oder Pappe.

2 **Erweitere jeden der folgenden Sätze an den vorgegebenen Stellen: Wähle eine passende Erläuterung und schreibe den Satz damit auf. Beachte die Kommasetzung.**

zum Beispiel Nikotin und Alkohol • und zwar eisernes • vor allem eine angemessene Atemtechnik • nämlich den Hals-Nasen-Ohrenärzten

A Zur Pflege der Stimme bekommt man bei Fachleuten ▼ nützliche Tipps.

nämlich Hals-Nasen-Ohrenärzten

B Bei angegriffenen Stimmbändern gilt Schweigen ▼ als das wirkungsvollste Mittel.

und zwar eisernes

C Ein bewusster Umgang mit der Stimme ▼ hilft, Heiserkeit zu vermeiden.

vor allem eine angemessene Atemtechnik

D Bestimmte chemische Stoffe ▼ greifen die Stimmbänder an.

zum Beispiel Nikotin und Alkohol

Teste dich!

Zeichensetzung

1 Setze im folgenden Text die fehlenden Kommas. (11 Punkte)

VORSICHT FEHLER!

Um Ihr *** zu bedienen stehen Ihnen das Tastenfeld und das Display zur Verfügung. Einige Funktionen setzen voraus dass der Netzbetreiber diese unterstützt zum Beispiel Funktionen bei denen Informationen zur Rufnummer des Anrufers nötig sind. Das Display zeigt abhängig von den aktuellen Einstellungen unterschiedliche Informationen an unter anderem Datum und Uhrzeit. Über die Steuertaste haben Sie die Möglichkeit die Funktionen des *** zu aktivieren. Anstatt direkt in den Hörer zu sprechen können Sie auch die Freisprechfunktion nutzen. Wenn eine Nummer gespeichert ist wird der zugehörige Name angezeigt sofern er vorher eingegeben wurde. – *Was wird hier beschrieben?*

2 a Setze in den folgenden Sätzen die fehlenden Kommas. (8 Punkte)
b Trage für jeden Satz die Ziffer der passenden Beschreibung des Satzbauplans ein. (4 Punkte)

Beschreibungen der Satzbaupläne:

1 1 Hs mit eingeschobenem Ns + 1 Ns, 3 Kommas
2 1 Partizipialsatz + 1 Hs, 1 Komma
3 1 Hs mit nachgestellter Erläuterung, 2 Kommas
4 1 Ns + 1 Hs + 1 Infinitivsatz, 2 Kommas

A ☐ Die Daten werden vom Host Kanal also dem die Programmliste übertragenden Fernsehsender mehrmals täglich gesendet.

B ☐ Nach geografischen Regionen ausgerichtet werden die Sender in der TV-Programmliste angezeigt.

C ☐ Ein Sender der in Ihrer Region nicht registriert ist wird selbst dann nicht in der TV-Programmliste angezeigt wenn sein Signal empfangen wird.

D ☐ Wenn Sie die Programmliste heruntergeladen haben müssen Sie die Daten regelmäßig abrufen um die Programmliste zu aktualisieren. – *Was wird hier beschrieben?*

3 Welche der folgenden Aussagen ist richtig, welche falsch? Kreuze an. (4 Punkte)

	richtig	falsch
A Werden zwei Hauptsätze mit *und* bzw. *oder* verbunden, darf kein Komma gesetzt werden.	☐	☐
B Bei einfachen Infinitiven mit *zu* darf kein Komma gesetzt werden.	☐	☐
C Die Apposition steht im gleichen Kasus wie ihr Bezugswort und wird durch Kommas abgetrennt.	☐	☐
D Infinitiv- und Partizipialsätze durch Kommas vom Hauptsatz abzutrennen, ist niemals falsch.	☐	☐

Vergleiche deine Ergebnisse mit dem Lösungsheft. Für jede richtige Antwort bekommst du einen Punkt.

☺ 27–22 Punkte	☺ 21–14 Punkte	☹ 13–0 Punkte
Gut gemacht!	Gar nicht schlecht, aber lies dir die Informationskästen auf den Seiten 95 bis 98 noch einmal genau durch.	Arbeite die Seiten 95 bis 98 noch einmal genau durch.

Ich teste meinen Lernstand

Wie kannst du mit der folgenden Einheit arbeiten?

1 Der folgende Test (S. 100–111) hilft dir zu erkennen, was du im Fach Deutsch schon alles gelernt hast: Was weiß ich? Was kann ich? Wo bin ich noch unsicher? Wo habe ich Lücken?
Du kannst mit dem Test verschiedene Bereiche prüfen:
- das **Verstehen von Sachtexten und literarischen Texten** (Aufgaben Teil A),
- das **Schreiben von informierenden und argumentierenden Texten** (Aufgaben Teil B),
- **Grammatik** (Aufgaben Teil C) und
- **Rechtschreibung** (Aufgaben Teil D).

Am Ende des Schuljahres kannst du herausfinden, ob du erfolgreich gelernt hast. In der Mitte des Schuljahres kannst du testen, wo du Schwächen hast und was du noch einmal üben musst.

2 In dem Test begegnen dir verschiedene **Aufgabenarten**, z. B.: in einer Auswahl an möglichen Antworten die richtige ankreuzen (Multiple-Choice), Informationen passend zuordnen, Kurzantworten geben oder zu Materialien einen informativen Text schreiben und Stellung nehmen.

3 Lies die Texte und die **Aufgabenstellungen** immer sehr aufmerksam und überlege, bevor du z. B. vorschnell ankreuzt, ob du jeweils **genau verstanden** hast, was verlangt wird.

4 Du kannst deine Antworten mit Hilfe des Lösungsheftes selbst prüfen und anhand der erreichten Punktzahl deinen **Lernstand bewerten**.
Vielleicht kannst du den Test auch zusammen mit einem Partner/einer Partnerin schreiben. Abschließend könnt ihr eure Fehlerschwerpunkte feststellen und beraten, was noch einmal geübt werden sollte.

A Texte verstehen

Lies den informierenden Text über John und Hank Green und löse die Aufgaben auf den nächsten Seiten.
Beachte: Bei Multiple-Choice-Aufgaben ist immer nur eine Lösung richtig.

Die Green-Brüder – Videoblogs und Literatur gegen den Mainstream

Es klingt zunächst wie ein modernes Internet-Märchen. Als die Brüder John und Hank Green 2007 ihren Video-Blog bei YouTube starten, sind sie zwei unter vielen Tausenden, die Medienerfolg mit selbst gefilmten Ratgebern, Aufführungen oder Performances suchen. Mittlerweile gehört ihr Videokanal „vlogbrothers“ zu den meistgesehenen auf YouTube. Mehr als eine Million Fans haben den Kanal abonniert. Jeden Tag verfolgen mehrere hunderttausend Jugendliche die Videobeiträge der Green-Brüder und ihrer Mitstreiter.
Der Internetruhm der beiden Mittdreißiger ist allerdings nicht vom Himmel gefallen. John Green veröffentlichte im Jahr 2005 den Jugendroman „Eine wie Alaska“. Nachdem der Roman im selben Jahr einen Preis der amerikanischen Bücherei-Vereinigung gewonnen hatte, zog er Jahr für Jahr eine wachsende Leserschaft an. 2008 war er sogar für den Deutschen Jugendliteraturpreis nominiert.

Auch für Hank war der Start des YouTube-Kanals nur ein weiterer Schritt in seiner Medienkarriere. Der studierte Biochemiker betrieb seit 2005 einen der größten Blogs für Umweltthemen und entsprechende Technologie. Doch auch Hank hat eine künstlerische Seite: Er singt Folksongs zu eigener Gitarrenbegleitung und betreibt ein Musiklabel, welches speziell YouTube-Musiker vermarktet.
In ihren diversen Video-Kanälen geht es den Green-Brüdern um die etwas anderen amerikanischen Jugendlichen. Sie reden und schreiben über die Einsamkeit der Außenseiter, machen sich über die Sportbesessenheit der Amerikaner lustig und erklären Probleme aus Chemie und Physik, wie z. B. die größte Kraft im Universum. Es gibt keine Tipps zu Styling, In-Themen oder wie man sich beliebt macht. Stattdessen rufen die Greens ihre Anhänger auf, sich für ehrenamtliche Projekte zu engagieren. Dabei hat sich eine gewisse Arbeitsteilung ergeben: John videobloggt meist über Literatur, Philosophie, Gesellschaft und Politik, während Hank naturwissenschaftliche Fragestellungen beantwortet.
Wer sich über solche Themen Gedanken macht, gilt in Amerika als sogenannter „Nerd". Dieser ursprünglich abwertende Begriff bezeichnet all jene, die nicht zu den Sportlichen, Adretten, Angepassten zählen, dafür aber gut in Mathe sind oder Gedichte schreiben. Nerds sind oft von Technik fasziniert, insbesondere von Computern und dem Internet. Und statt für Football brennen sie für Weltraum-Opern wie „Star-Wars" oder Fantasy-Epen wie „Herr der Ringe". Selbst in Hollywoodfilmen gehört der Nerd mittlerweile zu den Standardrollen.

Realistische Romane
John Green greift beim Schreiben auf selbst Erlebtes zurück. So ist „Eine wie Alaska" stark von Erlebnissen auf der Indian Springs School beeinflusst, einem Internat, welches er lange Jahre besuchte. Er erzählt die Geschichte des Außenseiters Miles Halter aus der Ich-Perspektive und beschreibt das tödliche Scheitern seiner ersten Liebe.
Nach dem Studium arbeitete Green für fünf Monate als Kaplan in einem Kinderkrankenhaus. Sein Werk „Das Schicksal ist ein mieser Verräter" von 2012 enthält viele Motive aus dieser Zeit und verarbeitet seine Begegnungen mit jugendlichen Krebspatienten.
Green beschreibt sehr realistisch schicksalhafte Lebenssituationen von Jugendlichen wie die erste Liebe, aber auch Gruppenkonflikte, Tod, Selbstmord und die Frage nach Schuld und Verantwortung. Dabei vermeidet er geschickt Klischees und Vorurteile. Dieser Ansatz unterscheidet seine Bücher nach Ansicht vieler Kritiker wohltuend von den aktuellen Genre-Bestsellern der Jugendliteratur, in denen Vampire, Werwölfe und andere Fantasygestalten durch vorhersehbare Geschichten jagen.

Und so überrascht es kaum, dass die Greens und ihre Fangemeinde sich den Titel „Nerdfighters" gegeben haben. Nerdfighters kämpfen natürlich nicht gegen Nerds. Stattdessen nehmen sie es mit all dem auf, was Hank in einem Videobeitrag einmal als „Worldsuck" bezeichnet hat – frei übersetzt: der Mist, der jeden Tag auf der Welt passiert.

Aufgabe 1

Kreuze die richtige Antwort an. Der Videokanal der Brüder John und Hank Green gehört zu den ... **1 Punkt**

A ☐ nur von wenigen gesehenen auf YouTube.

B ☐ meistgesehenen TV-Beratungssendungen.

C ☐ meistgesehenen auf YouTube.

D ☐ nur von wenigen gesehenen Physik-Shows.

☐ Punkt

Aufgabe 2

Kreuze die richtige Antwort an. Die Green-Brüder sind ... **1 Punkt**

A ☐ ein Naturwissenschaftler und ein Kaplan.

B ☐ ein Biochemiker und ein Autor.

C ☐ ein YouTube-Musiker und ein Footballstar.

D ☐ ein Mathematikgenie und ein Schauspieler.

☐ Punkt

Aufgabe 3

Der Titel lautet „Die Green-Brüder – Videoblogs und Literatur gegen den Mainstream".

a In welchem Absatz des Textes (S. 100 f.) wird erklärt, was damit gemeint ist? Nenne die Zeilen. **1 Punkt**

___ Punkt

b Erkläre mit eigenen Worten, an welche Zielgruppe sich die Brüder in ihrem Blog wenden. **1 Punkt**

___

___

___

___ Punkt

Aufgabe 4

Drei Schüler/-innen erklären, wie sie den Begriff „Nerdfighters" verstanden haben.
Welcher der drei Erklärungen kannst du zustimmen? Begründe mit Bezug auf den Text (S. 100 f.). **2 Punkte**

A **Max:**
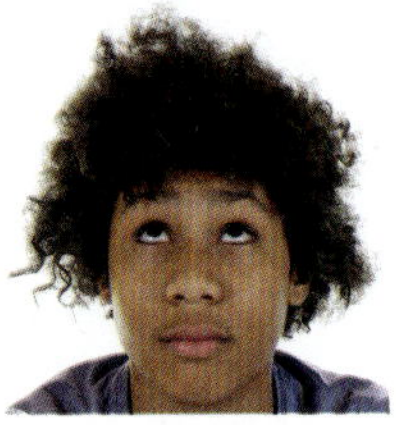
„Nerdfighters" sind Jugendliche, die in der Fantasiewelt von Computerspielen leben und mit dem echten Leben nichts zu tun haben wollen.

B **Emma:**
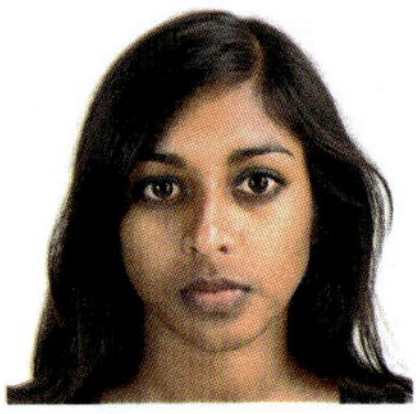
„Nerdfighters" sind technikbesessen. Von aktuellen Trends haben sie keine Ahnung. Deshalb kann man sich mit ihnen kaum über Wichtiges unterhalten.

C **Leon:**

„Nerdfighters" sind engagiert und interessieren sich für die wirklich wichtigen Dinge im Leben wie z. B. Philosophie und Naturwissenschaften.

___

___

___

___ Punkt

Aufgabe 5

Kreuze die richtige Antwort an. Die Information über „Realistische Romane" … **1 Punkt**

A ☐ erklärt, wie die Romane John Greens aufgebaut sind.
B ☐ erklärt, wie John Green lebt.
C ☐ erklärt, warum die Romane John Greens so beliebt sind.
D ☐ erklärt, welche Motive in John Greens Romanen verarbeitet sind.

Punkt

Aufgabe 6

Kreuze die richtige Antwort an. In John Greens Romanen geht es um … **1 Punkt**

A ☐ Vampire B ☐ Sportler C ☐ Außenseiter D ☐ Physiker

Punkt

Aufgabe 7

Kreuze die richtige Antwort an. „Klischee“ (Z. 71, Text S. 101) bedeutet … **1 Punkt**

A ☐ abgegriffene Vorstellung B ☐ Kulisse C ☐ Fälschung D ☐ Karikatur ☐ Punkt

Aufgabe 8

Die Grafiken unten zeigen Ergebnisse einer Umfrage zur Mediennutzung unter allen Acht- und Neuntklässlern eines Gymnasiums. Kreuze für jede der folgenden Aussagen an, ob sie richtig oder falsch ist. **6 Punkte**

	richtig	falsch
A Jungen lesen Historisches ungefähr so gern wie Abenteuergeschichten.	☐	☐
B Fantasy-Romane kommen insgesamt schlecht weg.	☐	☐
C Mädchen mögen lustige Jugendromane fast genauso gern wie Fantasy-Romane.	☐	☐
D Bei der „Art von Jugendromanen“ liegen die Vorlieben nah beieinander.	☐	☐
E Jugendliche mögen Videokanäle lieber als Jugendromane.	☐	☐
F Es gibt keinen Videokanal, den Mädchen und Jungen gleichermaßen bevorzugen.	☐	☐

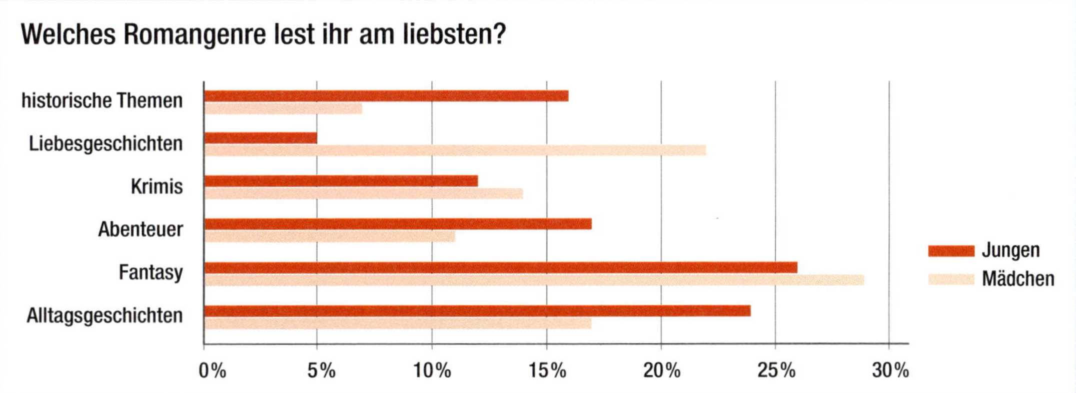

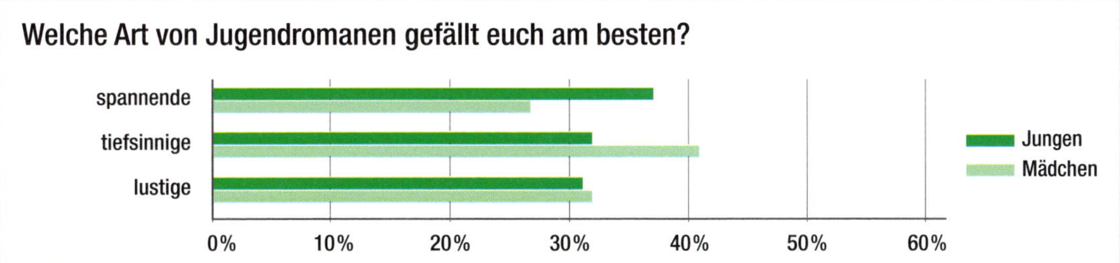

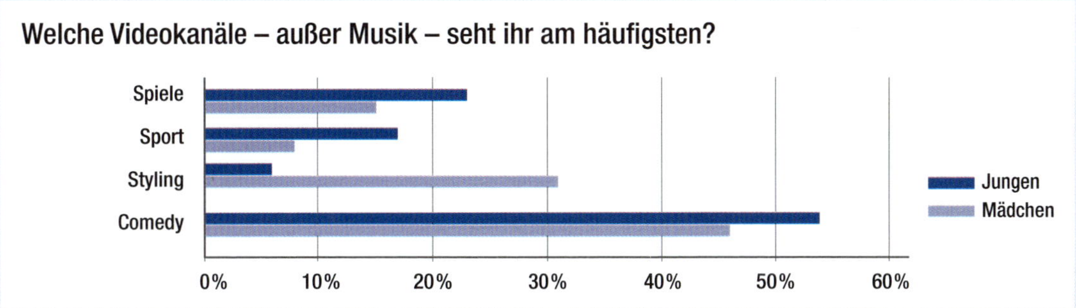

☐ Punkte

Lies den Beginn des Romans „Eine wie Alaska" und löse die Aufgaben auf den nächsten Seiten.

John Green

Einhundertsechsunddreißig Tage vorher (2005)

Eine Woche bevor ich Florida verließ, um den Rest meiner Jugend in einem Internat in Alabama zu verbringen, ließ sich meine Mutter nicht davon abbringen, eine Abschiedsparty für mich zu geben. Von gedämpften Erwartungen meinerseits zu sprechen, wäre heillos übertrieben. Zwar hatte sie mich mehr oder weniger gezwungen, alle meine „Schulfreunde" einzuladen, also den traurigen Haufen von Theatergruppenleuten und Englischstrebern, mit denen ich notgedrungen in der muffigen Highschool-Cafeteria am Tisch saß, doch ich wusste, dass keiner von ihnen kommen würde. Meine Mutter aber ließ nicht locker, so sehr klammerte sie sich an die Wunschvorstellung, ich hätte meine wahre Beliebtheit all die Jahre vor ihr geheim gehalten. Sie machte eine Riesenschüssel Artischocken-Dip, schmückte das Wohnzimmer mit grünen und gelben Girlanden, den Farben meiner neuen Schule, und kaufte zwei Dutzend Tischbomben, die sie auf dem Couchtisch arrangierte.

Und als jener letzte Freitag kam und ich fast mit Packen fertig war, saß sie ab 16:56 Uhr mit Dad und mir auf der Wohnzimmercouch, um den Ansturm des Abschiedskomitees zu erwarten. Das Komitee bestand aus zwei Personen: Marie Larson, einer schmächtigen Blondine mit rechteckiger Brille, und ihrem (nett gesagt) kräftigen Freund Will.

„Hallo, Miles", sagte Marie und setzte sich.

„Hallo", sagte ich.

„Wie waren die Sommerferien?", fragte Will.

„Ganz okay. Und bei euch?", sagte ich.

„Toll. Wir haben bei Jesus Christ Superstar gejobbt. Ich hab Bühnenbild gemacht. Marie Beleuchtung."

„Cool." Ich nickte wissend und damit waren unsere gemeinsamen Themen abgehakt. Ich hätte mir wohl eine Frage zu Jesus Christ Superstar ausdenken können, aber erstens hatte ich keine Ahnung, worum es ging, weil es mich, zweitens, nicht interessierte, und drittens war ich noch nie gut in Smalltalk gewesen. Im Gegensatz zu meiner Mutter, die stundenlang über nichts reden kann. Sie schaffte es, die peinliche Angelegenheit unnötig in die Länge zu ziehen, indem sie sich nach Maries und Wills Probenplan erkundigte, nach dem Ablauf der Show und ob sie ein Erfolg gewesen sei.

„Schätze schon", sagte Marie. „War ganz schön voll, schätze ich." Marie gehörte zu den Leuten, die ständig schätzten.

Schließlich sagte Will: „Also, wir wollten nur schnell Tschüss sagen. Ich muss Marie bis sechs nach Hause bringen. Viel Spaß im Internat, Miles."

„Danke", antwortete ich erleichtert.

Das Einzige, was schlimmer ist als eine Party, zu der keiner kommt, ist eine Party, zu der keiner kommt außer zwei durch und durch uninteressante Menschen.

Als sie weg waren, saß ich mit meinen Eltern auf der Couch und starrte auf den schwarzen Fernsehbildschirm. Ich hätte den Kasten am liebsten angeschaltet, doch ich wusste, ich ließ es besser bleiben. Meine Eltern sahen mich an, als erwarteten sie, dass ich gleich losheulen würde oder so was – als hätte ich nicht von vorneherein gewusst, dass es genau so werden würde. Aber ich hatte es gewusst. Ich konnte ihr Mitleid spüren, als sie ihre Chips in den Artischocken-Dip dippten, der für meine imaginären Freunde gedacht war, dabei hatten sie das Mitleid viel nötiger als ich: Ich war nicht enttäuscht. Meine Erwartungen hatten sich erfüllt.

„Ist das der Grund, warum du uns verlassen willst, Miles?", fragte Mom.

Ich dachte nach, ohne sie anzusehen. „Äh, nein", sagte ich schließlich.

„Weshalb denn dann?", fragte sie. Die Frage stellte sie nicht zum ersten Mal. Mom war nicht begeistert von der Idee, dass ich aufs Internat wollte, und daraus machte sie auch kein Geheimnis.

„Ist es meinetwegen?", fragte Dad. Er war selbst in Culver Creek gewesen, dem Internat, das ich besuchen würde, genau wie seine beiden Brüder und deren Kinder. Ich glaube, ihm gefiel die Vorstellung, dass ich in seine Fußstapfen trat. Meine Onkel hatten mir von seinem Ruf erzählt – anscheinend hatte

er sich zu seiner Zeit in Culver Creek nicht nur als guter Schüler, sondern auch als wilder Kerl hervorgetan. Das klang auf jeden Fall besser als das Leben, das ich in Florida führte. Doch nein, ich wollte nicht wegen meines Vaters weg. Nicht unbedingt.

„Bin gleich wieder da“, sagte ich, dann ging ich rüber ins Arbeitszimmer meines Vaters und holte die dicke Biografie von Rabelais[1]. Ich las gerne die Biografien von Schriftstellern, selbst wenn ich nie ein Buch von ihnen gelesen hatte (wie im Fall von Rabelais). Der Satz, den ich suchte, stand am Ende des Buchs, ich hatte ihn mit Textmarker unterstrichen. („KEIN TEXTMARKER IN MEINEN BÜCHERN“, hatte Dad tausendmal gesagt. Aber wie sollte ich sonst je was wiederfinden?)

„Also, dieser Typ hier“, sagte ich, als ich mit dem Buch in der Hand in der Wohnzimmertür stand, „François Rabelais. Er war Dichter. Und seine letzten Worte waren: ‚Nun mache ich mich auf die Suche nach dem großen Vielleicht.‘ Deswegen möchte ich weg. Ich will nicht warten, bis ich tot bin, mit meiner Suche nach dem großen Vielleicht.“

1 Rabelais: François Rabelais, ca. 1494–1553, frz. Autor der Renaissance

Und das tröstete sie. Ich war dem großen Vielleicht auf der Spur, und meine Eltern wussten so gut wie ich, dass ich es bei Leuten wie Marie und Will nicht finden würde. Und dann setzte ich mich wieder zu Mom und Dad auf die Couch und mein Dad legte den Arm um mich, und so blieben wir eine ganze Weile sitzen, still und ganz nah beieinander, bis ich das Gefühl hatte, es wäre okay, den Fernseher anzumachen, und dann aßen wir Artischocken-Dip zu Abend und sahen uns einen Dokumentarfilm an. Was Abschiedspartys angeht, hätte es mit Sicherheit noch viel schlimmer laufen können.

Aufgabe 9

Kreuze die richtige Antwort an. Der Ich-Erzähler schildert den Abschied von **1 Punkt**

A ☐ seinen Eltern und Geschwistern.

B ☐ seinen besten Freunden.

C ☐ seiner alten Schule.

D ☐ seinem Leben als Außenseiter.

☐ Punkt

Aufgabe 10

Kreuze für jede der folgenden Aussagen an, ob sie richtig oder falsch ist. **7 Punkte**

	richtig	falsch
A Der Ich-Erzähler ist bei seinen Mitschülern sehr beliebt.	☐	☐
B Er freut sich auf seine Abschiedsparty.	☐	☐
C Er hat zwei gute Freunde.	☐	☐
D Seine Mutter bemitleidet ihn.	☐	☐
E Seine Mutter hat große Erwartungen an die Party.	☐	☐
F Sein Vater versteht seine Situation besser als seine Mutter.	☐	☐
G Die Situation endet mit einem Familienstreit.	☐	☐

☐ Punkte

Aufgabe 11

Kreuze die richtige Antwort an. Der Ich-Erzähler … **1 Punkt**

A ☐ ist von der Party enttäuscht.

B ☐ ist von der Party nicht enttäuscht.

C ☐ ist von seinen Eltern enttäuscht.

D ☐ ist über die wenigen Gäste enttäuscht.

☐ Punkt

Aufgabe 12

Der Ich-Erzähler findet seine Gäste langweilig und sieht auf sie herab. Gib zwei Textstellen an, die diese Aussage belegen. **2 Punkte**

Z. -Z. : ______

Z. -Z. : ______ ☐ Punkte

Aufgabe 13

Kreuze an, was mit folgendem Satz gemeint ist: „Von gedämpften Erwartungen meinerseits zu sprechen, wäre heillos übertrieben." (Z. 4–6) **1 Punkt**

A ☐ Die Erwartungen sind äußerst gering.
B ☐ Erwartungen zu haben ist nutzlos.
C ☐ Die Erwartungen sind übertrieben hoch.
D ☐ Die Erwartungen sind normal.

☐ Punkt

Aufgabe 14

Im letzten Satz äußert sich der Ich-Erzähler zu Abschiedspartys. Erkläre mit eigenen Worten: Wie sähe es aus seiner Sicht aus, wenn es „noch viel schlimmer" gelaufen wäre? **1 Punkt**

______

______ ☐ Punkt

Aufgabe 15

Kreuze die richtige Antwort an. Die „Suche nach dem großen Vielleicht" (Z. 102 f.) bedeutet … **1 Punkt**

A ☐ die Suche nach einer neuen Schule.
B ☐ die Suche nach Geborgenheit.
C ☐ die Suche nach neuen Möglichkeiten.
D ☐ die Suche nach echten Freunden.

☐ Punkt

Aufgabe 16

In einer Diskussion über den Stil, in dem „Eine wie Alaska" geschrieben ist, äußern zwei Schüler dies:
Nora: „Der Erzähler schildert selbst traurige Situationen mit bissigem Witz."
Max: „Der Roman ist in einem eher kalten, nüchternen Ton verfasst."
Was ist deine Meinung? Begründe mit Bezug auf zwei passende Textstellen. **3 Punkte**

______

______

______

______

______

______

______

______ ☐ Punkte

Lies die beiden folgenden Texte.

Klappentext des Jugendromans „Eine wie Alaska“

Miles hat die Schule gewechselt. Auf dem Internat verknallt er sich in die schöne Alaska. Sie ist das Zentrum ihres Sonnensystems, der magische Anziehungspunkt des Internats. Wer um sie kreist, ist glücklich und verletzlich gleichermaßen, gut gelaunt und immer nah am Schulverweis. Alaska mag Lyrik, nächtliche Diskussionen über philosophische Absurditäten[1], heimliche Glimmstängel im Wald und die echte wahre Liebe. Miles ist fasziniert und überfordert zugleich. Dass hinter dieser verrückten, aufgekratzten Schale etwas Weiches und Verletzliches steckt, ist offensichtlich. Wer ist Alaska wirklich?
Elegant und mit Humor, voller Selbstironie und sehr charmant erzählt Green die zu Tränen rührende Geschichte von Miles, in dessen Leben die Liebe wie eine Bombe einschlägt.

1 philosophische Absurditäten: widersprüchliches Denken

Rezension der Jury „Luchs“ (Die ZEIT und Radio Bremen): John Green „Eine wie Alaska“ (erschienen 2005)

Ist das erste Kapitel eines Romans mit *Einhundertsechsunddreißig Tage vorher* überschrieben, blättert man unwillkürlich[1] zum letzten und fühlt sich in der Vermutung bestätigt, dass dafür nur die Überschrift *Einhundertsechsunddreißig Tage danach* infrage kommt. Und ebenso klar ist, dass irgendwo in der Mitte *Der letzte Tag* – wovon auch immer – angekündigt wird. Wir wissen eine Menge über die Dramaturgie[2] des Romans und den seltsamen Namen der Hauptperson verrät uns der Titel – *Eine wie Alaska*. Und doch deutet noch kaum etwas darauf hin, welch faszinierende, mitreißend erzählte Geschichte uns erwartet.
Es ist der 16-jährige Miles, von dem wir sie erfahren. Frustriert von der muffigen Atmosphäre der Highschool seines Heimatortes in Florida und um der liebevollen Überbehütung durch seine Eltern zu entkommen, beschließt er, den Rest seiner Schulzeit in Culver Creek, einem bekannten Internat in Alabama, zu verbringen. Als Begründung und Trost zitiert er seinen Eltern die letzten Worte von Rabelais: „Nun mache ich mich auf die Suche nach dem großen Vielleicht.“
Es sind nicht die Werke berühmter Dichter, die ihn interessieren, es sind ihre Biografien und dabei vor allem ihre letzten Worte. Davon hat er schon eine ganze Sammlung, ein seltsames Hobby für einen ansonsten eher allzu normalen 16-Jährigen. Doch wie sich bald herausstellt, ist es genau diese Leidenschaft, die ihm die Aufmerksamkeit der interessantesten Typen von Culver Creek verschafft.

1 unwillkürlich: spontan
2 Dramaturgie: Struktur der Handlung

Dazu gehört sein cooler Zimmergenosse Chip, wegen seiner geringen Körpergröße „Colonel“ genannt, Stipendiat[3] seit drei Jahren, der ihn sogleich unter seine Fittiche nimmt und ihm den Spitznamen „Pummel“ verpasst: „Weil du 'ne Bohnenstange bist. Das nennt man Ironie, Pummel. Schon mal davon gehört?“
Er nimmt ihn mit zu „Alaska“, deren Stimme und Erscheinung – „das heißeste Wesen, das die Welt je gesehen hatte“ – samt den riesigen Bücherstapeln, die ihr Zimmer beherrschen, den armen Miles gänzlich aus der Fassung bringen. Auch sie hat letzte Worte parat, speziell für Miles, um seine Verwirrung auf die Spitze zu treiben: „Wie komme ich bloß aus diesem Labyrinth heraus?“ Sie stammen von Simón Bolívar[4] und Alaska gibt sie Miles als Rätsel mit auf den Weg.
Jugendliche wie Colonel und Alaska samt Takumi aus Japan, dem Dritten im Bunde, sind Miles in seiner provinziellen[5] Welt bisher nicht begegnet. Wissbegierig und belesen, diskutierfreudig und hochintelligent, gehören sie zu den besten Schülern des Internats. Doch sie nutzen ihre Intelligenz auch dazu, die strengen Regeln der Schule zu umgehen und ihre eigenen Methoden zu entwickeln, verbotenerweise zu rauchen, zu trinken und Partys zu feiern. „Keine Drogen. Kein Alkohol. Keine Zigaretten“, hatte Miles' Vater zum Abschied gemahnt, aus seiner eigenen Zeit im Internat wohl wissend, dass sein Sohn all dies kennen lernen und überleben wird.

3 Stipendiat: jemand, der finanzielle Unterstützung für Schule/Studium bekommt
4 Simón Bolivar: 1783–1830, südamerikanischer Unabhängigkeitskämpfer gegen die spanischen Kolonialherren
5 provinziell: ländlich, rückständig

Aufgabe 17

Verbinde durch Linien: Welche Beschreibungen passen zu welcher der beiden Textsorten auf Seite 107? **4 Punkte**

Beschreibung	Textsorte
A eine Romanbesprechung aus einer Zeitung	Klappentext
B eine knappe Inhaltsangabe, die aber einiges offenlässt	
C ein Meinungstext mit einer subjektiven Einschätzung des Romans	Rezension
D ein Text, der zum Kauf des Buches reizen soll	

☐ Punkte

Aufgabe 18

Kreuze die falsche Antwort an. Den beiden Texten zufolge handelt der Roman von … **1 Punkt**

A ☐ den Rätseln des Lebens.
B ☐ einer besonderen Liebesgeschichte.
C ☐ außergewöhnlichen Jugendlichen.
D ☐ Jugendlichen mit Schulverweisen.

☐ Punkt

B Einen informativen und einen argumentativen Text schreiben

Stelle dir vor, dass ihr im Deutschunterricht selbst über die nächste Klassenlektüre entscheiden dürft. Jeder kann über einen Jugendroman informieren und ihn empfehlen. Der Roman soll folgende Bedingungen erfüllen:

- Er soll zum Thema „Erwachsenwerden" passen. Damit sind z. B. die Loslösung vom Elternhaus, die Suche nach Herausforderungen, die ersten Erfahrungen im Umgang mit der Liebe, aber auch andere starke Gefühle wie z. B. das Gefühl von Einsamkeit gemeint.
- Er soll Schülerinnen und Schüler der Klasse 8 interessieren und sie zum Nachdenken anregen.

Aufgabe 19

Informiere deine Klasse schriftlich über den Roman „Eine wie Alaska" von John Green. Schreibe in dein Heft und nutze die Informationen der Texte auf den Seiten 100 f., 104 f. und 107. **18 Punkte**

Beachte beim **Schreiben des Informationstextes** Folgendes:

- Nenne in der Einleitung **Titel**, **Autor**, **Erscheinungsjahr** und **Thema** des Jugendromans.
- Informiere über **wichtige Aspekte des Romaninhalts**.
- Beschreibe die **Hauptfiguren**.
- Erkläre, worum es im Romananfang geht und warum er zum Weiterlesen reizt.
- Schreibe **sachlich** und verwende als Tempus das **Präsens**.

☐ Punkte

Aufgabe 20

Stelle dir vor, du möchtest deine Mitschüler/-innen überzeugen, den Jugendroman „Eine wie Alaska" als Klassenlektüre zu wählen. Schreibe die Empfehlung in dein Heft, indem du **18 Punkte**

– deine Meinung zum Roman und auch über den Autor darlegst,
– mit Argumenten begründest, warum der Jugendroman zum Thema „Erwachsenwerden" passt,
– mit Argumenten begründest, warum er für deine Mitschüler/-innen interessant sein könnte.

☐ Punkte

C Grammatik

Aufgabe 21

In der Übersicht wird die US-amerikanische Fantasy-Autorin Stephenie Meyer vorgestellt. **10 Punkte**

a Bestimme für jeden Satz: A Hauptsatz, B Satzreihe oder C Satzgefüge.
Trage den richtigen Buchstaben in die linke Spalte ein.

☐ Punkte

Satz		Nebensatzart
☐	1 Die amerikanische Schriftstellerin Stephenie Meyer wurde am 24. Dezember 1973 geboren.	
☐	2 <u>Als sie vier Jahre alt war</u>, zog sie mit ihrer Familie nach Phoenix im amerikanischen Bundesstaat Arizona.	☐
☐	3 Dort gefiel es ihr so gut, <u>dass sie bis heute noch dort lebt</u>.	☐
☐	4 Nach der Highschool studierte sie an einer Universität im Bundesstaat Utah, <u>die religiös ausgerichtet ist</u>.	☐
☐	5 Meyer ist Mitglied der Mormonen-Kirche, und das hat laut eigener Aussage Einfluss auf ihr Leben und Schreiben.	
☐	6 Die Schriftstellerin ist seit 1994 mit ihrem Jugendfreund Christian verheiratet, mit ihm hat sie drei Söhne.	
☐	7 Stephenie Meyer wurde durch ihre „Bis(s)"-Jugendbuchreihe über die Beziehung zwischen Bella Swan und Edward Cullen bekannt.	
☐	8 Im ersten Band, „Twilight", <u>dessen deutscher Titel „Bis(s) zum Morgengrauen" lautet</u>, verliebt sich die Highschool-Schülerin Bella unsterblich in den Vampir Edward.	☐
☐	9 Meyer wählte den Namen Bella für ihre Heldin, <u>weil sie ihre Tochter immer so nennen wollte</u>.	☐
☐	10 Der Jugendroman wurde schnell ein internationaler Bestseller, <u>nachdem er am 5. Oktober 2005 erschienen war</u>.	☐

b In der Übersicht oben sind einige Nebensätze unterstrichen. Gib an, um welche Art Nebensatz es sich jeweils handelt, indem du den richtigen Buchstaben in die rechte Spalte einträgst. **6 Punkte**
D **Relativsatz (Attribut)** E **Temporalsatz (Zeit)** F **Kausalsatz (Grund)**
G **Konsekutivsatz (Folge)**

☐ Punkte

Aufgabe 22

Forme die folgenden Hauptsätze in Satzgefüge um. **2 Punkte**
Hinweis: Es müssen alle Informationen enthalten bleiben.

A Bella wuchs in Phoenix auf. Bella zieht in die Kleinstadt Forks.

____

B In Forks geschieht meist nicht sehr viel. In Forks ist das Leben recht langweilig.

____

____________________________________ ☐ Punkte

Aufgabe 23

Verwende die Präposition „durch" und füge die drei Sätze zu einem Hauptsatz zusammen. **1 Punkt**

Forks ist eine verschlafene Kleinstadt. Forks bekommt für Bella einen besonderen Zauber. Das liegt an Edward.

____ ☐ Punkt

____

Aufgabe 24

Formuliere jedes der folgenden Satzpaare zu einem Satzgefüge um. **6 Punkte**
Notiere zuerst neben jedem der folgenden Verbindungswörter das Satzpaar, zu dem es passt.

☐ dass ☐ weshalb ☐ weil

A Bella denkt über Edward nach. Warum lebt er in einem Ort ohne Sonne?

B Sie wird es bald erfahren. Edward ist ein Vampir.

C Er interessiert sich für Bella. Er will ihr Blut trinken.

A ____

B ____

C ____ ☐ Punkte

Aufgabe 25

Verbinde zu einer Satzreihe. Ersetze das Dativobjekt im zweiten Satz durch ein Personalpronomen. **1 Punkt**

Bella kann vor Edward nicht fliehen. Sie ist Edward verfallen.

____ ☐ Punkt

Aufgabe 26

Forme den Satz ins Passiv um, um das Geschehen zu betonen. **1 Punkt**

Der Vampir rettet Bella aus gefährlichen Situationen.

____ ☐ Punkt

Aufgabe 27

Setze den Konjunktiv II ein, um Edwards Wünsche zu betonen. **3 Punkte**

A Ich ____________ [lesen] zu gern ihre Gedanken.

B Am liebsten ____________ [gehen] ich ihr aus dem Weg.

C Ich wünsche mir, meine Familie ____________ [nehmen] Bella freundlich auf. ☐ Punkt

D Rechtschreibung

Aufgabe 28

Der Filmclub des Goethe-Gymnasiums startet einen Videoblog mit „Filmgesprächen". Der erste Entwurf für einen Werbeflyer enthält noch einige Fehler. **7 Punkte**
Unterstreiche im Text die falsch geschriebenen Wörter und notiere die Verbesserung in der Randspalte.

Stellt eure Lieblings-Vampirfilme vor!

Fans von „Twilight", aufgepasst: Ihr seid gutbewandert im Genre Vampirfilm? Dann macht schnellst möglich bei uns mit! Der Filmclub will auf YouTube etwas großes starten – einen eigenen Videokanal. In jeder Folge unterhalten wir uns über einen Film aus der Gruselkiste. Mit dem Klasiker „Nosferatu – Eine Symphonie des Grauens" aus dem Jahr 1922 macht Emma Richter aus der 8 a den Anfang. Es folgen Meilensteine der blut rünstigen Filmgeschichte, jedoch in loser Folge. Wer Interese hat und zudem gut im freien sprechen ist, meldet sich bitte bald.

Punkt

Aufgabe 29

In den folgenden Filmporträts sind verschiedene Rechtschreibfehler unterstrichen. Schreibe für jeden Text auf, welcher Rechtschreibfehler am häufigsten vorkommt (Fehlerschwerpunkt). **3 Punkte**

A Der Stummfilm „Nosferatu – Eine Symphonie des Grauens" von Friedrich Wilhelm Murnau erzehlt die Geschichte des Grafen Orlok, eines Vampirs aus den Karpaten, der sich in die schöne Ellen verliept und ihre Heimatstadt Wisborg in ungehäure Angst und Schräcken versetzt. Der Film gilt als einer der ersten Hororfilme. Seine demonische Hauptfigur hat viele Nachfolger in späteren Vampirfilmen gefunden.

Fehlerschwerpunkt: ______________________

B Der schrullige Profesor Abronsius geht mit seinem ängstlichen Gehilfen Alfred in „Tanz der Vampire" auf Vampirjagd, um dieser besonderen Spezies auf den grund zu gehen. In Transsilvanien begegnen sie Graf Krolock. Der Blutsauger hat die schöne Wirtstochter Sarah auf sein Schloß entführt. Hier erleben die beiden Vampirjäger den aljährlichen Tanz der Vampire. Dieser amüssante Klassiker aus dem Jahr 1967 ist ein echter Kultfilm und sorgt bis Heute für Spass und Unterhaltung.

Fehlerschwerpunkt: ______________________

C In der Fernseserie „Buffy – Im Bann der Dämonen" geht es um die mit magischen Kräften ausgestattete Vampirjägerin Buffy. Mit iren Freunden nimmt sie es mit gefärlichen Vampiren und Dämonen auf. Neben dem Kampf gegen die dunklen Mächte geht es in der Sehrie aber auch um den Altag und die Probleme ganz normaler Jugentlicher. Die Kultserie läuft seit 1997.

Fehlerschwerpunkt: ______________________ Punkt

Autoren- und Quellenverzeichnis

S. 5: Eine Affenliebe. Die Zeit, 20. 8. 2011, www.zeit.de/2011/34/Forschung-Jane-Goodall [5. 2. 2014]. **S. 6:** Jane Goodalls Biografie, Roots & Shoots. www.janegoodall.de [5. 2. 2014]. **S. 9, 13:** Walter Liedtke: Ist Zivilcourage Glückssache? http://www.polizei-dein-partner.de [5. 2. 2014] © pressto GmbH, Corneliusstr. 15, 50678 Köln **S. 10 f.:** Bedingungen von Zivilcourage. http://blk-demokratie.de/fileadmin/public/dokumente/Bausteine/bausteine_komplett/db_zivilcourage.pdf [5. 2. 2014]. **S. 11:** Kriminologe Prof. Dr. Hans-Dieter Schwind zur „Gaffermentalität". RUBIN 2/96, http://www.ruhr-uni-bochum.de/rubens/rubens21/7.htm [5. 2. 2014]. **S. 28 f.:** Klaubert, David: Jason Polan – Der scheue Menschensammler. Frankfurter Allgemeine Zeitung, 19. 12. 2011. **S. 34 f.:** Aichinger, Ilse: Das Fenstertheater. Aus: Der Gefesselte. Erzählungen. Fischer Verlag, Frankfurt/M. 1953. **S. 40:** Morgenstern, Christian: Berlin. Aus: Werke und Briefe. 9 Bd. Hg. unter der Leitung von Reinhard Habel. Bd. 1: Lyrik 1887–1905. Hg. v. Martin Kießig. Urachhaus, Stuttgart 1988, S. 459. **S. 44 f.:** Shakespeare, William: Romeo und Julia. Übersetzt und für die Schule bearbeitet von Diethard Lübke. Cornelsen Verlag, Berlin 2011, S. 13–16. **S. 85:** Haus Safari – Museum für Kuriositäten in Lindlar. Aus: Salchert, Monika: 111 Museen in NRW, die man gesehen haben muss. Emons-Verlag, Köln 2013, S. 130. **S. 104 f.:** Green, John: Einhundertsechsunddreißig Tage vorher. Aus: Eine wie Alaska. Übersetzt von Sophie Zeitz. dtv (Reihe Hanser), München 2009, S. 7–10. **S. 107:** Green, John: Eine wie Alaska (Klappentext). dtv (Reihe Hanser), München 2009. **S. 107:** Rezension der Jury „Luchs". http://www.zeit.de/2007/12/Kj-Green/komplettansicht [5. 2. 2014]

Bilderquellenverzeichnis

S. 4, 7, 54 (links), 75: picture alliance/WILDLIFE; **S. 6:** © Bettmann/Corbis; **S. 11:** picture alliance/die KLEINERT; **S. 15** oben: © Byelikova Oksana – Fotolia.com, unten: Shutterstock/vvvita; **S. 20, 21:** © mit freundlicher Genehmigung der Johanniter-Unfall-Hilfe e.V., www.johanniter.de; **S. 22:** picture alliance/Eibner-Pressefoto; **S. 23:** picture alliance/DPPI; **S. 25, 26, 29, 30, 32, 54 (rechts), 61, 68, 70, 89:** picture alliance/dpa; **S. 27, 94:** picture alliance/ZB; **S. 33 oben (Flugzeug):** © johnbraid – Fotolia.com; **S. 41:** © berlinphotos – Fotolia.com; **S. 52:** Cover J. R. R. Tolkien, Der kleine Hobbit: Deutscher Taschenbuch Verlag, München 2012; Cover Joanne K. Rowling, Harry Potter und der Stein der Weisen: Carlsen Verlag, Hamburg 2013; Cover Suzanne Collins, Die Tribute von Panem 1: Tödliche Spiele: Oetinger Verlag, Hamburg 2009; **S. 53:** © Andreas P – Fotolia.com; **S. 55:** © jamenpercy – Fotolia.com; **S. 56:** © inurbanspace – Fotolia.com; **S. 57:** © @nt – Fotolia.com; **S. 58:** © waidmannsheil – Fotolia.com; **S. 77:** © santia3 – Fotolia.com; **S. 78 oben:** © kropic – Fotolia.com, unten: © davis – Fotolia.com; **S. 80:** picture alliance/Photoshot; **S. 81:** © Angela Köhler – Fotolia.com; **S. 82:** akg images; **S. 85:** Haus Safari, Lindlar: LindlarTouristik; **S. 95:** © lassedesignen – Fotolia.com; **S. 98:** © Christian Schwier – Fotolia.com; **S. 100:** Mauritius Images/mauritius images/Alamy; **S. 102 links:** © jogyx – Fotolia.com, **Mitte:** © goldencow_images – Fotolia.com, **rechts:** © fotodesign-jegg.de – Fotolia.com, **S. 107:** Cover John Green, Eine wie Alaska: Deutscher Taschenbuch Verlag, München 2009

Impressum

Redaktion: lüra – Klemt & Mues GbR, Wuppertal

Illustrationen:
Uta Bettzieche, Leipzig (S. 28, 33, 60, 62–67, 69, 71–73, 97, 98)
Nils Fliegner, Hamburg (S. 48–51, 56, 57, 59, 81, 83, 84, 86)
Peter Menne, Potsdam (S. 18, 19, 74, 76, 77, 79, 87, 88, 91, 93)
Christoph Mett, Münster (S. 13, 15, 23–25, 34, 36, 39)
Sulu Trüstedt, Berlin (S. 4, 7, 26, 40, 42, 44, 46, 47, 104, 105, 107–110)

Layoutkonzept: werkstatt für gebrauchsgrafik, Berlin
Technische Umsetzung: Uwe Rogal, Berlin

www.cornelsen.de

1. Auflage, 1. Druck 2014

Alle Drucke dieser Auflage sind inhaltlich unverändert
und können im Unterricht nebeneinander verwendet werden.

Druck: Parzeller print & media GmbH & Co. KG, Fulda

Ausgaben ohne CD
978-3-06-061910-8 (Gymnasium Allgemeine Ausgabe)
978-3-06-062475-1 (Gymnasium Hessen)
978-3-06-062490-4 (Gymnasium Niedersachsen)
978-3-06-062032-6 (Gymnasium Nordrhein-Westfalen)
978-3-06-062509-3 (Gymnasium Rheinland-Pfalz)

Ausgaben mit CD
978-3-06-061916-0 (Gymnasium Allgemeine Ausgabe)
978-3-06-062480-5 (Gymnasium Hessen)
978-3-06-062496-6 (Gymnasium Niedersachsen)
978-3-06-062038-8 (Gymnasium Nordrhein-Westfalen)
978-3-06-062515-4 (Gymnasium Rheinland-Pfalz)

Inhalt gedruckt auf säurefreiem Papier aus nachhaltiger Forstwirtschaft.

Deutschbuch

Arbeitsheft 8

Lösungen

Name: ______________________

Klasse: ____________

Cornelsen

Ein Kurzreferat vorbereiten und halten

Seite 4–5

1 Die Überschrift informiert darüber, dass Jane Goodall für eine bessere Welt kämpft. Vielleicht hast du in einer Zeitung/Zeitschrift oder im Fernsehen schon einmal etwas über Jane Goodall erfahren? Seit 1960 erforscht sie das Verhalten von Schimpansen im „Gombe Stream National Park" in Tansania, Afrika. Goodall ist neben Dian Fossey (Gorillas) und Birutė Galdikas (Orang-Utans) eine von drei Frauen, die Langzeitstudien über Menschenaffen (Primaten) durchgeführt haben.

2 Mögliche weitere Fragen: Was macht Jane Goodall heute? – Was ist das Besondere an ihrer Arbeit? – Welche Auszeichnungen hat sie für ihre Leistungen erhalten? – Wie setzt sie sich für die Umwelt ein?

3 a Die Suche, z. B. bei „Google", ergibt ca. 4 580 000 Treffer (aufgerufen am 2. 9. 2013).
b Aktuelles (Home), Jane Goodall Institut Deutschland (Über uns), Biografie (Jane Goodall), Jugend-Gruppen (Roots & Shoots), Projekte des Instituts (Projekte), Schimpansen, Neuigkeiten (News), Möglichkeiten, diese zu unterstützen (Helfen)

4 a + b Mögliche Markierungen:
„Eine Affenliebe", S. 5: Schimpansen blieben fern, frei lebende Affen, Werkzeuge, alles falsch gemacht hätte, keine Namen geben dürfen, interessierten sich für jedes einzelne Tier, Kannibalen (Oberbegriff: Forschung, ggf. auch Leben)
„Jane Goodalls Biografie", S. 6: 3. April, Vater Ingenieur, Mutter Schriftstellerin, Sekretärin und Assistentin, Kenia, Louis Leakey, Verhalten von Schimpansen (Oberbegriff: Leben), Promotion (Oberbegriff: Forschung bzw. Biografie), Jane Goodall Institute for Wildlife Research, Education and Conservation (Oberbegriff: Jane Goodall Institut), Forschung einzustellen, Tierschutz- und Umweltaktivistin, Kyoto-Preis (Oberbegriff: Leben), Roots & Shoots, 10 000 Gruppen, 100 Ländern, Umwelt- und Sozial-Projekten (Oberbegriff: aktuelle Projekte/Roots & Shoots), Global 500 Award, Friedensbotschafterin der UN, Prinz-von-Asturien-Preis (Oberbegriff: Leben)
„Roots & Shoots", S. 6: Wurzeln und Sprösslinge, globales, ökologisches und humanitäres Jugendprogramm, Jugendliche, brennenden Herausforderungen, Lösung, eigene Projekte, positive Veränderungen, zehntausend Mitgliedern, fast 120 Ländern, aller Altersgruppen, bessere Welt (Oberbegriff: aktuelle Projekte/Roots & Shoots)

Seite 6–7

5 ●●● a + b Geeignete Websites sind z. B.:
http://de.wikipedia.org/wiki/Jane_Goodall: Informationen zu Leben und Leistungen, Literatur, Filmen, Weblinks, Interviews
http://www.spiegel.de/wissenschaft/natur/jane-goodall-mit-30-nackt-durch-den-urwald-mit-67-auf-spendentrip-durch-die-welt-a-152022.html: Informationen zu Goodalls aktuellem Einsatz für den Umweltschutz
http://www.janes-journey-film.de/: Informationen zum Film über Jane Goodall (2011), über ihre Biografie, Roots & Shoots

6 a Mögliche Reihenfolge: 1 = C – 2 = D – 3 = B – 4 = A
b **Leben/Auszeichnungen:** Leben vor Beginn der Forschung, Forschungsaufenthalte, weiteres Engagement, Auszeichnungen
Forschung: Arbeitsbedingungen, Besonderheiten im Vorgehen, Forschungsergebnisse, Haltung anderer Forscher
Jane Goodall Institut: Gründung, Verbreitung, Zielsetzungen
Aktuelle Projekte/Roots & Shoots: Gründung, Mitglieder, Zielsetzungen
c Mögliche Begründungen: Die gewählte Reihenfolge ist sinnvoll, weil
... sie die zeitliche Abfolge von Jane Goodalls Leben spiegelt. (Reihenfolge wie in 6 a vorgeschlagen: C – D – B – A)
... sie das Interesse der Zuhörenden zuerst auf das Jugendprojekt lenkt. (Reihenfolge: A – B – C – D)
... sie die äußerst spannende Forschungsarbeit in den Mittelpunkt stellt. (Reihenfolge: D – C – B – A)

7 **A**: 3 – **B**: 1 – **C**: 2

8 ●●● Mögliche weitere Einleitung: Auf diesem Foto seht ihr, wie die Primatenforscherin Jane Goodall sich als Friedensbotschafterin der Vereinten Nationen für den Tier- und Umweltschutz einsetzt. Wie es dazu gekommen ist, dass sie eine so wichtige Rolle hat, möchte ich euch in meinem Referat berichten.

9 Möglicher Schluss: Jane Goodall hat zwei wichtige Institutionen für den Tier- und Umweltschutz gegründet. Roots & Shoots hat dabei eine besondere Bedeutung, weil sie junge Leute für das Thema begeistert. Es ist wichtig, dass viele Jugendliche sich in den Roots-&-Shoots-Gruppen engagieren, damit das Projekt weiterhin so erfolgreich bleibt.

Seite 8

10 a + b Mögliche Stichwortkarten:
Karte 1: Jane Goodalls Leben 1935 in London geboren – Ausbildung als Sekretärin – 1957 erste Reise nach Kenia – Erforschung des Verhaltens von Schimpansen – 1965 Promotion mit Ausnahmegenehmigung **!!!** (nie studiert) – 1977 Gründung des Jane Goodall Instituts – ab 1986 Tierschutz- und Umweltaktivistin –1991 Gründung von Roots & Shoots
Mögliche weitere Karte zu 1: Auszeichnungen Kyoto-Preis für herausragende wissenschaftliche Leistungen – Global 500 Award: Umweltpreis, gestiftet bis 2004 von der UNEP (United Nations Environment Program) – Friedensbotschafterin der

UN, ernannt von UNO-Generalsekretär Kofi Annan – Prinz-von-Asturien-Preis, wichtiger spanischer Staatspreis (Sparte Wissenschaft und technische Forschung), ähnlich wichtig wie der Nobelpreis
Karte 2: Forschung Arbeitsbedingungen: sehr hart (schlechtes Fernglas, altes Zelt) – anfangs wenig erfolgreich – trotz Bananen – gibt den Schimpansen Namen – Wichtigste Forschungsergebnisse: – Schimpansen verwenden wie Menschen Werkzeuge – Zitat Goodall: „Werkzeuggebrauch galt als das, was uns von allen anderen Tieren unterscheidet." → Fotos (...) Schimpansen sind „Kannibalen" und kämpfen in „Kriegen" gegeneinander. Zitat Goodall: (...)
Mögliche weitere Karte zu 2: Haltung anderer Forscher Goodall habe „unwissenschaftlich" gearbeitet. – Vorwürfe: Sie hätte den Schimpansen keine Namen geben dürfen. – Zitat Goodall: „Damals gehörte es sich, dass Verhaltensforscher die Tiere durchnummerierten." – zu großes Interesse für individuellen Besonderheiten/die Persönlichkeit der Tiere
Jane Goodall Institut Jane Goodall Institute for Wildlife Research, Education and Conservation – gegründet 1977 – Büros in 22 Ländern – Zielsetzung: Förderung des respektvollen Umgangs mit Menschen, Tieren und der Natur
Roots & Shoots Übersetzung: Wurzeln und Sprösslinge – gegründet 1991 – Zielsetzung: **Jugendliche !!!** zum Umweltschutz motivieren – zehntausende Mitglieder in fast 120 Ländern – Zitat Website: „globales, ökologisches und humanitäres Jugendprogramm"

11 a + b Mögliche Entscheidungen und Begründungen:
Ein **Handout** ist besonders geeignet, weil die Zuhörer dann nichts mitschreiben müssen und die wichtigsten Informationen mit nach Hause nehmen können. – Eine **Power-Point-Präsentation** ist besonders geeignet, weil ich damit leicht nacheinander verschiedene Folien mit wichtigen Stichpunkten und interessanten Bildern zeigen kann.

12 Kleine Auswahl möglicher Heldinnen/Vorbilder: Rosa Parks, Sophie Scholl, Marie Curie, Bertha von Suttner, Dian Fossey, Gerlinde Kaltenbrunner.

Einen Informationstext verfassen

Seite 9

1 b „Bystander" bedeutet auf Deutsch „Zuschauer". Der „Bystander-Effekt" beschreibt, dass Hilfeleistung desto sicherer nicht erfolgt, je mehr Menschen einen Notfall wahrnehmen.

Seite 10

2 a Mögliche Zusammenfassung:
Die US-amerikanischen Sozialforscher Bibb Latané und John Darley haben im Jahr 1968 untersucht, wie lange es dauert, bis einzelne Personen bzw. Personengruppen eingreifen, wenn jemand in Not ist.
b Mögliche Erklärungen:
Blaue Linie: Teilnehmer, die glaubten, sie wären die einzigen Zeugen, griffen sofort ein. Nach 180 Sekunden hatte auch der letzte Teilnehmer eingegriffen. Rote Linie: Glaubten die Versuchsteilnehmer, es gebe einen weiteren Zeugen, hatten bei Verklingen des Tons nur 62 % reagiert, 15 % griffen gar nicht ein. Schwarze Linie: Bei den Teilnehmern, die glaubten, es gäbe noch vier andere Zeugen, hatten bei Abbrechen des Geräuschs gerade einmal 30 % reagiert, knapp 40 % taten gar nichts.
c Mögliche Auswertung: Das Diagramm zeigt, dass Wahrscheinlichkeit und Geschwindigkeit einer Hilfeleistung mit der Größe der Zuschauergruppe sinken, was den „Bystander-Effekt" beweist.

3 Mögliche Wiedergabe des Themas:
In dem Text „Bedingungen von Zivilcourage" geht es um die Frage, was Menschen davon abhält, in Notfällen Hilfe zu leisten.

Seite 11

4 Mögliche Erklärung der fünf Hürden mit Beispiel (Situation wie im Arbeitsheft vorgeschlagen):

Hürde 1 ist es, das Ereignis überhaupt zu bemerken. Wenn zum Beispiel ein Jugendlicher, nennen wir ihn Maik, im vollbesetzten Bus sitzt, hört er vielleicht gar nicht, dass einige Bänke weiter ein Mädchen von einigen Jungen angepöbelt wird. Nimmt Maik den Streit dann doch war, wird er nur eingreifen, wenn er darin eine Notlage erkennt. Dies herauszufinden, ist Hürde 2, denn wenn die anderen Mitreisenden nicht auf den Streit reagieren, interpretiert Maik seine eigene Wahrnehmung als falsch. Gemäß Hürde 3 muss sich Maik zuständig fühlen. Sind viele andere Menschen im Bus, wird er vielleicht denken, dass diese doch lieber eingreifen sollen. Möglicherweise erkennt Maik aber auch die Notsituation des Mädchens, weiß aber nicht, wie er damit umgehen soll (Hürde 4). Schließlich, und das ist Hürde 5, darf er sich nicht von seiner Angst vor den Folgen des Eingreifens davon abhalten lassen.

5 Mögliche Begründung: Die Wahrscheinlichkeit der Hilfeleistung kann sich bei Hürde 2 („Das scheint kein Notfall zu sein, weil kein anderer eingreift."), Hürde 3 („Es sind genug andere da, die helfen können.") und Hürde 5 („Da stehen viele Menschen, vor denen ich mich blamieren kann.") verringern.

6 verstärkte Auseinandersetzung mit der Problematik im Schulunterricht (Z. 16–19), Medien könnten mehr als bisher aufklärend wirken (Z. 19–20), gemeinsame Aktionen der „Bystander" sind erfahrungsgemäß zu erreichen, wenn man einzelne Personen konkret um Mithilfe bittet (Z. 23–26).

Seite 12

7 a + b Mögliche weitere Fragen für die Mind-Map: Wie wurde der „Bystander-Effekt" nachgewiesen? – Warum kommt es zum „Bystander-Effekt"? – Wie kann man dem „Bystander-Effekt" entgegenwirken?

8 a + b Mögliche Begründung: Struktur B ist geeignet, weil man erst einmal das Problem des „Bystander-Effekts" beschreiben muss, damit die Leser/-innen verstehen, worum es geht. Dann kann man seine Ursachen erklären und eine Lösung vorschlagen.

9 Mögliche Stichworte für die Gliederung des Hauptteils:

Problem unterlassene Hilfeleistung wg. „Bystander-Effekt", 1968 Experiment von Bibb Latané/John Darley
Ursachen vor Hilfeleistung = max. fünf Hürden, stärkste Hürde = Gruppenverhalten
Lösungen allgemein: Schule + Medien → Information über geeignete Verhaltensweisen, konkret: in Notsituationen andere Personen gezielt ansprechen und Unterstützung sicherstellen

Seite 13

10 a + b Zwei Möglichkeiten sind sinnvoll: Satz A/Satz D ist geeignet, ..., weil er sich auf die persönlichen Erfahrungen der Mitschüler/innen bezieht und sie so direkt anspricht.

11 Mögliche Zusammenfassung des Themas mit eigenen Worten:
Ob Menschen in einem Notfall eingreifen, hängt davon ab, wie viele Zeugen den Vorfall beobachten. Je mehr es sind, desto geringer ist die Wahrscheinlichkeit, dass geholfen wird. Man nennt dieses Verhalten „Bystander-Effekt".

12 a **Wenn** man weiß, dass ..., **dann** kann man sich in Notfällen anders verhalten: Man ... trauen, **aber** man darf sich keinesfalls allein in eine kritische Situation begeben. ... holen, **indem** man zum Beispiel ...
b Möglicher Schlusssatz:
Wer allein ist, sollte in ernsten Fällen lieber unter der Notrufnummer 110 die Polizei anrufen. Aber er sollte anrufen!

13 Möglicher Informationstext:

Im Notfall helfen – den Bystander-Effekt überlisten
(Einleitung) Auf dem Schulhof gibt es immer wieder Handgreiflichkeiten, bei denen dem Angegriffenen nicht geholfen wurde, obwohl mehrere andere Schülerinnen oder Schüler die Situation mitbekommen haben. Warum ist das so? Und würde man sich selbst anders verhalten? Psychologen sind diesen Fragen nachgegangen und haben den „Bystander-Effekt" entdeckt.
(Hauptteil) „Bystander" bedeutet auf Deutsch „Zuschauer". Der „Bystander-Effekt" beschreibt, dass Hilfeleistung desto sicherer nicht erfolgt, je mehr Menschen einen Notfall wahrnehmen. Die US-amerikanischen Sozialforscher Bibb Latané und John Darley haben im Jahr 1968 untersucht, wie lange es dauert, bis einzelne Personen bzw. Personengruppen eingreifen, wenn jemand in Not ist. Dafür haben sie folgendes Experiment durchgeführt: Sie führten Studenten in einen geschlossenen Raum. Dort wurden dann etwas mehr als eine Minute lang die Geräusche eines Mannes eingespielt, der einen Krampfanfall erlitt. Teilnehmer, die glaubten, sie wären die einzigen Zeugen, griffen sofort ein. Nach zwei Minuten hatte auch der letzte Teilnehmer eingegriffen. Glaubten die Versuchsteilnehmer, es gäbe einen weiteren Zeugen, hatten bei Verklingen des Tons nur 62 % reagiert, 15 % griffen gar nicht ein. Von den Teilnehmern, die glaubten, es gäbe noch vier andere Zeugen, hatten bei Abbrechen des Geräuschs gerade einmal 30 % reagiert, knapp 40 % taten gar nichts. Das Experiment bewies, dass Wahrscheinlichkeit und Geschwindigkeit einer Hilfeleistung mit der Größe der Zuschauergruppe sinken.
Offen blieb bei diesem Experiment, was Menschen davon abhält, in Notfällen Hilfe zu leisten. Bibb Latané und John Darley untersuchten auch die Ursachen des „Bystander-Effekts". Sie beschrieben fünf Hürden, die eine Hilfeleistung oft verhindern. Hürde 1 ist es, das Ereignis überhaupt zu bemerken. Wenn zum Beispiel ein Jugendlicher, nennen wir ihn Maik, im vollbesetzten Bus sitzt, hört er vielleicht gar nicht, dass einige Bänke weiter ein Mädchen von einigen Jungen angepöbelt wird. Nimmt Maik den Streit dann doch wahr, wird er nur eingreifen, wenn er darin eine Notlage erkennt. Dies herauszufinden, ist Hürde 2, denn wenn die anderen Mitreisenden nicht auf den Streit reagieren, interpretiert Maik seine eigene Wahrnehmung als falsch. Gemäß Hürde 3 muss sich Maik zuständig fühlen. Sind viele andere Menschen im Bus, wird er vielleicht denken, dass diese doch lieber eingreifen sollen. Möglicherweise erkennt Maik aber auch die Notsituation des Mädchens, weiß aber nicht, wie er damit umgehen soll, und macht lieber nichts (Hürde 4). Schließlich, und das ist Hürde 5, darf er sich nicht von seiner Angst vor den Folgen des Eingreifens davon abhalten lassen. Es könnte schließlich geschehen, dass die aggressiven Jungen Maik selbst angreifen, wenn er sich in den Konflikt einmischt. Bei Hürde 2 („Das scheint kein Notfall zu sein, weil kein anderer eingreift."), Hürde 3 („Es sind genug andere da, die helfen können.") und Hürde 5 („Da stehen viele Menschen, vor denen ich mich blamieren kann.") verringert sich die Wahrscheinlichkeit der Hilfeleistung allein deshalb, weil mehrere andere Menschen anwesend sind.

Der Kriminologe Prof. Dr. Hans-Peter Schwind erklärt, dass man dem „Bystander-Effekt“ entgegenwirken könne. Er weist darauf hin, dass die Problematik in der Schule und in den Medien intensiver thematisiert werden müsse. Uns hilft persönlich wohl eher dieser Rat: Die Erfahrungen der Vergangenheit lehren, dass man mit größerer Aussicht auf Erfolg in eine Notsituation eingreifen kann, wenn man andere Personen direkt anspricht und sich Unterstützung holt.

(Schluss) Wenn man weiß, dass es den Bystander-Effekt gibt, dann kann man sich in Notfällen anders verhalten: Man sollte etwas mutiger der eigenen Wahrnehmung trauen, aber man darf keinesfalls allein handeln. Unterstützung kann man sich holen, indem man zum Beispiel jemanden anspricht und um Mithilfe bittet. Wer allein ist, sollte in ernsten Fällen lieber unter der Notrufnummer 110 die Polizei anrufen. Aber er sollte anrufen!

14 ●● Ist der Text klar gegliedert in **Einleitung, Hauptteil** und **Schluss**? Ist der Text **mit eigenen Worten** und **sachlich ohne persönliche Wertungen** formuliert? Wurde vorwiegend das **Präsens** verwendet und Äußerungen anderer Personen in der **indirekten Rede** wiedergegeben? Sind Zusammenhänge sprachlich durch **Satzverknüpfungen** deutlich gemacht?

Einen Tagesbericht verfassen

Seite 14–15

1 Möglicher Einleitungssatz mit Arbeitsschwerpunkten:
Heute lernte ich am Vormittag die Tätigkeiten des Tierarztes auf verschiedenen Höfen kennen, wo Großtiere behandelt werden, und am Nachmittag konnte ich dem Tierarzt bei den Kleintierbehandlungen in der Praxis zusehen und helfen.

2 a habe ich untersucht (Z. 1–2) → untersuchte – habe zugesehen (Z. 1–4) → sah zu – habe beschriftet (Z. 10–11) → beschriftete
b machte (Z. 3) → legte an – Das war voll toll (Z. 4–5) → Das machte mir großen Spaß! – abchecken (Z. 8) → abhören – krass (Z. 8) → sehr – total süßen (Z. 9) → mehreren/einigen

3 Antwort D ist richtig.

4 a + b Mögliche Satzgefüge und Verknüpfungswörter: A Dazu gehörte das Impfen von drei Katzenbabys, damit sie keine lebensbedrohlichen Krankheiten bekommen. – B Obwohl ich vor der Narkose beruhigend auf ihn einredete, war er sehr ängstlich. – C Als Letztes beriet der Tierarzt noch die Besitzerin eines Hundes, weil das Tier übergewichtig war.

5 Mögliche Erklärungen: **Stethoskop:** Abhörgerät – **Tubus:** dünner Schlauch – **Inhalationsgerät:** Gerät mit Atemmaske – **Desinfektionsbad:** Bad zum Abtöten von Bakterien – **Dampfsterilisator:** Gerät, das Krankheitserreger abtötet

6 Verbesserter Text:

Auf dem ersten Hof untersuchte ich gemeinsam mit dem Tierarzt mit einem Mikroskop die Kotprobe eines Pferdes auf Würmer und sah ihm bei der Impfung von drei anderen Pferden zu. Dann legte der Tierarzt einem Pferd einen neuen Verband an. Ich hielt das Tier währenddessen am Halfter fest. Das machte mir großen Spaß, weil ich es während der Behandlung gut beruhigen konnte. Als Nächstes mussten auf einem anderen Hof drei Kühe mit einem Antibiotikum behandelt werden, da sie eine Infektion hatten. Ich durfte mit einem Stethoskop Lunge und Herz abhören und der Tierarzt erklärte mir, dass die Tiere eine sehr hohe Herz- und Atemfrequenz hatten. Auf dem letzten Hof musste der Tierarzt mehreren Schafen Blut abnehmen. Ich beschriftete für ihn die Blutprobenröhrchen mit den Ohrmarkennummern, damit man später weiß, welches Blut zu welchem Schaf gehört.
Am Nachmittag wurden in der Praxis mehrere Kleintiere behandelt. Ich durfte bei einer Operation zusehen, in der einer Hündin ein Tumor entfernt wurde. Zuerst wurde sie in die Narkose gelegt und weiträumig rasiert und desinfiziert. Als Nächstes wurde ihr ein Tubus, das ist ein dünner Schlauch, in die Luftröhre geschoben und an das Inhalationsnarkosegerät angeschlossen. Anschließend wurden der Tumor herausgeschnitten, die Blutgefäße abgebunden und die Haut wieder zugenäht. Nach der OP putzte ich den Behandlungsraum. Ich zog Handschuhe an. Dann reinigte ich die Instrumente, indem ich sie zunächst in Wasser, dann in ein Desinfektionsbad und schließlich in einen Dampfautosterilisator legte, der die Krankheitserreger abtötet. Anschließend schnitt ich für den nächsten Tag Tücher für den Instrumententisch zu. Danach durfte ich dem Tierarzt noch bei weiteren kleineren Behandlungen zusehen. Dazu gehörte das Impfen von drei Katzenbabys, damit sie keine lebensbedrohlichen Krankheiten bekommen. Außerdem versorgte er kleinere Wunden bei einem Meerschweinchen und kastrierte einen Kater. Obwohl ich vor der Narkose beruhigend auf ihn einredete, war er sehr ängstlich. Als Letztes beriet der Tierarzt noch die Besitzerin eines Hundes, weil das Tier übergewichtig war.

7 ●● Am Schluss füllte ich die Regale der Apotheke noch mit neuen Medikamenten auf. Zuletzt sortierte ich gemeinsam mit der Arzthelferin einige Medikamente aus, weil deren Verfallsdatum überschritten war.

Eine Stellungnahme überzeugend formulieren

Seite 16–17

1 b **Meinungen,** Argumente, *Beispiele/Belege:*
Luna2000: Ich fände es klasse, wenn jeder einen solchen Führerschein machen müsste. (...) Dann wüsste jeder endlich genau, was im Netz erlaubt ist und was nicht. *Niemand könnte sich mehr herausreden, wenn er Fotos von anderen unerlaubt online stellt.* Außerdem würde man etwas über Netiquette lernen, sodass die Leute höflicher miteinander umgehen würden. *Das ist z. B. für Chats wichtig.* Wer sich nicht daran hielte, könnte seinen Führerschein verlieren.
Fred777: Eine Pflicht zum Internet-Führerschein halte ich für völlig übertrieben, weil das Internet ja nicht so gefährlich ist wie ein Auto. Wenn man nicht vernünftig surft, gefährdet man ja niemanden anderen. *Wenn ich etwa einen Virus auf meinem Computer habe, ist das nur mein Problem.*
Xerx: Für mich wäre ein Internet-Führerschein sehr sinnvoll. *Zum Beispiel würde ich dann nicht mehr so viel Zeit mit sinnlosem Herumsurfen verschwenden.* Denn man müsste für den Führerschein lernen, wie man im Internet gezielt recherchiert. Außerdem wüsste man dann genau, welchen Websites und Informationen man vertrauen kann. (...)
Sol99: *Der Medienforscher Prof. Perke rät von einem verpflichtenden Internet-Führerschein ab. Er hat herausgefunden, dass Kinder sehr motiviert sind, Medienkompetenz von sich aus zu erwerben.* Ein wichtiger Einwand gegen einen Internet-Führerschein ist also, dass er Jugendlichen den Spaß am selbstständigen Entdecken im Netz verderben könnte. **Meiner Meinung nach ist ein verpflichtender Führerschein deshalb nicht zu empfehlen.**

2 a Sollte ein Internet-Führerschein für Jugendliche unter 14 Jahren eingeführt werden? – Ist ein Internet-Führerschein für junge Menschen unter 14 Jahren sinnvoll?
b Ich bin für/gegen einen Internet-Führerschein für Jugendliche unter 14 Jahren. – Ich bin der Auffassung, dass es einen/keinen Internet-Führerschein ab 14 Jahren geben sollte. – Dass man mit 14 Jahren einen Internet-Führerschein machen muss, lehne ich ab/befürworte ich.

3 Mögliche **Oberbegriffe** und Unterbegriffe für die Mind-Map: **Netiquette:** Chats, Regeln – **Vergleich Auto:** Gefahr, Sicherheit – **Suchstrategien:** gezielte Recherche, Informationsquellen – **Medienkompetenz:** Entdeckerfreude, Motivation, Spaß – **Urheberrecht:** Erlaubnis für Fotos, Videos, Musik einholen – **Sicherheit:** Viren-/Trojanerschutz, Schutz vor Betrug/Missbrauch – **Verantwortung:** Datenschutz für eigene und fremde Daten, Respekt – **Eltern:** Sorgen, Aufsicht – **Aufwand:** Kosten, Zeit

4 Mögliche Ideen für die Einleitung: Vergleich mit Fahren ohne Führerschein im Auto – Hinweis auf bereits gegebene breite Nutzung des Internets durch Jugendliche – Sorge Erwachsener erwächst aus ihrer eigenen Unsicherheit – elektronische Medien sind Alltag, wie Straßenbahn- oder Busfahren

5 Mögliche Überleitungen zum Hauptteil:
- (pro) Ich bin der Meinung, dass ein verpflichtender Führerschein für das Surfen im Internet ebenso sinnvoll wäre wie die Erlaubnis zum Führen eines Fahrzeugs. Dafür sprechen gute Gründe, die ich im Folgenden darlegen werde.
- (pro) Gerade weil in Deutschland fast alle Jugendlichen bereits im Internet unterwegs sind, lohnt sich die Überlegung, ob ein Internet-Führerschein mit 14 Jahren Pflicht werden sollte.
- (kontra) Obwohl ich weiß, dass viele Erwachsene sich dauernd Sorgen um uns Jugendliche machen, will ich im Folgenden erklären, warum ich den Internet-Führerschein ablehne.
- (kontra) Weil ich selbst schon seit Jahren selbstständig im Internet surfe, frage ich mich, warum es nun plötzlich einen verpflichtenden Internet-Führerschein für 14-Jährige geben soll. Es spricht einiges dagegen.

Seite 18–19

6 b **Mögliche Pro-Argumente:** Man würde lernen, die Urheberrechte besser zu beachten. – Man würde lernen, wie man verantwortungsvoll mit Daten umgeht. – Eltern müssten sich weniger Sorgen machen, was ihre Kinder im Internet tun.
Mögliche Kontra-Argumente: Richtiges Recherchieren und Surfen lernt man auch in der Schule. Jugendliche könnten nicht ohne Aufsicht ins Internet und würden nicht lernen, selbstständig damit zurechtzukommen.

7 a Die Beispiele B, C und D passen zu Pro-Argumenten, Beispiel A zu einem Kontra-Argument.
b Alle genannten Beispiele gehören zu A eigene Erfahrung.

8 Mögliche eigene Argumente und Beispiele: **Pro:** Man würde lernen, Betrugsversuche im Internet besser zu erkennen, und könnte einen Betrug verhindern. Oft werden zum Beispiel völlig unnötig sehr persönliche Daten einschließlich Adresse, Alter und Hobbys erfragt und plötzlich bekommt man unbestellte Waren zugeschickt. **Kontra:** Einen Internet-Führerschein zu machen, wäre sicher sehr zeitaufwändig. Schließlich braucht man auch lange, um einen Fahrzeug-Führerschein zu machen.

9 a Mit den Verknüpfungswörtern A, D und E kannst du Gegenargumente einleiten.
b Mögliche Verknüpfung von Gegenargument und entkräftendem Argument:
A Auch wenn ein Internet-Führerschein den verantwortungsvollen Umgang mit Daten verspricht, so kann ich dagegenhalten, dass sich trotz Führerschein viele nicht an Regeln halten würden.
B Ich kann zwar verstehen, dass ein Internet-Führerschein sinnvoll sein kann, aber jeder, der die Führerscheinprüfung nicht besteht, wäre aus seinem Freundeskreis ausgeschlossen.
C Obwohl viele Eltern besorgt sind, wenn ihre Kinder unbeaufsichtigt im Internet surfen, ist ihre Sorge dennoch unbegründet, denn in den meisten Schulen lernen Kinder und Jugendliche, sich im Internet sicher zu bewegen.

10 Möglicher Schluss für eine Argumentation **pro** Internet-Führerschein:
Aus den dargelegten Gründen bin ich der Meinung, dass ein Internet-Führerschein sinnvoll ist. Die Führerscheinpflicht sorgt nämlich, wie gezeigt, nicht nur auf unseren Straßen für Sicherheit. Unter der Bedingung, dass das Alter für einen solchen Führerschein deutlich gesenkt würde, könnte ich mir vorstellen, dass er große Unterstützung fände.

Möglicher Schluss für eine Argumentation **kontra** Internet-Führerschein:
Aus diesen Gründen bin ich der Auffassung, dass es keinen verpflichtenden Internet-Führerschein geben sollte. Er wäre nicht nur sinnlos, weil viele Jugendliche sich schon seit ihrer Kindheit im Internet bewegen, sondern auch ungerecht, weil er verhindern würde, dass jeder an alle gewünschten Informationen kommen und seine Freundschaften pflegen kann. Falls es dennoch einen Internet-Führerschein geben sollte, fände ich es sinnvoll, ihn schon in der Grundschule einzuführen.

11/12 Mögliche **Pro-Argumentation:**

(Einleitung:) Mit großem Interesse las ich die Kommentare zum Thema „Sollte ein Internet-Führerschein für Jugendliche unter 14 Jahren eingeführt werden?" Stellt euch einmal vor, jeder könnte ohne Führerschein durch die Gegend fahren. Was könnte alles passieren? Wenn es eine Führerscheinpflicht für das Surfen im Internet gäbe, hätten wir auch in der virtuellen Welt mehr Sicherheit. *(Standpunkt:)* Deshalb bin ich für einen Internet-Führerschein für Jugendliche unter 14 Jahren. *(Überleitung zum Hauptteil:)* Aus guten Gründen, die ich im Folgenden darlegen werde, denke ich, dass ein verpflichtender Führerschein für das Surfen im Internet ebenso sinnvoll wäre wie es die Erlaubnis zum Führen eines Fahrzeugs ist.
(Hauptteil:) Das aus meiner Sicht wichtigste Argument, das für einen Internet-Führerschein spricht, sind die Urheberrechte. Man würde lernen, die Rechte anderer im Netz besser zu beachten. Unser Nachbar bekam z. B. im vergangenen Jahr überraschend ein Schreiben von einem Rechtsanwalt, weil er ein Video mit fremder Musik unterlegt und hochgeladen hatte. Mit einem Internet-Führerschein wäre ihm das sicher nicht passiert.
Zudem würde man lernen, wie man auch mit eigenen Daten verantwortungsvoll umgeht. So habe ich z. B. neulich aus Versehen meine private E-Mail-Adresse ins Netz gestellt und serienweise unerwünschte Mails und Werbung bekommen. Hätte ich gewusst, welche Folgen dieses unbedachte Handeln hat, wäre ich aufmerksamer und vorsichtiger gewesen. Auch wenn man einwenden kann, dass sich ähnlich wie beim Autofahren trotz Führerschein viele nicht an Regeln halten würden, so kann ich dagegenhalten, dass ein Internet-Führerschein den verantwortungsvolleren Umgang mit Daten sicher unterstützen würde.
Obwohl Kinder und Jugendliche in den meisten Schulen lernen, sich im Internet sicher zu bewegen, ist die Sorge vieler Eltern dennoch begründet, wenn ihre Kinder unbeaufsichtigt im Internet surfen. So kann ich zuletzt noch das Argument anführen, dass sich Eltern weniger Sorgen machen müssten, was ihre Kinder im Internet tun, wenn sie einen Internet-Führerschein haben. Meine Mutter fragt mich z. B. alle zwei Minuten, was ich im Netz tue. Sie wäre endlich beruhigt.
(Schluss:) Aus den dargelegten Gründen bin ich der Meinung, dass ein Internet-Führerschein sinnvoll ist. Die Führerscheinpflicht sorgt nämlich, wie gezeigt, nicht nur auf unseren Straßen für Sicherheit. Unter der Bedingung, dass das Alter für einen solchen Führerschein deutlich gesenkt würde, könnte ich mir vorstellen, dass er eine große Unterstützung fände.

Mögliche **Kontra-Argumentation:**

(Einleitung:) Mit großem Interesse verfolge ich die Beiträge zum Thema „Sollte ein Internet-Führerschein für Jugendliche unter 14 Jahren eingeführt werden?" Mein Vater bittet mich und meinen Bruder jedes Mal um Hilfe, wenn er Probleme mit seinem Computer hat. Warum können wir ihm überhaupt helfen? Weil wir schon als Grundschüler gelernt haben, selbstständig am Rechner zu arbeiten – und das ganz ohne Führerschein. *(Standpunkt:)* Deshalb bin ich der Meinung, dass ein Internet-Führerschein für Jugendliche überflüssig ist. *(Überleitung zum Hauptteil:)* Weil ich selbst schon seit Jahren selbstständig im Internet surfe, frage ich mich, warum es nun plötzlich einen verpflichtenden Internet-Führerschein für 14-Jährige geben soll. Es spricht einiges dagegen.
(Hauptteil:) Zwar sind viele Eltern besorgt, wenn ihre Kinder unbeaufsichtigt im Internet surfen, aber ihre Sorge ist dennoch unbegründet, denn spätestens in der Schule lernen Kinder und Jugendliche, sich im Internet sicher zu bewegen. Richtiges Recherchieren und Surfen steht auf vielen Stundenplänen. Meine Geschwister und ich wissen schon jetzt viel besser über das Internet Bescheid als unsere Eltern. Gerade weil wir ohne die Aufsicht Erwachsener gelernt haben, uns selbstständig im Internet zu bewegen, konnten wir viel entdecken und lernen. Müssten Jugendliche erst auf einen Internet-Führerschein warten, wären sie nicht motiviert, frühzeitig ohne Hilfe im Internet zurechtzukommen.
Mein wichtigstes Argument ist aber, dass ein nicht erteilter Internet-Führerschein den Zugang zu wichtigen Informationen verhindern würde. Denn viele Informationen findet man nur noch im Internet. Außerdem haben die sozialen Netzwerke eine wichtige Bedeutung für unsere alltägliche Kommunikation und die Pflege von Freundschaften. Ich kann zwar verstehen, dass ein Internet-Führerschein in manchen Fällen sinnvoll sein kann, aber jeder, der die Führerscheinprüfung nicht besteht, wäre aus seinem Freundeskreis ausgeschlossen.
(Schluss:) Aus diesen Gründen bin ich der Auffassung, dass es keinen verpflichtenden Internet-Führerschein geben sollte. Er wäre zudem sinnlos, weil viele Jugendliche sich schon seit ihrer Kindheit im Internet bewegen. Falls es dennoch einen Internet-Führerschein geben sollte, fände ich es sinnvoll, ihn schon in der Grundschule einzuführen.

Beschreiben und erklären

Seite 20–22

1 a + b 1 = A – 2 = G – 3 = B – 4 = F – 5 = E – 6 = H – 7 = C – 8 = D – 9 = I

2 1 EKG-Monitor und Defibrillator – 2 Medikamenten- und Instrumentenschränke – 3 Beatmungsgerät – 4 Klappsitz für den Notarzt – 5 Patiententrage mit Fahrgestell – 6 Tragestuhl – 7 Desinfektionsmittel – 8 Einmalhandschuhe – 9 Notfallrucksack

3 Mögliche Lösung (Wörter für die **Position** oder **Lage** der Gegenstände):

EKG-Monitor und Defibrillator sind **über** der Liege an der linken Seitenwand befestigt. **Dahinter**, in der linken Ecke des Rettungswagens, befinden sich die Medikamenten- und Instrumentenschränke. Direkt **unter** dem EKG-Monitor und dem Defibrillator ist das Beatmungsgerät angebracht. **Daneben** ist der Klappsitz für den Notarzt an der Wand montiert. **Vor** dem Sitz steht die Patiententrage, auf deren Oberfläche Sicherheitsgurte zum Befestigen des Patienten liegen. Schräg **hinter** der Patientenliege steht der Tragestuhl. Er steht mit dem Rücken zur Fahrerkabine **in der Mitte** der Stirnwand des Rettungswagens. **Rechts daneben**, auf der Höhe der Kopfstütze des Tragestuhls, ist der Desinfektionsmittelspender an der Wand platziert. **Weiter oberhalb**, direkt **neben** der Seitentür des Wagens, befinden sich die Einmalhandschuhe. **Darunter** steht auf dem Boden, ebenfalls direkt **neben** der Wagentür, griffbereit der Notfallrucksack.

4 Mögliche Beschreibung der Liege:

Die Patiententrage mit ausklappbarem Fahrgestell ist dick gepolstert und mit einer Kopfstütze versehen. Der auffällige Bezug der Polster in leuchtendem Neonorange gewährleistet, dass die Trage am Einsatzort gut sichtbar ist. Ein heller, wegwerfbarer Bezug bedeckt die Liegefläche. Aus hygienischen Gründen wird dieser Bezug nach jedem Einsatz ausgewechselt. Zuoberst sieht man mehrere schwarze Sicherheitsgurte auf der Liegefläche, die zum Fixieren des Patienten dienen. Eine stabile Randhalterung aus Metall verläuft entlang der Längsseiten und verhindert ein seitliches Herunterfallen des Kranken. An der Kopf- und Fußseite der Trage ragen orangefarbene Tragegriffe aus Plastik hervor. Im unteren Bereich ist das gesamte Gestell in Schienen gelagert, sodass die Sanitäter die Trage durch die Hecktür in den Innenraum schieben können.

5 Du könntest für jede Lücke unterschiedliche Verben gefunden haben: Das Foto **zeigt** einen Rettungswagen. Er wird eingesetzt, um Notfallpatienten zu **versorgen/behandeln** und in eine Klinik zu **transportieren/bringen/fahren**. Man **sieht/blickt/schaut** von hinten durch die geöffneten Türen in den Innenraum des Rettungswagens. Dieser **besitzt/verfügt über/hat** eine Breite sowie Höhe von ungefähr zwei Metern und ist etwa dreieinhalb Meter lang.

6 Der Schlussteil B ist geeignet, weil die Sprache sachlich ist und auf den Betrachter eingegangen wird.

7 Mögliche Ortsbeschreibung:

(Einleitung) Das Foto zeigt einen Rettungswagen. Er wird eingesetzt, um Notfallpatienten zu behandeln und in eine Klinik zu transportieren. Man blickt von hinten durch die geöffneten Türen in den Innenraum des Fahrzeugs. Dieser verfügt über eine Breite sowie Höhe von ungefähr 2 Metern und ist etwa 3,5 Meter lang.
(Hauptteil) Im Innenraum ist an der linken Seitenwand ein EKG-Monitor mit Defibrillator befestigt. Dahinter, in der linken Ecke des Rettungswagens, befinden sich die Medikamenten- und Instrumentenschränke. Man kann fünf Schubladen erkennen. Direkt unter dem EKG-Monitor und dem Defibrillator ist das Beatmungsgerät angebracht. Daneben ist der dunkelblaue Klappsitz für den Notarzt an die Wand montiert. Vor dem Sitz steht die dick gepolsterte Patiententrage mit ausklappbarem Fahrgestell. Auf der Oberfläche der Trage liegen schwarze Sicherheitsgute zum Befestigen des Patienten. Sie ist mit einer Kopfstütze versehen. Der auffällige Bezug der Polster in leuchtendem Neonorange garantiert, dass die Trage am Einsatzort gut sichtbar ist. Ein heller, wegwerfbarer Bezug bedeckt die Liegefläche. Aus hygienischen Gründen wird dieser Bezug nach jedem Einsatz ausgewechselt. Eine stabile Randhalterung aus Metall verläuft entlang der Längsseiten und verhindert ein seitliches Herunterfallen des Kranken. An der Kopf- und Fußseite der Trage ragen orangefarbene Tragegriffe aus Plastik hervor. Im unteren Bereich ist das gesamte Gestell in Schienen gelagert, sodass die Sanitäter die Trage durch die Hecktür in den Innenraum schieben können. Schräg hinter der Patientenliege steht der dunkelblaue Tragestuhl. Er steht mit dem Rücken zur Fahrerkabine in der Mitte der Stirnwand des Fahrzeugs. Hinter dem Tragestuhl befindet sich ein Sichtfenster in die Fahrerkabine des Rettungswagens. Rechts daneben, auf der Höhe der Kopfstütze des Tragestuhls, ist der Desinfektionsmittelspender an der Wand platziert. Weiter oberhalb, direkt neben der Seitentür des Wagens, befinden sich drei Boxen mit hellblauen Einmalhandschuhen. Darunter steht auf dem Boden, ebenfalls direkt neben der Wagentür, griffbereit der signalrote Notfallrucksack.
(Schluss) Sieht man, wie durchdacht ein Rettungswagen eingerichtet ist, versteht man, dass er im Notfall dazu beitragen kann, ein Menschenleben zu retten. Man hat den Eindruck, dass Sanitäter oder Notarzt trotz des begrenzten Platzangebots eine bestmögliche Erstversorgung durchführen können. Dies wirkt sehr beruhigend.

8 Mögliche Ortsbeschreibung:

(Einleitung) Das Foto zeigt einen rechteckigen Sanitätsraum, der ungefähr vier Meter lang und zwei Meter breit ist. Man blickt von der Tür aus in das Zimmer.
(Hauptteil) Vor der linken Seitenwand steht eine pinkfarbene Patientenliege. Sie hat am oberen Ende eine heruntergeklappte Kopfstütze. Am unteren Ende der Liege, welches in Richtung Zimmertür zeigt, kann man eine weiße Rolle erkennen. Das Papier auf der Rolle wird aus hygienischen Gründen vor einer Behandlung über die Liege gezogen und nach Beendigung der Behandlung weggeworfen. Hinter dem Kopfende der Patientenliege befindet sich die graue Rückwand des Sanitätsraums. In der rechten Ecke der Rückwand ist hochkant ein schmales Fenster mit hellbraunem Rahmen platziert. Schräg davor, direkt neben der Patientenliege, steht als Sitzgelegenheit für den Arzt ein runder Rollhocker mit niedriger Lehne und weißem Bezug. Hinter dem Hocker, angeschlossen an die rechte Seitenwand des Raums, steht ein Tisch mit dunkelblauer Platte. Der Tisch ist an eine Zeile von Medikamenten- und Instrumentenschränken angeschlossen. Auf der weißen Ablagefläche der Schränke steht ein runder gelber Behälter und man kann zur Hälfte ein silbernes rundes Waschbecken erkennen. Auf der Wand über den Medikamenten- und Instrumentenschränken ist auf deren gesamter Länge ein Rechteck hellgrün farblich abgesetzt. Zwei weiße Steckdosen und ein Lichtschalter sind in das Rechteck eingebettet. Darüber ist eine dunkelbraune Holzleiste mit drei grauen, ebenfalls rechteckigen Halogenlampen befestigt. Am rechten Bildrand, links vom Hochschrank, lässt sich ein Stück eines Desinfektionsmittelspenders erkennen.
(Schluss) Der Sanitätsraum ist sehr hell und übersichtlich eingerichtet. Durch die vielen bunten Farben wirkt das Behandlungszimmer sauber und modern.

Seite 24–25

2 **Illustration 1** zwei Mechaniker (einer vorn, einer hinten), feuerfeste Schutzkleidung, heben mit Wagenheber Heck und Bug an – **Illustration 2** je Reifen ein Team von drei Mechanikern: erster Mechaniker löst Radmuttern mit Druckluft-Schlagschrauber, Druckluft über Schläuche mittels des Galgenbaums zugeleitet – **Illustration 3** zweiter Mechaniker, Reifen abnehmen **Illustration 4** dritter Mechaniker, Reifen aufsetzen – **Illustration 5** erster Mechaniker, neuen Reifen mit Druckluft-Schlagschrauber festschrauben – **Illustration 6** zwei Mechaniker (einer vorn, einer hinten), setzen Heck und Bug wieder ab

3 Mögliche Beschreibung der ersten beiden Arbeitsschritte (mit Erklärungen der Fachbegriffe):

Wenn der Wagen in die Boxengasse einfährt, eilt je ein Mechaniker hinten ans Heck und vorn an den Bug des Wagens, um ihn mit je einem Wagenheber anzuheben. Alle 14 Mechaniker tragen feuerfeste Schutzkleidung, die in der Regel Stiefel, Overall, Helm, Brille und Handschuhe umfasst. An jedem Reifen steht in Windeseile ein Team von drei Mechanikern. Ein Mechaniker löst mit einem Druckluft-Schlagschrauber die Radmuttern. Druckluft ist in einem Kompressor verdichtete Luft, sie liefert die Energie für den Schlagschrauber. Ein Schlagschrauber wird als Werkzeug eingesetzt, weil er die Radmuttern mit einem hohen Drehmoment, also mit großer Geschwindigkeit und Kraft, lösen oder festschrauben kann. Damit die Druckluftschläuche nicht als Stolperfallen auf dem Boden herumliegen, werden sie mit einem Galgenbaum gebündelt und über dem Wagen entlanggeführt.

4 Mögliche Wörter zur Bestimmung der Reihenfolge der Arbeitsschritte: zu Beginn – zuerst – sofort – im Anschluss – nun – jetzt – danach – als Nächstes – kurz vor dem Start – zum Schluss – schließlich

5 a Als Nächstes greift an jedem Reifen sofort ein weiterer Mechaniker ein. Der nun lose Reifen wird (von ihm) abgenommen. Anschließend rollt ein dritter Mechaniker den neuen Reifen blitzschnell in die richtige Position. Sobald die Nabe vom Mechaniker erreicht wird, wird der Reifen von ihm aufgesetzt.
b Mögliche Beschreibung der Arbeitsschritte 5 und 6 (Wörter für die Reihenfolge): Sobald jeder der vier Reifen aufsitzt, drehen die Mechaniker, die die Druckluft-Schlagschrauber bedienen, alle gleichzeitig die Radmuttern wieder fest. Danach werden beide Wagenheber blitzschnell heruntergelassen und der Rennwagen ist jetzt wieder startbereit.

6 Mögliche Einleitung: Damit die Aufgaben beim Boxenstopp reibungslos erledigt werden können, muss alles bereits vor Beginn des Rennens perfekt vorbereitet sein. Das Werkzeug wird überprüft und bereitgehalten. Anschließend nehmen alle Mechaniker auf ein Zeichen des Boxenchefs ihre Positionen ein. Über Kopfhörer sind die Mechaniker zu jedem Moment über den Verlauf des Rennens informiert, um nicht überrascht zu sein, wenn plötzlich das Signal ertönt und der Rennwagen einfährt. Die einzelnen Handgriffe hat das Mechanikerteam oft geübt, sodass ein schneller und reibungsloser Ablauf garantiert ist.

7 Mögliche Schluss-Varianten:
Teamarbeit: Ein sekundenschneller Reifenwechsel während eines Boxenstopps kann aber nur dann problemlos ablaufen, wenn alle Mechaniker ein absolut eingespieltes Team sind. Jeder muss sich voll und ganz darauf verlassen können, dass die anderen Teammitglieder mit ihren Werkzeugen und Reifen zur richtigen Zeit an der richtigen Stelle sind.
Gute Vorbereitung/Training: Für das gesamte Team ist intensives Training notwendig, um den Boxenstopp so schnell wie möglich abwickeln zu können. Jeder Handgriff beim Reifenwechsel wird in den Tagen vor dem Rennen immer wieder geübt, sodass die Mechaniker im Ernstfall nicht mehr über ihre Aufgabe nachdenken müssen.
Qualität des verwendeten Materials: Neben Teamarbeit und regelmäßigem Training müssen die Mechaniker während eines Boxenstopps natürlich auch auf hochwertige Materialien zurückgreifen können. Da es sich das Team nicht leisten kann, dass ein Gerät während des Boxenstopps des Rennautos versagt, verwenden sie nur die besten Werkzeuge und Ersatzteile.

8 A+8 – B+2 – C+9 – D+1 – E+7 – F+5 – G+3 – H+6 – I+4

●●●

Mögliche Vorgangsbeschreibung:

(Einleitung) Für ein Autorennen müssen Fahrer und Auto in den letzten Momenten vor dem Startsignal auf das Rennen vorbereitet werden.
(Hauptteil) Der Rennfahrer zieht zuerst seine feuerfeste Schutzkleidung an, die meist aus Stiefeln, Overall, Helm, Brille und Handschuhen besteht. Im Falle eines Unfalls kann sie ihm das Leben retten. Als Letztes setzt er den Helm auf. Anschließend kann er in sein Fahrzeug einsteigen, welches so eng ist, dass das Lenkrad erst montiert werden kann, wenn er bereits sitzt. Nun muss der Fahrer seinen Rennwagen auf die Extrembedingungen eines Rennens vorbereiten. Er startet mit seinem Wagen zu einer Einführungsrunde: Als Erstes führt er einen Kupplungscheck direkt am Ende der Boxengasse durch. Im Anschluss fährt er auf der Strecke Schlangenlinien, um die Reifen warmzuhalten und schließlich führt er einige Bremsungen aus, sodass auch das Bremssystem auf die richtige Temperatur für das Rennen gebracht wird. Wieder zurück an der Startlinie, konzentriert sich der Fahrer nun ganz auf das Rennen, das in wenigen Minuten beginnen wird. Mit Hilfe von mentalem Training kann er seinen Puls senken und so seine Nervosität unter Kontrolle bekommen.
(Schluss) Nun sind alle Vorbereitungen getroffen, der Fahrer wartet jetzt hoch konzentriert auf das Startsignal.

Schildern

Seite 26–27

1 Mögliche Sinneseindrücke: **Sehen:** gelbes und rotes Drachenboot mit großen Paddelmannschaften, hinten/am Heck jeweils ein stehender Steuermann, vorn/am Bug sitzt beim vorderen Boot eine Trommlerin, helles Ruderboot, schwimmende Kinder, Holzplattform mit Sprungturm und Sprungbrett, Seeufer mit Schilf und Bäumen, Junge beim Sprung in die Luft – **Hören:** Stimmengewirr, Kindergeschrei, Rufen, Wasserplatschen, Summen der Insekten, Trommeln der Bootsführer, Aufprall der Springer auf der Wasseroberfläche, Musik aus dem Gettoblaster, Gitarrengeklimper, Geschrei der Ballspieler am Ufer, Gekicher – **Schmecken/Riechen:** Sonnencreme, Pommes frites, Eis, Wassermelone, Wassergeruch – **Fühlen:** Hitze, Kälte des Wassers, Sonne auf der Haut, rutschige Holzplanken, Frösteln, Wippen des Sprungbretts

2 Mögliche Ergänzungen (was ausdrucksstark oder anschaulich ist, hängt davon ab, was dargestellt werden soll):
Verben: eintauchen, faulenzen, spritzen, genießen, dösen, hinunterstürzen, duften, in der Luft liegen
Adjektive und Partizipien: nass, feucht, tropfend, klamm, warm, heiß, stechend, ängstlich, jubelnd, plaudernd, trüb

3 A + c – B + a – C + b – D + d

4 Mögliche Schilderung von Gedanken und Gefühlen:
Mit der Sonne auf der Haut und dem Stimmengewirr im Ohr habe ich das Gefühl, dass alle Sorgen wie weggespült sind. Beim Blick auf das Treiben am Sprungturm frage ich mich, ob mir ein eleganter Sprung gelingen würde.

5 a + b Mögliche Textverbesserung (aussagekräftige Verben, anschauliche **Adjektive/Partizipien**):
Zwei **vollbesetzte** Drachenboote tragen ein Wettrennen auf dem **hochsommerlichen, flaschengrün schimmernden** See aus. Das **laute** Schlagen der Trommel treibt die Jugendlichen an, die in dem **langen, bunten** Boot sitzen. Sie stechen die Paddel regelmäßig ins **nur leicht gewellte, ruhig daliegende** Wasser. Das **harmonische, gleichmäßige** Schlagen der Paddel und der Trommel ergibt einen **beruhigenden** Rhythmus, einem klopfenden Herzen ähnlich.

6 Mögliche Schilderung der Situation am Badesee:

Im Hochsommer gehe ich gern an unseren Badesee. Am liebsten döse ich am Strand, genieße die Situation und lausche dem Treiben um mich herum. Im Sommer ist es meist sehr heiß, die Sonne sticht und die meisten haben sich mit Sonnenschutzcreme eingerieben. In der Luft liegen viele Gerüche: eher herbe, süßliche, ein Hauch von Kokos, irgendjemand duftet sogar nach Olivenöl. Auf der Wiese ist es eng, fast überfüllt, eine dicht gedrängte Menge von Kindern und Jugendlichen. Ringsum hört man Stimmen. Das Johlen der Jungen beim Fußballspielen, die Mädchen quietschen beim Beachvolleyball, Federbälle prallen mit einem Plopp auf die Netze der Schläger. Vom Wasser her hört man hin und wieder einen platschenden Aufprall auf der Wasserfläche, so laut, als wäre ein Luftballon geplatzt. Auf dem grünlich schimmernden See trainieren zwei Drachenboote für ein Wettrennen. Das laute Schlagen der Trommel treibt die Jugendlichen an, die im vollbesetzten Boot sitzen. Sie stechen die Paddel regelmäßig ins nur leicht gewellte, ruhig daliegende Wasser. Das harmonische, gleichmäßige Schlagen der Paddel und der Trommel ergibt einen beruhigenden Rhythmus, einem klopfenden Herzen ähnlich. Mit der Sonne auf der Haut und dem Stimmengewirr im Ohr habe ich das Gefühl, dass alle Sorgen wie weggespült sind. Beim Blick auf das Treiben am Sprungturm frage ich mich, ob mir ein eleganter Sprung gelingen würde. Aber ich bleibe lieber am Rand liegen und faulenze, die Füße im feuchten Sand. Meine Badekleidung ist noch klamm und kühlt mich in der Sommerhitze ab. Der Duft der Pommes-frites-Bude lockt mich an, langsam bekomme ich Appetit. Der Tag am See versetzt mich in eine unbeschwerte Stimmung.

7 Mögliche Schilderung der Situation am Badesee aus der Sicht des Jungen, der als Nächstes springen wird:

Ich stehe auf dem drei Meter hohen Sprungturm und mache mich bereit zum Sprung. Jan ist gerade vor mir ins Wasser gesprungen, er springt mit den Füßen zuerst. Es ist sehr heiß, die Sonne brennt mir auf den Rücken. Ich habe mich eingecremt, alle anderen auch, es riecht sehr parfümiert. Das mag ich nicht so gern, am liebsten habe ich nur den Geruch des Wassers in der Nase. Meine Badehose ist tropfnass und schwer vom Wasser, das sie aufgesogen hat. Ich bin schon einige Male vom Sprungturm gesprungen. Die feuchte Hose kühlt wie ein Ring aus Eisbeuteln, ich freue mich schon auf den kurzen Flug durch die Luft, auf das erneute Eintauchen in das grünliche, kühle Seewasser, auf das Versinken in der Stille unter Wasser. Fast fühle ich mich dann wie ein Fisch, der frei und leicht durchs Wasser gleitet. Ich rieche nichts mehr, da ich ja die Luft anhalte. Aus meiner Badehose lösen sich Luftblasen und treiben blinkend zur Wasseroberfläche, glitzernd wie Seifenblasen. Ich steige wieder hoch zur Helligkeit der Wasseroberfläche und höre den Rhythmus der Drachenboote, erst ganz leise, dann lauter und drängender, einem klopfenden Herzen ähnlich. Neben mir platschen weitere Springer ins Wasser. Ich tauche auf und bin wieder zurück in der Badewelt am See. Der Sprungturm lockt zu einem neuen Sprung. Ich bin glücklich und vergesse alles andere.

Informationen entnehmen und vergleichen

Seite 28

1 Richtig ist Antwort B.

Seite 30–31

2 a Mögliche Wiedergabe des Themas: Die Reportage stellt den Künstler Jason Polan vor, der seit 2008 das Ziel verfolgt, jeden Menschen in New York zu zeichnen.

b Möglicherweise schwer verständliche Wörter → Erklärungen: **Grand Central Station** (Z. 18) → Hauptbahnhof von New York City – **Michigan** (Z. 24) → Bundesstaat der USA – **Anthropologie** (Z. 25) → Wissenschaft vom Menschen und seiner Entwicklung – **Blog** (Z. 38) → Kurzform von Weblog, ein Tagebuch im Internet

3 a Folgende Textstellen könnten eventuell Probleme bereiten: „Jason Polan [...] zeichnet mit schnellen Strichen gegen das Scheitern an." (Z. 2) – „Die Christmas-Shopper rauschen rechts und links an ihm vorbei, die einen noch auf der Jagd, die anderen bringen ihre Trophäen aus den Designerläden in Sicherheit [...]." (Z. 2–4) – „[Er] kneift die Augen hinter seiner schmalen Brille zusammen, als müsse er das Rauschen um sich erst scharf stellen." (Z. 8 f.) – „Er sammelt kurze Momente des Innehaltens in dieser rastlosen Stadt." (Z. 19)

b A + b – B + a – C + b

4 a Mögliche Schlüsselwörter: Jason Polan, New York, Zeichenblock, den schwarzen Filzstift, Streifzüge durch New York, mehr als 16 000 Porträts, studiert Malerei und Anthropologie, Museum of Modern Art, 1503 Kunstwerke in seinen Blocks, Anfang 2008, künstlerischer Sammeleifer, Projekt „Every Person in New York", Blog im Internet, 8,2 Millionen New Yorker

b + c **Sinnabschnitt 1** (Z. 1–15): Jason Polan in den Straßen von New York – **Sinnabschnitt 2** (Z. 16–23): Jason Polans aktuelles Projekt – **Sinnabschnitt 3** (Z. 24–35): Biografie und Werdegang – **Sinnabschnitt 4** (Z. 36–54): Erste Erfolge – **Sinnabschnitt 5** (Z. 55–65): Jason Polans Projekt und Blog „Every Person in New York" – **Sinnabschnitt 6** (Z. 66–76): Noch 79 Jahre zeichnen

5 a Autor: David Klaubert; Textsorte: Reportage; Titel: Jason Polan – der scheue Menschensammler; Quelle: Frankfurter Allgemeine Zeitung; Erscheinungsdatum: 19. 12. 2011

b In der **Reportage „Jason Polan – der scheue Menschensammler"**, die am **19. 12. 2011** in der **Frankfurter Allgemeinen Zeitung** erschienen ist, berichtet der Autor **David Klaubert** über **den Künstler Jason Polan, der seit 2008 das Ziel verfolgt, jeden Menschen in New York zu zeichnen.**

6 Mögliche Zusammenfassung der Sinnabschnitte mit eigenen Worten:
1: Der Künstler Jason Polan aus New York skizziert Menschen, die auf der Straße kurz stehen bleiben.
2: Jason Polan zeichnet an Straßenecken, im Hauptbahnhof, in Zügen, U-Bahnen, dem MoMA oder im Fast-Food-Restaurant.
3: Jason Polan zeichnete schon als Kind. Er hat Malerei studiert, ist aber auch gelernter Buchhändler.
4: Sein erstes Projekt sind Zeichnungen der Ausstellungsstücke des MoMA. 1503 Bilder kopiert er und bindet daraus 200 Bücher, diese werden schließlich auch im MoMA verkauft. Er übt sich hartnäckig im Zeichnen.
5: Jason Polans zweites Projekt heißt „Every Person in New York". Er zeigt seine Zeichnungen auf einem Internet-Blog.
6: 2009 berichtet die New York Times über Jason Polan. Er hat bislang 16 000 Porträts und will weiterzeichnen.

Seite 32

7 a + b Möglicher Tipp an Nele: Schreibe sachlicher, streiche umgangssprachliche Wendungen und Vermutungen. Streichungen: Jason Polan ist ~~ein voll krasser Typ~~. Er ist Künstler und lebt in New York. Jeden Tag steht er da ~~allen Ernstes~~ am Straßenrand und zeichnet ~~in unglaublicher Geschwindigkeit~~ Passanten. Er ~~zeichnet~~ aber nicht alle Menschen, sondern

nur jene, die ~~irgendwie mal~~ kurz stehen bleiben, ~~um zum Beispiel ein extracooles Weihnachtsgeschenk anzuschauen oder so~~. Neben seinen ~~Kritzeleien~~ notiert Jason Polan ein Datum und ~~was drauf ist~~.

Mögliche Textverbesserung:

> Jason Polan ist ein ungewöhnlicher Künstler, der in New York lebt. Jeden Tag steht er am Straßenrand und zeichnet Passanten. Er skizziert aber nicht alle Menschen, sondern nur jene, die kurz innehalten. Neben seinen Werken notiert Jason Polan das Entstehungsdatum und eine kurze Beschreibung dessen, was die Zeichnung zeigt.

8 a Jason Polan ist ein scheuer Sammler, aber einer mit viel Geduld. Er hat schon mehrere hundert DIN-A5-Blöcke auf seinen Streifzügen durch New York gefüllt. Bevorzugt hält er sich zum Beispiel im Stadtteil Soho auf, in der Nähe des Hauptbahnhofs oder im „Museum of Modern Art" (MoMA). Mehr als 16 000 Porträts hat er bereits gezeichnet, aber er will eigentlich jeden Menschen in New York porträtieren.

b Mögliche Textverbesserung:

> Jason Polan ist sehr zurückhaltend und spricht niemanden an. Er hat schon hunderte Zeichenblöcke mit Skizzen von Fußgängern in New York gefüllt. Bevorzugt hält er sich zum Beispiel im Stadtteil Soho auf, auf dem Hauptbahnhof oder im „Museum of Modern Art" (MoMA). Jason Polans Sammlung umfasst bereits mehr als 16 000 Zeichnungen. Er hat es sich zum Ziel gesetzt, ein Porträt von jedem Menschen in New York zu zeichnen.

9 Mögliche Zusammenfassung:

> Aufgewachsen ist Jason Polan im Bundesstaat Michigan und schon als Kind hat er viel gemalt. Im Anschluss an sein Studium der Malerei arbeitet er in New York als Buchhändler, hofft aber auf eine Anstellung im MoMA. Ein erster künstlerischer Erfolg ist ein selbst gedrucktes Buch, in dem Jason Polan seine 1503 Zeichnungen sämtlicher Werke des MoMA veröffentlicht und welches schließlich auch im MoMA selbst als Andenken verkauft wird. Sein zweites großes Projekt trägt den Titel „Every Person in New York". Dafür zeichnet er Passanten auf den Straßen New Yorks und veröffentlicht diese Skizzen anschließend im Internet auf seinem Blog. 2009 hat sogar die Zeitung „New York Times" über Jason Polans Kunstprojekt berichtet und errechnet, dass er noch 79 Jahre lang weiterzeichnen muss, um alle New Yorker abzubilden. Bislang umfasst Jason Polans Sammlung schon 16 000 Porträts, aber er will nicht aufgeben und weiterzeichnen.

10 a Du kannst das Thema gleichermaßen für interessant oder belanglos halten. Du solltest jedoch umkreist haben, dass der Text **kurzweilig und gut lesbar** ist und eine **anschauliche und lebendige Beschreibung** liefert.

b Möglicher Schluss:

> Die Reportage von David Klaubert stellt anschaulich die ungewöhnliche Lebensaufgabe dar, die sich der Künstler Jason Polan gestellt hat. Das Foto, das ihn bei der Arbeit in Soho zeigt, und einige Zitate geben dem Leser ein lebendiges Bild von diesem besonderen Künstler.

11 ●●● Mit der Aussage „Gescheitert [...] bin ich nur, wenn ich aufhöre" (Z. 76) formuliert der Künstler Jason Polan eindringlich, wie wichtig es ist, auch bei Schwierigkeiten nicht aufzugeben. Jason Polan weiß, dass er sein Kunstprojekt „Every Person in New York" niemals abschließen kann, aber ihm ist sein Tun wichtig, nicht das Ziel.

Seite 33

1 a Aus dem Diagramm lässt sich ablesen, wie viele Millionen Touristen die jeweilige Sehenswürdigkeit durchschnittlich in einem Jahr besuchen.

b Den Times Square besuchen 35 Millionen Touristen, die Freiheitsstatue nur 4,24 Millionen. 35 Millionen minus 4,24 Millionen ergibt 30,76 Millionen. Der Times Square hat also 30,76 Millionen mehr Besucher pro Jahr als die Freiheitsstatue.

2 Richtig ist Antwort C.

3 In der Reportage werden ebenso wie in der Grafik der Stadtteil Soho, das Museum of Modern Art (MoMA) und die Grand Central Station erwähnt.

4 ●●● Neben den über acht Millionen Einwohnern besuchen jährlich viele Millionen Touristen die Stadt New York. Einige der weltweit beliebtesten Sehenswürdigkeiten liegen genau dort, wo Jason Polan sich für sein Kunstprojekt aufhält. Er zeichnet wahrscheinlich Einheimische, aber auch Touristen. Andere New Yorker kommen dort vielleicht nie vorbei. Jason Polan kann deshalb niemals mit seinem Projekt fertig werden.

Eine Kurzgeschichte zusammenfassen und deuten

Seite 35–36

2 Möglicher Leseeindruck: Die Geschichte ist spannend, da man erst am Ende wirklich versteht, worum es geht.

3 **Wer?** eine Frau, ein alter Mann; **Wo?** alter Mann = 2. Etage; Kind = Haus gegenüber, 3. Etage; Frau = 2. Etage, unter Kind

4 Mögliche Erwartungen: Die Überschrift „Das Fenster-Theater" lässt eine Theatervorführung erwarten. – „Fenster-Theater" erinnert ein bisschen an „Kasperletheater".

5 Antwort D gibt das Thema der Kurzgeschichte treffend wieder.

6 a + b Mögliche Zusammenfassung der Handlungsschritte:

Handlungsschritt 1 (Z. 1–9): Einsame Frau abends am Fenster
Frau beobachtet an einem Fenster im Haus gegenüber alten Mann; vermutet, dass er Kontakt zu ihr aufnehmen möchte

Handlungsschritt 2 (Z. 9–45): Seltsame Vorstellung
alter Mann führt Kunststückchen vor; Frau ist zunehmend verwundert und ruft Polizei

Handlungsschritt 3 (Z. 45–57): Polizei rückt an
Polizei kommt näher; Mann setzt Vorführung fort

Handlungsschritt 4 (Z. 58–86): Polizisten dringen in Wohnung ein
Polizei trifft ein; Frau rennt auf die Straße; Menschenmenge versammelt sich und folgt den Polizeibeamten ins Haus, Polizisten brechen Tür der Wohnung auf; dringen ein, alter Mann ist schwerhörig und bemerkt nichts; Frau sieht ihr eigenes schwarzes Fenster gegenüber

Handlungsschritt 5 (Z. 87–98): Auflösung der Situation
Wendepunkt durch Sicht aus dem Fenster des alten Mannes; er hat für ein Kind gegenüber gespielt

7 Möglicher Einleitungssatz:
In der Kurzgeschichte **„Das Fenster-Theater"** beschreibt die Autorin **Ilse Aichinger**, wie eine Frau **die ungewöhnlichen Gesten eines alten Mannes missversteht.** Erst am Ende der Geschichte stellt sich heraus, dass **die lustige Theatervorstellung des Mannes einem kleinen Jungen gilt.**

Seite 37

8 Mögliche Verwendung der Verknüpfungen oder Satzanfänge:

A **Zu Beginn der Kurzgeschichte** beobachtet die Frau am gegenüberliegenden Fenster einen Mann, **denn** er fällt ihr durch seine Verkleidung und seltsame Gesten auf.
B **Anfangs** vermutet sie, dass er Kontakt zu ihr aufnehmen möchte.
C **Da** sie das Verhalten des alten Mannes zunehmend sonderbar findet, ruft sie die Polizei herbei.
D Mit vielen anderen folgt die Frau **anschließend** den Polizeibeamten zur Wohnungstüre des Mannes, die **schließlich** gewaltsam aufgebrochen wird.
E Der Alte bemerkt den Polizeieinsatz nicht, **weil** er schwerhörig ist.
F **Nun** müssen die Eindringlinge erkennen, dass der Mann für einen kleinen Jungen Theater gespielt hat.
G **Obwohl** dieser mit seiner Familie schon vor einer Woche in das Stockwerk über der Frau eingezogen ist, hat sie dies nicht bemerkt.

9 Mögliche Wiedergabe mit eigenen Worten:
Als der alte Mann zu der Frau herübernickt, ist sie nicht sicher, ob **er sie meint**. Sie geht davon aus, dass **sie allein im Haus ist**.

10 Mögliche Inhaltsangabe:

(Einleitung) In der Kurzgeschichte „Das Fenster-Theater" beschreibt die Autorin Ilse Aichinger, wie eine Frau die ungewöhnlichen Gesten eines alten Mannes missversteht. Erst am Ende der Geschichte stellt sich heraus, dass die lustige Theatervorstellung des Mannes einem kleinen Jungen gilt.
(Hauptteil) Zu Beginn der Kurzgeschichte beobachtet die Frau am gegenüberliegenden Fenster einen Mann, der ihr durch seine Verkleidung und seltsame Gesten auffällt. Anfangs vermutet sie, dass er Kontakt zu ihr aufnehmen möchte. Da sie das Verhalten des alten Mannes zunehmend sonderbar findet, ruft sie die Polizei herbei. Während die Polizei näher kommt, setzt der alte Mann seine Vorstellung fort. Als sie schließlich eintrifft, folgt die Frau, aber auch eine neugierige Menschenmenge den Polizeibeamten ins Haus bis zur Wohnungstüre des Mannes. Die Tür wird schließlich von der Polizei gewaltsam aufgebrochen. Der Alte bemerkt den Polizeieinsatz nicht, weil er schwerhörig ist. Nun erst erkennen die Eindringlinge, dass der Mann für einen kleinen Jungen im Haus gegenüber Theater gespielt hat. Dieser scheint allein zu sein und der alte Mann hat ihn unterhalten. Obwohl der kleine Junge mit seiner Familie schon vor einer Woche in das Stockwerk über der Frau eingezogen ist, hat sie das nicht bemerkt.

Seite 38–39

1 a + b Mögliche Zitate:

	Frau	alter Mann
Kleidung	–	Hut, Mantel (Z. 24); weißes Tuch (Z. 25 f.); großen, bunten Schal (Z. 31–32); dünnen, geflickte Samthosen (Z. 41); in ein Leintuch gehüllt (Z. 45); Teppich ... um die Schultern (Z. 81–83)
Verhalten/ Eigenschaften	lehnte am Fenster und sah hinüber (Z. 1); starrer Blick neugieriger Leute (Z. 3–4); unersättlich (Z. 4); blieb am Fenster (Z. 16); bewegte leicht den Kopf (Z. 20); trat ... zurück (Z. 29); hatte sie schon die Polizei verständigt (Z. 43–44); ihre Erklärung hatte nicht sehr klar und ihre Stimme erregt geklungen (Z. 49–51); sich von seinem Anblick loszureißen (Z. 56–57); schlich hinter ihnen her (Z. 75–76); und die Frau über ihn hinweg in ihr eigenes finsteres Fenster sah (Z. 85–86)	Licht angedreht (Z. 11); öffnete und nickte (Z. 17); griff an die Stirn, entdeckte, dass er keinen Hut aufhatte, und verschwand (Z. 21–23); zog den Hut und lächelte (Z. 25); begann zu winken (Z. 26); hing über die Brüstung (Z. 27 f.); ließ das Tuch fallen, löste seinen Schal (Z. 30 f.); aus dem Fenster wehen (Z. 32); lächelte (Z. 33); warf er den Hut mit einer heftigen Bewegung (Z. 34–35); wand den Schal wie einen Turban (Z. 35–36); kreuzte er die Arme über der Brust und verneigte sich (Z. 36–37); kniff er das linke Auge zu (Z. 38); Er stand auf dem Kopf (Z. 42); lachte (Z. 51); streifte dann mit einer vagen Gebärde darüber (Z. 52–53); schien das Lachen eine Sekunde lang in der hohlen Hand zu halten und warf es dann hinüber (Z. 53–55); als bedeutete er jemandem, dass er schlafen wolle (Z. 80–81); schwerhörig (Z. 83)
Situation	lehnte am Fenster (Z. 1); wohnte sie im vorletzten Stock (Z. 6–7); Wohnung über ihr stand leer (Z. 18); unterhalb lag eine Werkstatt, die um diese Zeit schon geschlossen war (Z. 19–20)	der Alte gegenüber (Z. 10–11)

2 a + b Mögliche Deutungsansätze:

A ... (Z. 1)	kurzer Satz, sachlich	Frau = passiv („lehnte") und abwartend
B ... (Z. 4–6)	sachliche Darstellung eines ungeheuerlichen Vorgangs	Zuspitzung: Frau = kalt und sehr neugierig
C ... (Z. 24–26)	viele abwechslungsreiche Verben	Mann = sehr lebendig und kontaktfreudig
D ... (Z. 81–83)	genaue Beschreibung	Mann = frei und fantasievoll

3 Möglicher Text zum weiterführenden Arbeitsauftrag:

In der Kurzgeschichte „Das Fenster-Theater" von Ilse Aichinger geht es um zwei Figuren, die sich offensichtlich in einer ähnlichen Lebenssituation befinden. Sie wohnen beide auf der vorletzten Etage eines dreistöckigen Hauses (vgl. Z. 6–7, 18–20) und der Leser bekommt den Eindruck, dass beide alleinstehend sind.
Ein Name wird für keine der beiden Figuren genannt. Einige Informationen über Aussehen und Verhalten lassen dennoch ein Bild von der Frau und auch dem alten Mann entstehen, sie wirken sehr gegensätzlich. So ist im Text z. B. davon die Rede, dass die Frau einen starren Blick hat (vgl. Z. 3). Sie wird in kurzen, sehr sachlich wirkenden Sätzen als wenig aktive Person beschrieben: „Die Frau lehnte am Fenster" (Z. 1), die aber übertrieben neugierig ist. Insbesondere der Satz „Es hatte ihr noch niemand den Gefallen getan, vor ihrem Haus niedergefahren zu werden" (Z. 4–6) lässt darauf schließen, wie groß ihre Sensationsgier ist. Als in ihren Augen dann doch endlich etwas „passiert", handelt sie voreilig und reagiert übertrieben und unangemessen (vgl. Z. 43–44).
Im Gegensatz zu der Frau wird das Äußere des Mannes bunt und lebendig gezeigt (vgl. Z. 24–42). Ähnlich munter und spielerisch wirkt sein Verhalten, das von der Autorin z. B. durch die Verwendung vieler Verben und genauer Beschreibungen veranschaulicht wird (vgl. Z. 24–26). Obwohl der Mann schwerhörig ist (Z. 83), ist er aktiv und kommuniziert mit Hilfe von Verkleidungen und Gesten mit einem kleinen Jungen im gegenüberliegenden Haus.
Obgleich also die äußere Situation der beiden Hauptfiguren vergleichbar ist, sind sie völlig unterschiedliche Menschen: Die Frau wirkt insgesamt eher einsam und in sich gekehrt, der alte Mann fröhlich, unbeschwert und kontaktfreudig.

4 ●●● a–c Mögliche Lösung:

A Licht: **alter Mann**	
der Alte gegenüber Licht angedreht hatte (Z. 10–11)	freundlich, offen

Da es noch ganz hell war, [...] Als hätte einer an seinen Fenstern die Kerzen angesteckt [...] (Z. 11–15)	Licht wirkt zauberhaft, ein wenig unwirklich, im Zusammenhang mit der „Prozession" (Z. 15) als Zeichen der Hoffnung
dem gedämpften Licht der Stadt (Z. 48)	vor dem gedämpften Hintergrund des Stadtlichts wirkt das helle Fenster des alten Mannes umso strahlender
es war inzwischen finster geworden [...] den Lichtschein am Ende des schmalen Ganges (Z. 72–75)	Wiederholung: alter Mann ist das Licht im Dunkel der Umgebung (im christlichen Sinne = Zeichen der Hoffnung)

B Dunkelheit: **Frau**	
ihr eigenes finsteres Fenster (Z. 85–86)	keine Kontakte, allein, freudlos

5 Möglicher Text zum weiterführenden Arbeitsauftrag:

Der gezielte Einsatz des Leitmotivs „Licht" unterstreicht die Darstellung der beiden Hauptfiguren. Licht zeigt sich vorwiegend im hell erleuchteten Fenster des alten Mannes, das im Dunkel der hereinbrechenden Nacht besonders freundlich wirkt (Z. 10 f.). Das Licht wird in bildhafter Sprache beschrieben, zum Beispiel, es „machte den merkwürdigen Eindruck, den aufflammende Straßenlaternen in der Sonne machen" (Z. 12–14) oder „als hätte einer in seinen Fenstern die Kerzen angesteckt, noch ehe die Prozession die Kirche verlassen hat" (Z. 14–16). Diese Darstellung des Lichts setzt den alten Mann in einen hellen Schein, was seine Lebendigkeit noch unterstreicht. Fast könnte man davon sprechen, dass er als ein Zeichen der Hoffnung im Dunkel erscheint. Diesem Licht wird Dunkelheit als Gegensatz gegenübergestellt, sie ist mit der Frau verbunden. So allein und freudlos sie wirkt, so dunkel ist auch ihr Fenster (vgl. Z. 85–86). Abschließend kann man sagen, dass das Leitmotiv „Licht" dazu beiträgt, den Gegensatz zwischen den Figuren der Frau und des alten Mannes aufzubauen und zu unterstreichen.

6 a–c Möglicher Text zum weiterführenden Arbeitsauftrag:

Die Geschichte ist sehr kurz und sie zeigt eine wichtige Episode aus dem Alltagsleben mehrerer Menschen. Die Zeitspanne, in der das dargestellte Geschehen sich abspielt, könnte etwa zwei bis drei Stunden umfassen. Auslöser ist ein ganz **alltägliches Geschehen**, denn es schaut nur eine Frau aus ihrem Fenster. Nur weil sie das Gesehene falsch auffasst, entwickelt sich überhaupt eine Geschichte aus diesem Moment. Ihr Missverständnis mündet in einen Polizeieinsatz, der jedoch in Wahrheit völlig gegenstandslos ist. Der Leser oder die Leserin **steigt unmittelbar ins Geschehen ein**: „Die Frau lehnte am Fenster und sah hinüber" (Z. 1). Figuren werden nicht vorgestellt, Ort und Zeit nicht ausgeführt. Man steht sofort mitten in der Handlung. Die Handlung läuft zielstrebig auf einen **Höhe- oder Wendepunkt** zu, der erst in den letzten vier Sätzen der Kurzgeschichte dargestellt wird. Erst ganz am Schluss erfährt man, dass der alte Mann für Publikum spielt. Mit seiner Theateraufführung verfolgt er die menschenfreundliche Absicht, einen kleinen Jungen zum Schlafen zu bringen (vgl. Z. 89–96). Der **Schluss** der Kurzgeschichte **bleibt offen**. Man erfährt nicht, was der alte Mann zum Polizeieinsatz sagt, ob die Frau sich ihm gegenüber offenbart oder ob das Kind nun einschläft. Der Leser, die Leserin bleibt mit vielen Überlegungen zum Geschehen zurück und kann selbst eine Deutung finden. Sprachlich ist die Kurzgeschichte in einem meist **einfachen Satzbau** gehalten (vgl. z. B. Z. 1–6). Teils finden sich auch **alltagsprachliche Wendungen**, zum Beispiel „Es hatte ihr noch niemand den Gefallen getan" (Z. 4–6). Zusammenfassend lässt sich sagen, dass der vorliegende Text alle Merkmale einer Kurzgeschichte umfasst.

Ein Gedicht untersuchen und vortragen

Seite 41

2 Die Wirkung des Gedichts kann auf unterschiedliche Weise beschrieben werden. Passende Adjektive sind z. B. „gefühlvoll" und „ruhig", möglich sind aber auch „geheimnisvoll" oder „schwärmerisch".

3 a Die Aussagen B und C treffen zu.
b Mögliche Begründung:

Das Gedicht beschreibt eine Szene/Situation und die damit verbundenen Gefühle, Gedanken und Eindrücke. Die dargestellte Szene ist die Stadt Berlin bei Nacht. Das lyrische Ich beschreibt die Eindrücke, die die endlosen Häuserreihen, das schwindende Licht und die verebbende Unruhe auf es machen. Die Stimmung bekommt durch bestimmte sprachliche Ausdrücke („mystisch" V. 6, „Lichtgefunkel" V. 7, „heilig" V. 12, „Schicksal" V. 12) auch etwas Feierliches. Das lyrische Ich verbindet mit diesen Eindrücken ein sehr positives Gefühl: Es „liebt" (V. 1) das nächtliche Berlin.

4 Mögliche Zusammenfassung des Themas mit eigenen Worten:
In dem Gedicht „Berlin“ von Christian Morgenstern geht es um die Großstadt Berlin. Der Sprecher des Gedichts erklärt, warum er diese Stadt besonders bei Nacht so liebt.

5 a In der ersten Strophe spricht der Sprecher/das lyrische Ich die Stadt Berlin direkt an.
In der zweiten und dritten Strophe spricht der Sprecher/das lyrische Ich nicht mehr ausdrücklich, auch gibt es keine direkten Anreden mehr. Dennoch ist es sicher derselbe Sprecher, der die nächtliche Stadt beschreibt.
b Mögliche Beobachtungen in der Grafik:

Sprecher im Gedicht: →	Art der Beziehung/Anrede:	→ Adressat im Gedicht:
das lyrische Ich ist jemand, der in Berlin ist/lebt und die Stadt gut kennt Textbelege: „Ich“ nur V. 1	eine Liebeserklärung	die (nächtliche) Stadt Berlin Textbelege: Titel; Pronomen „dich“ V. 1, „dein(e)“ in V. 2, 3 und 4

Seite 42–43

6 a Das Gedicht besteht aus drei Strophen mit je vier Versen.
b

	1. Strophe	2. Strophe	3. Strophe
Inhalt	Nachts bekommt Berlin etwas Verschwommenes, Weiches und Menschliches. Das lyrische Ich empfindet die Stadt in diesem Zustand als liebenswert.	Die Dunkelheit bei gleichzeitiger Beleuchtung der Häuser stiftet eine geheimnisvolle, aber friedliche und ruhige Stimmung in der Stadt.	Mit dem Ausgehen der letzten Lichter kommt die Stadt endgültig zur Ruhe. Der Gedanke an die Schicksale der Menschen, die dort jetzt schlafen, erzeugt eine feierliche Stimmung.
Reimform	umarmender Reim	Kreuzreim	Kreuzreim
Metrum	5-hebiger Jambus	5-hebiger Jambus	5-hebiger Jambus

7 a Mögliche Darstellung der Ergebnisse (hier ausformuliert):

Die erste Strophe des Gedichts hat einen umarmenden Reim, die beiden folgenden Strophen weisen einen Kreuzreim auf. Auch inhaltlich unterscheidet sie sich von den anderen Strophen, weil das lyrische Ich und der Adressat, die Stadt Berlin, nur hier genannt werden. Die erste Strophe wirkt dadurch besonders gefühlvoll und persönlich. In der zweiten und dritten Strophe wirken die Beschreibungen sachlicher. Eine Verbindung zwischen allen Strophen stellt das einheitliche und ganz gleichmäßige Metrum her, ein fünfhebiger Jambus. So entspricht der Rhythmus des Gedichtes von Anfang an und durchgängig der „Einheit“ (V. 8) und Ruhe (vgl. V. 11), die in der zweiten und dritten Strophe benannt werden.

b Mögliche Hinweise: Die Unterschiede zwischen den Strophen können in einem Gedichtvortrag zum Beispiel dadurch deutlich werden, dass die erste Strophe etwas lebhafter und besonders gefühlvoll vorgetragen wird. Mimik und Gestik könnten den Eindruck, dass jemand angesprochen wird, dadurch unterstützen, dass man eine bestimmte Stelle im Raum anguckt und anspricht, an der man sich die Stadt vorstellt. Der Titel sollte als Anrede eng mit dem ersten Vers verbunden werden (keine große Pause). Vgl. auch die Randnotizen unten zu Aufgabe 10.

8 a **Merkmale der Stadt bei Nacht:** Verschwommenes (V. 2) – lebendig (V. 4) – rätselvoll (V. 5) – mystisch (V. 6) – Einheit (V. 8)
Merkmale der Stadt am Tag: (klare) Linien (V. 2) – Gestein (V. 4) – wüst (V. 5) – Vielheit (V. 8) – ungestümes Treiben (V. 11)
b Mögliche Antwort: Das lyrische Ich mag die Stadt bei Nacht viel lieber als bei Tag.
[Mögliche genauere Erklärung: Was am Tag „wüst“ (V. 5) wirkt, erscheint in der Dunkelheit weniger beängstigend, wenn die Häuserreihe im Licht funkelt (vgl. V. 5–7). Die Realität des Tages geht in der Nacht in einen Traum über (vgl. V. 12) und wird so „gebändigt“ (V. 11) und „heilig“ (V. 12). Erst die Nacht erhebt die Stadt zu einem Bild ruhigen Friedens: „und Einheit ahnt, was sonst nur Vielheit sah“ (V. 8).]
c Vgl. die Markierungen im Text zu Aufgabe 10 a–c auf S. 17 der Lösungen.

9 a + b Die **Häuserreihen** werden verglichen mit **„Seelenburgen“ (V. 6).** Das Besondere des Vergleichsworts ist, dass es sich um eine **Wortneuschöpfung** (Neologismus) handelt. Mit diesem Vergleich könnte gemeint sein, dass **die Häuser nachts wie Schutzmauern für die Seelen der Menschen sind, oder auch, dass die Mauern durch die Lichtreflexe selbst wie „beseelt“, also lebendig (vgl. V. 4) wirken**.
c Treffend ist Aussage C.
d Mögliche Erklärung der Personifikationen:

Das Mittel der Personifikation spielt in dem Gedicht „Berlin“ eine besonders wichtige Rolle. Zunächst einmal wird die Stadt Berlin als Ganzes personifiziert, indem sie in der ersten Strophe direkt angesprochen wird (vgl. V. 1, 3, 4). Wie einem Menschen wird ihr ein Gefühl, nämlich Liebe, entgegengebracht. Das Licht der Nacht lässt die Steine selbst lebendig werden (vgl. V. 4). In der zweiten und dritten Strophe werden die Häuserreihen personifiziert, indem sie mit den Menschen darin gleichgesetzt werden.

10 a–c **Berlin (1906)**

	Reimform	**Hinweise für den Vortrag**
Ich liebe dich bei Nebel und bei Nacht,	a	etwas lebhafter, eindringlich, wie an eine
wenn deine Linien ineinanderschwimmen, –	b	Person gerichtet, mimisch unterstützt
zumal bei Nacht, wenn deine Fenster glimmen	b	
und Menschheit dein Gestein | lebendig macht.	a	
Was wüst am Tag, wird rätselvoll im Dunkel;	c	etwas ruhiger, neutraler
wie Seelenburgen | stehn sie | mystisch | da,	d	
die Häuserreihn, mit ihrem Lichtgefunkel; |	c	
und Einheit ahnt, wer sonst nur Vielheit sah.	d	
Der letzte Glanz erlischt in blinden Scheiben; |	e	bedächtig, verlangsamt ←, leiser ▶
in seine Schachteln liegt ein Spiel geräumt; |	f	
gebändigt ruht ein ungestümes Treiben,	e	
und heilig wird, was so voll Schicksal träumt.	f	die letzten Worte mit Nachdruck

Eine Dramenszene untersuchen

Seite 45

2 a Mögliche Markierungen: in der mittelalterlichen Stadt Verona (Z. 1–2) – adlige Familien, die Montagues und die Capulets, seit Generationen verfeindet (Z. 3–4) – Fürst von Verona, Prinz Escalus, verlangt unter Androhung der Todesstrafe, dass die Familien Frieden halten (Z. 10–12) – Romeo (Z. 13) – seinen Cousin Benvolio (Z. 13) – Romeo ist zu diesem Zeitpunkt unglücklich in Capulets Nichte Rosaline verliebt. (Z. 13–15)

b Mögliche Zusammenfassungen: A Das Drama spielt im 16. Jahrhundert in der Stadt Verona in Italien. – B Die beiden Familien sind seit Generationen verfeindet. Auf Anordnung des Fürsten müssen sie nun Frieden halten, anderenfalls droht ihnen die Todesstrafe. – C Auf einer Straße trifft Capulet, Julias Vater, auf den Grafen Paris, einen Verwandten des Prinzen Escalus. Capulet sendet einen Diener aus, auf den Romeo und Benvolio treffen.

Seite 46

3 a + b 1 Z. 1–32: Capulet, Paris → Paris hält bei Capulet um Julias Hand an; Capulet lädt Paris auf sein Fest ein, um Julia kennen zu lernen – 2 Z. 33–38: Capulet, Diener → Capulet beauftragt den Diener, mit einer Gästeliste Einladungen zu verteilen – 3 Z. 39–43: Diener → Diener kann nicht lesen – 4 Z. 44–52: Romeo, Benvolio → Benvolio versucht, den unglücklich verliebten Romeo zu trösten – 5 Z. 53–76: Romeo, Benvolio, Diener → Romeo liest dem Diener die Gästeliste vor; erfährt, dass auch Rosaline eingeladen ist – 6 Z. 78–92: Romeo, Benvolio → Benvolio schlägt Romeo vor, ihn auf das Fest zu begleiten, sodass Romeo erkennen kann, dass es noch andere schöne Mädchen gibt. Romeo willigt ein, da er Rosaline bewundern will.

4 a + b Mögliche Informationen über Capulet und Paris:
Capulet ist das Oberhaupt der Familie Capulet und schon lange mit Montague zerstritten, obwohl beide einen „guten Ruf" haben (Z. 4–8). Er ist Vater der vierzehnjährigen Julia, die er seine „einzige Hoffnung" nennt (Z. 15, 21), da er schon ein alter Mann (Z. 6) ist. **Paris** ist ein Verwandter des Fürsten von Verona, Prinz Escalus, und er möchte Julia gern heiraten (Z. 12).

c Gesprächsverlauf: **Paris' Absicht:** will Julia heiraten → **Capulets Einwand:** Julia ist erst 14 Jahre alt und für eine Heirat noch zu jung → **Paris' Argument:** schon jüngere Mädchen als Julia wurden verheiratet und wurden Mütter → **Capulets Kompromiss:** Einladung zum Ball, Julia soll Paris kennen lernen und sie soll dann über eine Heirat entscheiden

Seite 47

5 a Romeo Montague und Benvolio sind Cousins und gut befreundet. Benvolio möchte dem unglücklich verliebten Romeo helfen, seinen Liebeskummer zu überwinden.

b Mögliche Zusammenfassung: Nachdem Romeo und Benvolio von Capulets Diener erfahren haben, dass Capulet an diesem Abend ein Fest veranstaltet, überredet Benvolio Romeo, auch dorthin zu gehen. Benvolio hofft, dass Romeo beim Fest andere schöne Frauen sieht und dass er dadurch vielleicht seine unglückliche Liebe zu Rosaline überwindet.

6 Möglicher Rollenmonolog für Romeo:

Benvolio meint, dass ich auf Capulets Fest andere schöne Frauen kennen lernen werde, die mich von Rosaline ablenken werden, aber das glaube ich nicht. Ich freue mich sehr darauf, dort endlich eine Gelegenheit zu haben, Rosaline wiederzusehen. Ich frage mich, ob Rosaline vielleicht heute Abend meine Liebe erwidern wird.

7 Möglichkeiten für den zentralen Konflikt:
Variante 1: Romeo und Julia gehören Familien an, die seit Generationen verfeindet sind. Ein Kennenlernen auf dem Fest könnte dazu führen, dass Romeo und Julia sich ineinander verlieben. Das jedoch würde vermutlich zu Problemen mit Graf Paris führen, der auf dem Fest auch um Julia werben möchte.
Variante 2: Romeo und Julia treffen auf dem Fest der Capulets aufeinander. Julia erkennt Romeo gleich als Mitglied der verfeindeten Familie Montague und verrät ihn. Romeo und Benvolio werden hinausgeworfen und bekommen großen Ärger, weil sie sich verbotenerweise auf das Fest geschlichen haben.
Variante 3: Romeo und Julia treffen sich auf dem Fest der Capulets, tanzen miteinander und verlieben sich sofort. Aber Graf Paris gibt nicht einfach auf. Er wirbt weiter um Julia und fordert Romeo zu einem Duell auf Leben und Tod heraus.

8 Möglicher Rollenmonolog für Julia:

Mein Vater sagt, dass ich auf dem Fest den Grafen Paris kennen lernen soll. Paris ist ein Verwandter des Prinzen Escalus und möchte um meine Hand anhalten. Ich weiß nicht, was ich davon halten soll. Schließlich bin ich doch erst 14 Jahre alt und möchte noch etwas warten, bis ich über eine Heirat nachdenke. Außerdem ist Paris alt.

Was kannst du schon? – Grammatik

Seite 48–49

1 a Verben, Adverbien, *Pronomen*: — 10 Punkte
Neulich vergaß Tim *sein* Handy im Bus. *Es* war neu und *er* bedauerte *diesen* Verlust deshalb sehr.
b **Personalpronomen:** es, er – **Possessivpronomen:** sein – **Demonstrativpronomen:** diesen — 4 Punkte

2 a 1 = Präsens – 2 = Futur – 3 = Plusquamperfekt – 4 = Präteritum – 5 = Präsens – 6 = Perfekt — 6 Punkte
b In Satz C steht ein Verb im Konjunktiv („einlade"). — 1 Punkt
c Mögliche Umformungen ins Passiv: — 1 Punkt
Es wurde (von ihr/Julia) hinzugefügt: „Dein Handy wurde (von mir) im Bus gefunden."
Sie fügte hinzu: „Dein Handy wurde (von mir) im Bus gefunden."

3 Eine besonders kuriose Reise machte jahrelang ein goldener Ring. — 1 Punkt

4 A 2, 1, 5, 3 – B 5, 1, 2, 3, 5, 5, 5, 1 – C 2, 1, 5, 5, 1 — 17 Punkte

5 a–c (je 5 Punkte, 1 Punkt für die Apposition) — 11 Punkte

Nach drei Jahren | fand | ihr überraschter Ehemann | das verlorene Schmuckstück | in einer Kartoffel wieder.

Die Freude über den Ring, | eine Goldschmiedearbeit der Tochter, | war | riesengroß. (Apposition)

Keiner | hatte | jetzt noch | mit dem Fund des Ringes | gerechnet.

6 Die Sätze A, C und D sind Satzreihen, die Sätze B und E sind Satzgefüge. — 5 Punkte

7 a–c A Mitte Mai 2013 wurde in der Darmstädter Liebigstraße ein Brief abgegeben, der 1951 in Karlsruhe losgeschickt worden war und zwischendurch irgendwie in die USA gelangt sein musste. = Relativsatz B Obwohl der Brief in einer Plastikhülle mit einer freundlichen Entschuldigung in englischer Sprache steckte, war die deutsche Adresse gut lesbar. = Konzessivsatz C Allerdings musste der Postbote den Brief wieder mitnehmen, weil niemand von den heutigen Mietern schon im Jahre 1951 dort gewohnt hatte. = Kausalsatz D Wenn sich Sender und Empfänger zunächst nicht ermitteln lassen, landet die Sendung für ein Jahr in einem Servicecenter Briefermittlung und wird dann vernichtet. = Konditionalsatz — (je 4 Punkte) 12 Punkte

Wiederholung: Mit Verben Zeitformen bilden

Seite 50

1 a + b A bestand = Präteritum – B erwuchsen = Präteritum – C geben (...) wieder = Präsens (Aussage gilt immer) – D hatte (...) gehalten = Plusquamperfekt – E erwiesen = Präteritum – F haben (...) geachtet = Perfekt (in wörtlicher Rede); erklärt = Präsens – G überliefert = Präsens; wird (...) sein = Futur

2 Möglicher Informationstext: Nachdem Galileo Galilei 1592 das Thermometer erfunden hatte, entwickelte sein Schüler Evangelista Torricelli das erste Barometer. 1901 stiegen zwei Meteorologen mit ihrem Wetterballon in fast elf Kilometer Höhe auf. 1960 startete die erste Fernsehkamera mit dem Satelliten TIROS in die Erdumlaufbahn.

Das Verb – Der Konjunktiv

Seite 51

1 a (...) Unser Leben könnte (...) ablaufen. Wir kämen (...) Im Altersheim ginge es uns (...) besser, wir verlören (...) und würden uns körperlich erholen. Sobald (...) verschwände, würden (...) verlassen.
b würden (...) erholen → statt: erholten – würden (...) verlassen → statt: verließen
Die würde-Ersatzform wurde gewählt, weil der Konjunktiv II hier nicht vom Indikativ Präteritum zu unterscheiden ist.

2 stünden – wäre – begänne – nähmen – gäben – gefiele – erhieltest – fändest

Seite 52

1 Wenn ich als Hobbit in Mittelerde unterwegs **wäre**, **bezwänge** ich den Drachen Smaug mühelos. (oder: würde ... bezwingen) – Wenn ich einen Tag in Hogwarts **verbrächte** (oder: würde ich ... verbringen), **gewänne** ich auf Anhieb ein Quidditchspiel. (oder: würde ich ... gewinnen) – **Müsste** ich an den Hungerspielen von Panem teilnehmen (oder: würde ich ... teilnehmen müssen), **flöhe** ich aus der Arena. (oder: würde ich ... fliehen)

2 a–c reale Bedingungsgefüge, irreale Bedingungsgefüge, Verbformen im Konjunktiv II, würde-Ersatzformen:
Wer von euch kennt das nicht? Wenn ein Buch eine spannende Geschichte erzählt, vergisst man alles um sich herum und versinkt in der Welt zwischen den Buchdeckeln. Zöge ein Karnevalsumzug vorüber, man würde es nicht merken (~~merkte~~). Vielen jungen Lesern ergeht es so, wenn der Name der Autorin Cornelia Funke auf dem Buchrücken steht. Aber Vorsicht! In Cornelia Funkes Roman „Tintenherz" können auch die Bücher Menschen verschlingen. Falls dir Zauberzunge Mortimer aus einem Krimi vorläse, ständest du plötzlich neben der Leiche. Du müsstest dein Leben in der Krimiwelt verbringen, wenn niemand mit der besonderen Gabe dich wieder befreien würde (~~befreite~~).

Seite 53–55

1 A schließe – B erhalte – C räume – D verlasse – E behindere – F sei

2 ●●● a + b Indikativ, Konjunktiv: vergibt – informiert – auslobe – würdige – wählt – erhält – zeige – könne

3 Die Biologin erklärt, der Eichenprozessionsspinner sei ein unauffälliger Nachtfalter, der dem Wald nicht gefährlich schade. Das Problem seien die Gifthaare seiner Raupen.
Der Interviewer möchte wissen, ob das Nesselgift in den Haaren der Raupe dem Menschen Schaden zufügen könne.
Die Expertin warnt, dass eine allergische Reaktion auftreten könne, wenn man mit den Haaren in Berührung komme.
Neben Hautreaktionen mit starkem Juckreiz oder Atemproblemen bestehe sogar die Gefahr eines Kreislaufversagens.

4 ●●● Mögliche Wiedergabe der Stellungnahmen in indirekter Rede:
Der Schulleiter des Gymnasiums erklärt, vor zwei Jahren sei ein altes Raupennest von einem Baum gefallen und habe bei fast 200 Schülern stark juckende Pusteln ausgelöst. Seither prüfe er persönlich jeden Baum auf dem Schulhof.
Der Bürgermeister informiert, für Rückfragen habe das Grünflächenamt eine Hotline geschaltet. Er sichere zu, dass dort auch Fachfirmen gelistet seien, die auf das Absaugen der Raupennester spezialisiert seien.
Eine Ärztin rät, wer versehentlich mit den Raupenhaaren in Kontakt gekommen sei, solle die betroffenen Körperstellen gründlich abspülen. Raupenhaare könne man mit Klebestreifen von der Haut entfernen. Sie rate vom Kratzen sehr ab. Kleidung müsse bei 60 °C gewaschen werden, damit das Nesselgift vernichtet werde.

5 a + b A er fragt, er frage, er fragte, [X] er fragte – B sie beobachten, [X] sie beobachten, sie beobachteten, [X] sie beobachteten – C sie scheint, sie scheine, sie schien, sie schiene – D sie fallen, [X] sie fallen, sie fielen, [X] sie fielen – E sie leuchten, [X] sie leuchten, sie leuchteten, [X] sie leuchteten

6 ●●● A frage sich – B würden ganz unwirklich und wunderbar leuchten – C würde seit Stunden ein grün leuchtendes Polarlicht beobachten – D würden bei diesem Phänomen (...) auf die Erdatmosphäre fallen. – E scheine.

Die Modalverben

Seite 56

1 sollen (...) bleiben – darf (...) wählen – nutzen möchte, kann (...) ausleihen – dürfen (...) benutzt werden – wollen, müssen (...) bezahlen.

2 ●●● A Sie dürfen nicht im Meer oder im Pool baden. – B Man muss sich von hohen Bäumen fernhalten. – C Kinder müssen die Spielgeräte auf dem Campinggelände sofort verlassen. – D Wer sich über die aktuelle Wetterlage informieren möchte, kann folgende Hotline wählen: 12 37 89 10. – E Alle elektrischen Geräte müssen ausgeschaltet werden. – F Bei extremem Unwetter können Sie in den Räumen der Campingplatzverwaltung Schutz suchen.

Texte überarbeiten

Seite 57

1 ~~treffen~~ (träfen) – ~~bewundern~~ (würden ... bewundern) – ~~sieht~~ (sähe) – ~~wissen~~ (wüssten) – ~~sollen~~ (sollten) – ~~kann~~ (könne) – ~~erreicht~~ (erreiche)

2 **Passende Konjunktivformen:** (...) die Erde ~~würde~~ **bewege** sich (...) hindurch~~bewegen~~. Dieser ~~würde~~ **bestehe** aus Staub und Gestein ~~bestehen~~. Ein Komet ~~würde~~ **habe** diese Reste hinterlassen ~~haben~~. (...) in die Erdatmosphäre ~~eindringen würden~~ **eindrängen**, ~~würden~~ **brächten** sie (...) ~~bringen~~. (...) im Jahr ~~begegnen würde~~ **begegne**, ~~würde~~ **trete** (...) eine Häufung von Sternschnuppen auf~~treten~~. Sebastian und Nils ~~würden~~ **hätten** also (...) Glück gehabt ~~haben~~, (...) sie ~~würden~~ **hätten** (...) am Lagerfeuer gesessen ~~haben~~.

Seite 58–59

Teste dich! – Das Verb: Konjunktiv und Modalverben

1 Indikativ, Konjunktiv I: lautet – ist – gibt an – wolle ... hinweisen – aufhalte – heben hervor – sei – zähle – habe – gibt – zugenommen habe – kann – erklärt — 12 Punkte

2 Konjunktiv I : A, B, E – Konjunktiv II: C, D. — 5 Punkte

3 a Richtig sind die Aussagen A, C und D, falsch ist Aussage B. — 4 Punkte
b Passend sind die Aussagen A, D und C in dieser Reihenfolge. — 3 Punkte

4 A Wenn alle Mitteleuropäer wie Zugvögel den Winter im Süden zubrächten, bräuchten sie keine Heizungen und auf dem Stundenplan stünden afrikanische Sprachen. — 3 Punkte
B Würden alle Vögel Nahrungslager anlegen, wie Eichelhäher oder Haubenmeisen, könnten sie im Norden überwintern.

5 A Viele Wissenschaftler vertreten die Meinung, Zugvögel hätten einen Kompass im Schnabel. — 4 Punkte
B Forscher der Universität Wien widersprechen, sie könnten im Schnabel keinen Orientierungssinn finden.
C Ein Biophysiker aus Illinois behauptet, er wisse, dass die Zugvögel das Magnetfeld der Erde sehen könnten.
D Vogelforscher aus dem Mittelmeerraum teilen mit, dass sie fortlaufend beobachten würden, wie klug die Vögel ihre Höhe für die Überquerung des Meeres wählen würden.

6 Es ist verboten, ... + nicht dürfen – Man ist verpflichtet ... + müssen – Es steht Ihnen frei, ... + dürfen – Es ist wünschenswert, ... + sollen — 4 Punkte

Insgesamt zu erreichende Punktzahl: 35 Punkte

Wiederholung: Satzglieder unterscheiden

Seite 60

1 A Subjekt – B Prädikat – C Objekt(e) – D adverbiale Bestimmungen – E lokal – F kausal – G temporal – H modal

2 ●●● Mögliche Sätze mit 2 weiteren Satzgliedern: In diesem Jahr reist Familie Lustig nach Kroatien. Die Reiseroute liegt schon sehr bald über weite Strecken fest. Im nächsten Jahr segeln sie im Mittelmeer.

Seite 61

1 Mögliche Umstellungen:
Einen zentralen Platz | haben | Urlaubsreisen in alle Welt | in der Jahresplanung der Bevölkerung.
In der Jahresplanung der Bevölkerung | haben | Urlaubsreisen in alle Welt | einen zentralen Platz.

2 a + b

A

Aus Kostengründen	vermeiden	die Reisenden	Hotels oder Gasthöfe.
Warum?	Verb	Wer?	Wen oder was?
adv. Best. kausal	Prädikat	Subjekt	Akkusativobjekt

B

Viel lieber	übernachtet	die Familie	in gemütlichen Privatunterkünften.
Wie?	Verb	Wer?	Wo?
adv. Best. modal	Prädikat	Subjekt	adv. Best. lokal

C

Die Gastgeber	überlassen	Gästen	ganz zwanglos	ihre Couch.
Wer?	Verb	Wem?	Wie?	Wen oder was?
Subjekt	Prädikat	Dativobjekt	adv. Best. modal	Akkusativobjekt

Seite 62

1 a Der ~~Student~~ Florian Luxenburger studierte Kommunikationsdesign an der Fachhochschule in Trier, Bereich ~~Kommunikationsdesign~~. Für seine Diplomarbeit reiste ~~der Diplom-Student Florian Luxenburger~~ um die Welt. Von ~~der Fachhochschule in~~ Trier aus fuhr ~~Luxenburger~~ zunächst mit dem Auto nach Istanbul. Von ~~Istanbul~~ aus ging es mit dem Flugzeug weiter.
b Florian Luxenburger studierte Kommunikationsdesign an der Fachhochschule in Trier. Für seine Diplomarbeit reiste er um die Welt. Von Trier aus fuhr er zunächst mit dem Auto nach Istanbul. Von dort ging es mit dem Flugzeug kreuz und quer weiter nach Indien, Thailand und in viele weitere Länder.
c Für die Überarbeitung musste A die Umstellprobe nicht angewendet werden.

2 a + b Mögliche Verbesserungen mit Angabe der Proben: **[C]** ~~Luxenburgers~~ (→ sein) Ziel war es, Gegenstände zu tauschen (Wortwiederholung beseitigt durch Streichung im 1. Satz), die für ihre Besitzer eine besondere Bedeutung hatten. **[B/C]** ~~Luxenburger~~ (→ er) besuchte zum Beispiel (umgestellt für abwechslungsreicheren Satzanfang) Menschen wie Maler, Fotografen, Bildhauer. **[A]** Jedes Mal, bevor er abreiste, bat er diese ~~Menschen jedes Mal~~ darum, einen Gegenstand mit ihm zu tauschen. **[D/B]** Er (wenig abwechslungsreich und nicht sehr genau) bekam zum Beispiel eine Bronzepyramide oder ein Spielzeugboot. (→ Durch diese stete Wanderung von Gegenständen bekam er ...) **[C]** Er selbst hatte das Kaleidoskop seiner Oma weggegeben. (→ Luxenburger selbst ...) **[B]** Er fotografierte seine Tauschpartner und schrieb dann ihre Geschichten auf. (→ Seine Tauschpartner fotografierte er ...)

3 ●●● Mögliche Verbesserung des Textes: Luxenburger ging es um ein ungewöhnliches Projekt. Sein Ziel war es, Gegenstände zu tauschen, die für ihre Besitzer eine besondere Bedeutung hatten. Zum Beispiel besuchte er Maler, Fotografen, Bildhauer. Jedes Mal, bevor er abreiste, bat er diese darum, einen Gegenstand mit ihm zu tauschen. Durch diese stete Wanderung von Gegenständen bekam er zum Beispiel eine Bronzepyramide oder ein Spielzeugboot. Luxenburger selbst hatte das Kaleidoskop seiner Oma weggegeben. Seine Tauschpartner fotografierte er und schrieb dann ihre Geschichten auf.

Seite 63

Teste dich! – Satzglieder und Attribute

1	Die Begriffe A, D, G, H und I bezeichnen keine Satzglieder.	5 Punkte
2	Richtig ist Antwort C.	1 Punkt
3	a Vulkanausbrüche machten auf Island den Flugverkehr in der Vergangenheit mehrfach zu einer Lotterie.	1 Punkt
	b Antwort C ist richtig.	1 Punkt
4	Aufzählung B bestimmt die Satzglieder richtig.	2 Punkte
5	a + b Adjektivattribut, *Präpositionalattribut*, **Genitivattribut**, Bezugswort A Gelegenheiten *für Reiseerleichterungen* – B Bahnreisende *aus dem Norden* – C digitalen Hinweistafeln **des Hauptbahnhofs**	(je 4 Punkte) 8 Punkte
	Insgesamt zu erreichende Punktzahl:	**18 Punkte**

Wiederholung: Satzreihe und Satzgefüge, Nebensätze

Seite 64

1 A Ein junger Chinese möchte eine Urlaubsreise antreten, aber auf die Begleitung seiner geliebten Schildkröte will er nicht verzichten. – B Er befürchtet Probleme am Flughafen, denn Tiere benötigen für die Ausreise oft besondere Genehmigungen. – C Da kommt er auf eine ausgefallene Idee(,) und er setzt sie auch in die Tat um.

2 ●●● A (...), ohne dass er auf die Begleitung seiner geliebten Schildkröte verzichten will. – B (...), weil Tiere für die Ausreise oft besondere Genehmigungen benötigen. – C (...), die er auch in die Tat umsetzt.

3 a Der Mann steckte das Tier, nachdem er es zwischen Brotstücke gelegt hatte, in die Verpackung einer Fastfood-Kette. Als das Handgepäck des Reisenden durchleuchtet wurde, wunderte sich das Sicherheitspersonal am Flughafen von Guangzhou sehr. „Verdächtige Ecken" hätten aus dem angeblichen Fleischklops herausgeschaut, sodass die Tarnung als Burger aufflog.
b Das Komma steht im Satzgefüge immer **zwischen Hauptsatz und Nebensatz.**

Seite 65

1 a + b
A Falls man einen Gegenstand gefunden oder verloren hat, kann man auch über das Internet ein Fundbüro kontaktieren.
B Als zusätzlicher Anreiz für die Abgabe von Fundstücken wird manchmal ein Finderlohn in Aussicht gestellt.
Damit ein zusätzlicher Anreiz für die Abgabe von Fundstücken besteht, wird manchmal ein Finderlohn in Aussicht gestellt.

C Viele Reisende lassen trotz nachdrücklicher Erinnerungen durch das Zugpersonal etwas im Zug liegen.
Viele Reisende lassen im Zug etwas liegen, obwohl das Zugpersonal sie nachdrücklich erinnert.

2 a + b
A Herr K. aus W. konnte wegen des Vergessens seines Gebisses im Hotel einige Zeit keine feste Nahrung zu sich nehmen. – Herr K. aus W. konnte, weil er sein Gebiss im Hotel vergessen hatte, einige Zeit (...)
B Erst nach Zuschicken seines Kauwerkzeugs durch das aufmerksame Hotelmanagement konnte Herr K. wieder herzhaft zubeißen. – Erst nachdem (...) sein Kauwerkzeug zugeschickt hatte, konnte er wieder herzhaft zubeißen.

Seite 66–67

3 a + b Gemeinsam reisten sie nach Deutschland, damit Jennifer seine Heimat und seine Eltern kennen lernen konnte. (*Wozu? Zu welchem Zweck?*) – Auf einer Rundreise machten sie am Tegernsee Halt und bestiegen den Wallberg, sodass sie einen herrlichen Blick über Bayerns schönste Berge hatten. (*Mit welcher Folge?*) – Dort oben machten sie einen überraschenden Fund: einen Fotoapparat. Da sich die Sonne in der Linse der Kamera spiegelte, sprang ihnen das Fundstück ins Auge. (*Warum? Aus welchem Grund?*) – Sie nahmen die Kamera mit nach Hennef, obwohl sie diese besser in einem bayerischen Fundbüro hätten abgeben sollen. (*Trotz welcher Umstände?*)

4 nachdem – Obwohl – damit – Weil – Damit – Auch wenn

5 a + b
A Als sich das Musikfestival immer mehr füllte, fiel ihnen ein bestimmter Mann auf. – *Wann ...?* → Temporalsatz: als
B Sie erkannten ihn wieder, weil der Mann einen prachtvollen Lockenkopf hatte. – *Warum ...?* → Kausalsatz: weil, da
C Nachdem sie ihn angesprochen hatten, bestätigte sich ihre Vermutung. – *Wann* bestätigte sich ihre Vermutung? → Temporalsatz: nachdem
D Jenem Mann war im Winterurlaub auf dem Wallberg die Kamera entglitten, sodass sie im Tiefschnee unauffindbar verschwand. – *Mit welcher Folge* war jenem Mann im Winter die Kamera auf dem Wallberg aus der Hand gefallen? → Konsekutivsatz: sodass ...
E Als Lars Etzinger und seine Freundin zwei Monate später den Wallberg bestiegen, war der Schnee lange geschmolzen. – *Wann ...?* → Temporalsatz: Als ...

6 A = Adversativsatz – B = Konditionalsatz

Seite 68–69

1 a–c
A Noch ist keineswegs sicher, wer die anspruchsvollen Reisebedingungen erfüllen wird.
Wer oder was ist noch keineswegs sicher? – ... wer die anspruchsvollen Reisebedingungen erfüllen wird. → Subjektsatz
B Wer diese Reise tatsächlich antritt, kann lebenslang nur noch über Telefon, E-Mail oder Skype mit den Menschen auf der Erde in Kontakt treten. – *Wer oder was* kann lebenslang nur noch über Telefon, E-Mail oder Skype mit den Menschen auf der Erde in Kontakt treten? – ... wer diese Reise tatsächlich antritt. → Subjektsatz
C Der Fluglehrer Stephan G. aus Magdeburg will das erleben, was noch kein Mensch erlebt hat: die Reise zum Mars.
Wen oder was will der Fluglehrer Stephan G. aus Magdeburg erleben? – ... was noch kein Mensch erlebt hat: die Reise zum Mars. → Objektsatz

2 Wer eine Reise zum Mars bucht, bekommt nur ein „One-Way-Ticket".
Stephans hartes Trainingsprogramm zeigt, wie ernst er sein Weltraumvorhaben nimmt.

3 Mögliche „dass"-Sätze:
Ich bin erstaunt, dass der Himmel wieder blau ist und die Sonne scheint. – Der Ballonfahrer ist sich sicher, dass der leichte Wind Auftrieb gibt. – Jans Freundin findet, dass die Sicht heute besonders gut ist. – Er meint, dass Ballonfahren einem Traum gleicht. – Ich weiß, dass Jan schon immer einmal mit einem Ballon fahren wollte. – Wir denken, dass es das schönste Geburtstagsgeschenk für ihn ist. – Jan freut sich sehr, dass er eine Ballonfahrt geschenkt bekommt. – Du siehst, dass sich der Sturm von gestern gelegt hat. – Jan freut sich sehr, dass er eine Ballonfahrt geschenkt bekommen hat.

4 a + b A (dass-Satz) B Der Ballonfahrer will wissen, wie das Wetter in den nächsten Tagen wird. (indirekter Fragesatz: wie?) – C Verrückt ist, dass kuriose Ballonformen wie die Nachbildung der Stiftskirche aus St. Gallen weiteren Anreiz bieten sollen. (dass-Satz) – D Mich interessiert eher, wie schnell ein Ballon fährt. (indirekter Fragesatz: wie?) – E Ich bin ausgesprochen neugierig, ob man die Welt von oben bei etwa 20 km/h anders wahrnimmt. (indirekter Fragesatz: ob?)

5 Mögliche Zusammenfassung mit Subjekt- oder Objektsätzen: Der Ballonführer sagt bedauernd zu Familie Flug, dass er leider die Ballonfahrt für morgen absagen muss. Er fügt hinzu, dass das Wetter morgen zu schlecht ist. Familie Flug fragt ihn, woher er das jetzt schon wissen will. Der Ballonführer antwortet, dass er die Wolken beobachtet und den Wetterbericht prüft. Am nächsten Morgen staunt Frau Flug, dass das Wetter wunderbar ist. Ihr Mann weist sie darauf hin, dass da acht Ballons am Himmel sind. Die Kinder fragen, warum bloß sie nicht mitfahren dürfen.

Seite 70

1 A Herr Fron ist ein Reitsportfan, der seinen letzten Sommerurlaub auf einem Reiterhof verbrachte. – B Der Besitzer des Reiterhofes führte ein Reittier am Zügel, das einen Streifen-Look trug und aussah wie ein Zebra. – C Der Tierfreund Fron, der zunächst an einen Scherz glaubte, lachte lauthals auf.

2 A Der keine Miene verziehende Besitzer blieb wortkarg. – Der Besitzer, der keine Miene verzog, blieb wortkarg.
B Dann händigte ihm dieser für das Pferd eine Kopfmaske und eine Fliegendecke mit Zebrastreifen aus.
Dann händigte ihm dieser für das Pferd eine Kopfmaske und eine Fliegendecke aus, die jeweils mit Zebrastreifen versehen waren. **Oder:** ... die beide ein Zebrastreifenmuster aufwiesen.
C Die perfekte Verwandlung zum Pseudo-Zebra hinterließ nur Kopfschütteln beim Urlauber.
Die Verwandlung zum Pseudo-Zebra, die perfekt war, hinterließ nur Kopfschütteln beim Urlauber.
D Erst am Abend las er in der in seinem Zimmer ausliegenden Pferdesportzeitung einen Artikel: „Bremsenfrei dank Zebrastreifen?" – Erst am Abend las er in der Pferdesportzeitung, die in seinem Zimmer auslag, einen Artikel: „(...)?"

3 ●●● In den Sätzen A, C und D handelt es sich um das Relativpronomen „das", welches mit einem *s* geschrieben wird. In Satz B gibt es einen Nebensatz, der mit der unterordnenden Konjunktion „dass" angeschlossen ist, die man mit *ss* schreibt.

Seite 71

1 a A Um etwas Neues auszuprobieren, buchten Schauinslands (...) – B Sie freuten sich darauf, die Ruhe auf dem Land zu genießen. – C Anstatt aber geruhsam die Natur zu erleben, fühlten sie sich (...)
b In Satz B hängt der Infinitivsatz von einem hinweisenden Wort ab (= *darauf*), darum muss ein Komma stehen.

2 a + b (...) war ein Reinfall, um nicht zu sagen: eine Katastrophe. Um uns am Frühstück zu erfreuen, mussten wir (...). Gleich am ersten Morgen waren wir gezwungen, schlimmstes Getöse zu ertragen. Zuerst gingen wir davon aus, den Lärm nur dieses eine Mal zu hören. (...) Sechs Esel weigerten sich, still auf ihre Fütterung zu warten. Es kam noch ärger! Statt zur Freude der Ruhe suchenden Gäste ihren Schnabel zu halten, schnatterten auch noch zahllose Gänse. Ob dieses tierischen Dauerkonzerts lief man ständig Gefahr, sein eigenes Wort nicht mehr zu verstehen. Ein Schild am Zaun forderte die Gäste dazu auf, die Tiere zu füttern und zu streicheln. Eine Unverschämtheit! Ich verlange von Ihnen, uns für die entgangene Erholung zu entschädigen. Ich fordere, umgehend eine positive Antwort zu erhalten.

3 ●●● A Mancher Gast wünschte, auf der Veranda seine Ruhe zu haben, um ein Schläfchen zu machen.
B Mancher Gast wünschte auf der Veranda, seine Ruhe zu haben, um ein Schläfchen zu machen.

Seite 72–73

Teste dich! – Satzreihe und Satzgefüge

1 a Satzreihe = C – Satzgefüge = A, B, D — 4 Punkte
b A Familie Heim hatte genug von stressigen Urlaubsreisen, bei denen sie auf Autobahnen im Stau oder auf Flughäfen in langen Schlangen stand. – B Sie hatte auch hinreichend viele schlechte Erfahrungen damit gemacht, in lauten Unterkünften zu wohnen. – C Doch nicht nur die Lautstärke machte den Familienmitgliedern zu schaffen, auch das Schlafen in fremden Betten fanden sie wenig erholsam. – D Da sie wussten, dass sie unbekannte Gerichte mit fremden Gewürzen nicht wirklich gern aßen, schreckten sie auch davor zurück. — 5 Punkte

2 a + b A Weil es Erholung für unbegrenzte Zeit bietet, ist das Traumland für Familie Heim nun „Balkonien". (Adverbialsatz) – B Die Verkehrsverhältnisse erlauben es, Balkonien in weniger als 30 Sekunden zu erreichen. (Objektsatz) – C Die über der Straße schwebende Freizeitoase liegt so nah, dass selbst der kürzeste Kurzurlaub möglich ist. (Subjektsatz) – D Der neueste Trend, dem sich jeder problemlos anschließen kann, heißt Ein-Tages-Urlaub. (Relativsatz) — (je 4 Punkte) 8 Punkte

3 a + b Familie Heim sitzt auf dem Balkon, um dort zu frühstücken. – Der Familienhund wartet darauf, eine Wurst abzubekommen. – Die angenehmen Temperaturen sichern das nötige Wohlbefinden, um zu entspannen. — (je 3 Punkte) 6 Punkte

4 Inhaltlich zutreffend ist Satz B: Richtig gesetzt ist das Komma in Satz B, weil die Familie Heim ihren Urlaub gern zu Hause verbringt und die Verneinung „nicht" zu dem Verb bedauern gehört. — 2 Punkte

5 A + d – B + c – C + b – D + a — 4 Punkte

6 Am Abend werden die „Balkonier", die eine Party geplant haben, hellwach.
Kerzen, deren sanftes Licht romantisch wirkt, sind am Abend die stilvollste Beleuchtung für Balkonien.
Eine besondere Ausstrahlung besitzen Lampions, die Balkonien in einen Zaubergarten verwandeln. — 3 Punkte

7 Eine Übernachtung auf Balkonien hat ihren ganz besonderen Reiz, denn Campingspaß und Abenteuerlust werden kombiniert. Wenn man etwas Wert auf Gemütlichkeit legt, sollte man auf eine Isomatte oder normale Luftmatratze verzichten. Um sich ein bequemes Nachtlager einzurichten, stellt man besser einen Liegestuhl mit Auflage oder ein Klappbett auf. Sofern man über eine Hängematte verfügt, kann man auch diese aufbauen. — 4 Punkte

Insgesamt zu erreichende Punktzahl: — **36 Punkte**

Was kannst du schon? – Rechtschreibung

Seite 74–75

1 jahre – wissenschaft – verbindung – bionik – beispiel – erfindung – haihaut – haie – rillen – reibungswiderstand 10 Punkte

2 [E]/erkennen – A/[a]bschauen – Ü/[ü]bertragen – [G]/gleiten – [E]/erstaunliches – [K]/kühlen 6 Punkte

3 Roboter sollen in Zukunft Geschirr abwaschen sowie Rasen mähen und einkaufen gehen oder Staub wischen. Auch hierfür gibt es schon tierische Vorbilder in der Familie der Insekten. 2 Punkte

4 Falsch geschrieben sind die unterstrichenen Wörter in den Sätzen B, C und E, richtig geschrieben sind sie in A und D. 5 Punkte

5 geschi**ck**te – so**n**dern – flo**tt**e – hervorgebra**ch**t – Furchenschwi**mm**er – perfe**k**t – Wa**ss**er – angepa**ss**t – ka**nn** – Techni**k** 10 Punkte

6 **Wörter mit i:** ideal – Maschine – Klima; **Wörter mit ie:** diskutieren – vielfach – Garantie
Wörter mit ih: ihnen – ihre; **Wörter mit ieh:** sieht – flieht 10 Punkte

7 a + b A ~~grüssen~~/grüßen – B ~~Fluß~~/Fluss – C ~~grossartig~~/großartig – D ~~Weißheit~~/Weisheit – E ~~Massregelung~~/Maßregelung – F ~~schliesslich~~/schließlich 12 Punkte

8 Richtig ist die Schreibweise in den Sätzen A und C, falsch ist sie in B, D und E. 5 Punkte

Seite 76–77

1 a + b abhalten – [das professionelle] Herstellen – errichten – schützen – übernehmen – [zum] Verfeinern – [das] Vermischen – [das] Hervorbringen – [durch] Ausgleichen – aufnehmen – [beim] Schlafen

2 In Klammern findest du Beispiele für die Erweiterungsprobe: (etwas) [N]/nützliches – [H]/herstellens – B/[b]esten – [E]/einsetzen – [S]/stochern – I/[i]nteressantesten – [A]/anlegen – I/[i]mponierendsten – [G]/graben – (beim) [Z]/zerbrechen – (beim) [B]/befördern – S/[s]tärksten – (viel) [V]/vorteilhaftes – Z/[z]ügigsten

3 ●●● a + b Auf den meisten Flughäfen dieser Welt kann man immer aufs Neue täglich hunderte von Flugzeugen beim Starten und Landen beobachten, vielleicht erreicht deren Zahl auch die Tausend. Wahrhaft erstaunlich ist, dass das Fliegen ein Ergebnis menschlichen Forschens über mehr als 2000 Jahre hinweg ist. Die Sagen der Griechen zeigen, dass der „Traum vom Fliegen" die Fantasie der Menschen schon früh beschäftigte. Ikarus und Dädalus nutzten Vogelflügel als Vorbild zum Konstruieren eines Flugapparates. Das Befestigen der Federn mit Wachs war allerdings riskant. Als die beiden der Sonne zu nahe kamen, führte das zum Schmelzen der Flügel und das Schlimmste trat ein: Ikarus stürzte ins Meer.
Es war Otto Lilienthal, der dann gegen Ende des 19. Jahrhunderts Entscheidendes entdeckte, nämlich dass für den Auftrieb die nach oben gewölbte Form der Flügel am allerwichtigsten ist. Oberhalb des Flügels entsteht ein Unterdruck und unterhalb ein Überdruck, der Auftrieb wird so am stabilsten erreicht und die Erdanziehung überwunden. Etwas Wichtiges ist hierbei jedoch auch, dass der Flügel gegenüber der Strömung leicht nach oben angehoben ist. Dieses sogenannte Anstellen des Flügels verstärkt den Auftrieb mit am nachdrücklichsten.

Seite 78

1 A die Kölner U-Bahn – B Steinhuder Meer – C Institut für Deutsche Sprache – D eine englische Tageszeitung – E Vereinigte Staaten von Amerika – F Westfälischer Frieden – G der beste französische Präsident – H Indischer Ozean

2 [K]/kölner – [H]/heidelberger – [B]/brandenburger – F/[f]ranzösischen – [S]/spanischen – [S]/schiefen – V/[v]on – I/[i]talienischer – A/[a]frikanischen – [G]/große – A/[a]merikanischen – [G]/großen – [W]/weiße – K/[k]alifornische

3 ●●● Mögliche weitere mehrteilige Eigennamen: der Hamburger Hafen – Römisch-Germanisches Museum – das Schwarze Meer – die Französische Revolution – die Schweizer Banken – Schwarzwälder Schinken – der Ferne Osten – die Spanische Reitschule in Wien

Seite 79

1 Mögliche E-Mail:
Sehr geehrte Mitglieder des Ausschusses „Fahrplan",
zur Ausgestaltung des Fahrplans für die neue Linie 5 laden wir Sie für Dienstagnachmittag um 15:00 Uhr ein. Der Linienbetrieb soll morgens um 4:00 Uhr beginnen. Am Abend sollen die Züge bis 0:30 Uhr fahren. Werktags soll der zeitliche Abstand zwischen den Zügen 20 Minuten betragen. Ab Beginn des Berufsverkehrs bis 11:00 Uhr sollen die Züge alle 10 Minuten fahren. Der Fahrplan am Wochenende muss noch geklärt werden. Aber samstagnachts sollen auf jeden Fall mehr Züge fahren. Bitte geben Sie mir bis morgen Mittag (13:00 Uhr) eine Rückmeldung zu diesen Vorschlägen.
Freundliche Grüße
XX, Chef der Stadtwerke

2 Möglicher Blog-Eintrag: Gestern Morgen kamen wir um 10:00 Uhr mit dem Zug in Köln an. Den ersten Workshop im Odysseum besuchten wir gleich gestern Nachmittag. Er trug den Titel „Schaumfabrik" und wir lernten, dass Schaum nicht nur langweiliges Füllmaterial ist, sondern ein ganz vielseitiges Stoffgemisch, das uns ständig im Alltag begegnet. Heute Morgen ging es um 10:00 Uhr mit „Sinnvolle Sensoren", einem spannenden Workshop zum Thema Roboter, weiter. Als Letztes hörten wir heute Nachmittag einen Vortrag mit vielen Informationen über Strom und Energie. Leider ist die Klassenfahrt morgen Vormittag schon vorbei. Um 10:00 Uhr werden wir wieder nach Hause zurückreisen.

3 Möglicher Text: Ich fahre eigentlich jeden Morgen um 7:30 Uhr mit dem Bus zur Schule. Nur am Donnerstag bringt mich meine Mutter mit dem Auto zur Schule, denn an diesem Tag muss sie früher zur Arbeit fahren. Sie holt mich an Werktagen immer mittags um 14:00 Uhr von der Schule ab. Am späten Nachmittag, so gegen 17:00 Uhr, fahre ich oft noch mal mit der Straßenbahn ins Einkaufszentrum, um meine Freunde zu treffen. Aber ich muss abends immer um 20:00 Uhr zu Hause sein. Bandprobe in der Musikschule habe ich dienstags um 15:00 Uhr. Die Auftritte der Band sind meistens am Freitagabend. Nach einem Auftritt schlafe ich am nächsten Morgen immer ganz lange.

Seite 80

Teste dich! – Groß- oder Kleinschreibung?

1 B Großschreibung, da vom geografischen Namen abgeleitetes Wort auf **-er** — 4 Punkte
C Kleinschreibung, da von einem geografischen Namen abgeleitetes Adjektiv auf **-isch**
D Kleinschreibung, da Adjektiv im Superlativ mit „am"
E Großschreibung (außer Konjunktion), da mehrteiliger Eigenname

2 Ungewöhnliches –Betrachten – trauen – verbiegen – Untersuchen – leichtesten – geniale – erkennen — 8 Punkte

3 gestern früh – morgen Abend – Sonntagabend – freitags – spätabends – samstagnachmittags – heute Morgen – übermorgen– gestern Mittag – am Montag — 10 Punkte

Insgesamt zu erreichende Punktzahl: — **22 Punkte**

Getrennt- und Zusammenschreibung

Seite 81–85

1 **Zusammenzuschreibung** von Nominalisierungen (mit Nomenbegleitern): (das) Achterbahnfahren, (in Gedanken eingefügt: das) Zuckerwatteessen, (ganz einfaches) Plastikrosenschießen, (sehr vertrautes) Loseziehen
Getrenntschreibung: Freude machen, Geld verdienten, Eindruck erregen, Bewegung verleiht, Untertagebau arbeiten, Interesse haben, Forschung betreiben, Termin absprechen

2 a + b Ich muss gestehen, dass ich wenig **Lust habe**, auf die Kirmes zu gehen. Das **Entchenangeln** finde ich langweilig. Beim **Glücksraddrehen** habe ich noch nie etwas gewonnen. Beim **Riesenradfahren** bekomme ich Höhenangst und nach dem **Autoscooterfahren** tun mir immer alle Knochen weh. Das Einzige, was für mich einen gewissen **Reiz hat**, ist, dass ich auf dem Kirmesplatz **Freunde treffen** und leckeren **Paradiesapfel essen** kann.

3 B ableiten lässt – C fahren lassen – D baden gehen – E einkaufen gehen – F rollen lassen – G besuchen kommt – H beeindrucken wissen

4 vorbei war – vorhanden sind – vonnöten sind – möglich ist – dabei bist – offen ist – los ist

5 Die Fehlerwörter sind unterstrichen, die Verbesserungen (in Klammern) dahinter:
Besuchen (besuchen) – kennenlernen (Kennenlernen) – fahrenüben (Fahrenüben) – Einsteigen lassen (Einsteigenlassen) – kassierenlernen (kassieren lernen) – Bremsen üben (Bremsenüben) – stehen bleiben (Stehenbleiben)

6 a Unterstrichen sind Wörter mit neuer Gesamtbedeutung (= Zusammenschreibung): vollständig erhalten – nahebringen – willkommen heißen – möglich machen – gut unterhalten – bereitstehen – schwerfallen – sichergehen
b willkommen heißen – bereitstehen – nahebringen – schwerfallen – möglich machen – vollständig erhalten – sichergehen – gut unterhalten

7 a + b Mögliche Sätze: A Wenn Sie **schwarzfahren**, kann das teuer werden. – B Er ist derart unverschämt, dass ich vor Wut **rotsehe.** – C Darüber habe ich mich **schwarzgeärgert.** – D Das **Blaumachen** wird in der Schule nicht geduldet.

8 a + b Betonte Wortteile/Wörter sind unterstrichen: (Getrenntschreibung = G, Zusammenschreibung = Z):
A zusammen?kommen (Z) – B zusammen?halten (Z) – C dazwischen?reden (Z) – D dazwischen?setzen (G) – E vorher?sagen (Z) – F nachher?sagen (G) – G zusammen?bleiben (Z)

9 [X] A Nach der Führung müsst ihr euch unbedingt untereinander?austauschen.
[ ] B Morgen könnt ihr euch mit der Beschreibung der Bilder herum?schlagen, heute habt ihr frei.
Erweiterungsprobe: ... **untereinander** in einem Gespräch **austauschen**. → Getrenntschreibung
(Erweiterungsprobe nicht möglich bei herum?schlagen → Zusammenschreibung)

10 Mögliche Verbindungen aus Präposition und Verb:
durch... : durchziehen – durchgehen – durcharbeiten – durchlaufen – durchsehen – durchsprechen – durchkommen – durchlassen – durchmachen – durchnehmen
mit... : mitziehen – mitgehen – mitarbeiten – mitsprechen – mitkommen – mitwirken – mitmachen – mitnehmen
auf... : aufziehen – auflaufen – aufkommen – aufrechnen – aufmachen – aufnehmen – auflegen
hinter... : hinterziehen – hintergehen – hinterlassen – hinterfragen – hinterlegen
über... : überziehen – übergehen – überarbeiten – übersehen – überkommen – überlassen – überstimmen – übernehmen

11 ●●● Ich muss es gleich vorwegnehmen: Der Beiname „Museum der guten Laune" ist nicht übertrieben. – Wer hier nicht laut auflachen oder zumindest in sich hineinkichern muss, ist selbst schuld. – Übersehen kann man das Museum nicht: Schon vor der Tür lassen einige Monsterfiguren den Besucher zusammenzucken. – Hinter der Museumstür ist eine wilde Mischung zusammengekommen. – Alles darf angefasst und ausprobiert werden, nur mitnehmen darf man natürlich nichts! – Wer sich gruseln möchte, muss in den Keller hinabsteigen, wo eine Geisterbahn aufgebaut ist.

12 ●●● A voraussagen – B dazwischengehen – C zusammenschreiben – D auseinandernehmen – E hintergehen – F losrennen – G hervorbringen – H hinüberretten

Seite 86

Teste dich! – Getrennt- oder Zusammenschreibung?

1 Fehler + (Verbesserung): (je 8 Punkte) 16 Punkte
Genauergründen (Genau ergründen) [...] entstandenist (entstanden ist). [...] vor behalten (vorbehalten) war, ist hingegengesichert (hingegen gesichert) – [...] hervor gegangen (hervorgegangen) [...] zu durch stoßen (durchstoßen) – [...] Karussell fahren (Karussellfahren) letztlich zurück gehen (zurückgehen).

2 erfinden lassen – weiterentwickeln – Kreis drehen – Einzug halten – zugänglich gemacht – wachhalten – unterhalten – leichtfällt 8 Punkte

Insgesamt zu erreichende Punktzahl: **24 Punkte**

Üben macht sicher – Regeln zum Rechtschreiben

Seite 87

1 a + b A Aggression – B Accessoire – C Balance – D Interesse – E dynamisch – F Atmosphäre – G Opposition – H Hightech

2 a + b A Grafik, Graphik – B Buffet, Büfett – C kremig, cremig – D Necessaire, Nessessär – E Potential, Potenzial – F Fantasie, Phantasie – G Jogurt, Joghurt – H Orthografie, Orthographie – I Spaghetti, Spagetti – J Cousine, Kusine – K substantiell, substanziell – L Frisör, Friseur

3 a A Beachvolleyball – B Windsurfen – C Basketball – D Leichtathletik
b Das Wort D „Athletik" stammt sprachgeschichtlich aus dem Griechischen und Lateinischen.

Seite 88

1 **waagerecht:** (1) Mittag – (2) Platz/Latz – (3) Riss, Witz – (5) All – (6) Ross – (7) Ass, kalt – (8) Wette – (11) Holz – (12) Kuss – (13) Kummer / **senkrecht:** (A) Gramm, Macke – (C) Kasse – (D) Wachs – (E) wild – (F) toll – (G) Ort – (H) zwicken/Wicken – (I) Rache – (J) joggen – (K) Test

2 A: kalt, Holz, Wachs, wild, Ort, Rache, Test – B: Platz/Latz, Witz, Macke, zwicken/Wicken – C: Mittag, Riss, All, Ross, Ass, Wette, Kuss, Kummer, Gramm, Kasse, toll, joggen

3 ●●● kennt – Augenbli**ck** – we**nn** – Aufgabenbla**tt** – Kla**ss**enarbeit – si**tz**t – Bli**ck**en – verzwi**ck**t – ko**mm**t – Sitzpla**tz** – Schne**ll** – erfa**ss**t – ke**nn**t – ga**nz** – ka**nn** – vorste**ll**en – re**tt**ende

Seite 89

1 a + b Moderne Sklaven oder pfiffige Anbieter?
Viele Menschen in den Metropolen Europas sind beim ersten Anblick ziemlich schockiert von diesem Bild: Kleine Dreiräder, angetrieben von einem Radler, befördern vielfach Gäste jedes Alters durch die Straßen. Sie schießen oft schneller als ein Taxi voran, denn sie stecken fast nie im Stau fest. Diese Velo-Taxis genießen auch einen umweltfreundlichen Ruf. Das Wort „Velo" ist die Kurzform des französischen „vélocipède", was wiederum, wortgeschichtlich betrachtet, mit „Schnell-Fuß" (lateinisch *velox* = schnell und *pes* = Fuß) zu übersetzen wäre.

2 alternat**i**ve – kutsch**ie**ren – inzw**i**schen – z**ie**mlich – v**ie**len – Bez**i**rken – Polit**i**sch – Interess**ie**rte – Veh**i**kel – angesichts – gigant**i**sch – gest**ie**gener – Benz**i**npreise – **i**deale – L**i**nien- – Ind**i**vidualverkehr – kass**ie**ren – Tour**i**sten – transport**ie**ren

3 Mögliche verwandte Wörter: A befehlen, befehligen, Befehlsform (= Imperativ), (Ober-)Befehlshaber, Befehlston – B Fahrbahn, umfahren, (das) Radfahren, fahrig, Fähre – C Hohlweg, Hohlkopf, Hohlraum, Hohlvene, hohlwangig – D vernehmbar, abnehmbar, übernehmen, hinnehmen, Nehmerqualitäten – E davonstehlen, fortstehlen, Diebstahl, diebstahlsicher, gestohlen – F Dehnung, ausdehnen, dehnungsfähig, dehnbar, Dehnübung – G fehlerhaft, unfehlbar, Fehlerzeichen, Fehltage, Fehlverhalten – H Wahrhaftigkeit, Wahrheit, wahrscheinlich, wahrnehmen

4 ●●● **Mögliche Wörter mit „silbenöffnendem h“** (Auswahl): gehen, sehen, weihen, wehen, nähen, Ruhe, nahe, früher, drohen, ziehen, fliehen, Mühe, Höhe, hohe, krähen, rohe, ruhen
Mögliche Erklärung: Bei manchen Wörtern steht am Anfang der zweiten Silbe ein **h,** z. B.: *se-hen.* Es trennt den langen betonten Vokal am Ende der ersten Silbe von dem kurz gesprochenen Vokal am Beginn der zweiten Silbe. Dieses **h** bleibt in verwandten Wörtern erhalten, z. B.: *Sehkraft, absehbar, sehenswert.* Die Verlängerungsprobe hilft, die Schreibweise bei einsilbigen Wörtern zu klären: Weih | nachten → wei-**h**en.

Seite 90

1 Laus | bub → Läuse – Blas | instrument → blasen – Kreis | verkehr – kreisen – Gleis | führung – Gleise – Weiß | wurst → weiße – Gruß | wort → Grüße – Eis | waffel → eisig – Nas | horn → Nase – Reiß | leine → reißen

2 a–c Biss | wunde → Bisse – Schloss | park → Schlösser – Mess | becher → messen – Stoß | dämpfer → stoßen – Fluss | biegung → Flüsse – Vergiss | meinnicht → vergessen – Schluss | verkauf → Schlüsse – Nass | zelle → Nässe – Pass | wort → passen – ess | bar → essen – Acht | kläss | ler → Klasse
Erklärung: Stoßdämpfer wird mit ß geschrieben, denn der stimmlose s-Laut folgt hier auf einen betonten, lang gesprochenen Vokal.

Seite 91

1 a + b Mögliche Relativsätze: A Das Spiel, das/welches Carl neu heruntergeladen hat, lässt ihn die Zeit vergessen. – B Aus dem Blick gerät ebenso das Referat über Zeitmanagement, das/welches für morgen vorzubereiten ist. – C Als schließlich alles zu spät ist, denkt Carl sich für den nächsten Tag ein Märchen aus, das/welches den Lehrer besänftigt.

2 a + b Mögliche Subjekt- oder Objektsätze (hier folgt die Konjunktion *dass* häufig im Zusammenhang mit *Verben des Sagens, Meinens, Denkens, Fühlens*): A Carl *erzählt* seinem Lehrer, *dass* das Ticken der Uhr im Lärm des neuen Spiels untergegangen ist (auch Konjunktiv I möglich: sei), bis es zu spät war. – B Der Lehrer *denkt, dass* Carl ihn für dumm hält. – C Er *sagt* grinsend, *dass* Carl mit seiner Erfindungsgabe Schriftsteller werden sollte.

3 ●●● (...) schon bemerkt, ~~das~~/dass Erwachsene kein Zeitgefühl haben? (...) Morgens rufen sie ungeduldig ins Bad, das/~~dass~~ ich gerade erst betreten habe, um mir mitzuteilen, ~~das~~/dass auch andere duschen möchten. Für das Frühstück, das/~~dass~~ man nun wirklich (...) ~~Das~~/Dass der Bus nicht auf mich warten würde, (...) sind unsere Lehrer überrascht, ~~das~~/dass die Stunde schon zu Ende ist, während wir das Ende, das/~~dass~~ sich extrem schleichend nähert, immer im Blick haben. ~~Das~~/Dass Erwachsene kein Zeitgefühl haben, (...): Kaum fasse ich mein Handy an, das/~~dass~~ in der Schule beiseitegelegt werden musste, höre ich, ~~das~~/dass ich meine Zeit nicht damit verschwenden solle. Auch ~~das~~/dass ausgerechnet dann Schlafenszeit sein soll, (...)

Texte überarbeiten

Seite 92

1 a + b Nomen und nominalisierte Wörter (► S. 76) werden ~~kleingeschrieben~~/großgeschrieben.
Du erkennst sie meist an den folgenden Nomenbegleitern: **Artikel, Präposition, Adjektiv, Pronomen.**
Prüfe in Zweifelsfällen mit der Erweiterungsprobe/~~Weglassprobe~~: Wenn du vor ein Wort einen **Nomenbegleiter** einfügen kannst, ist das Wort ein Nomen oder eine Nominalisierung und es wird großgeschrieben.
Doppelte Konsonanten heraushören Hörst du nach einem betonten kurzen/~~langen~~ Vokal nur einen Konsonanten, wird dieser verdoppelt. (...)
Lange Vokale richtig schreiben In den meisten Fällen wird der betonte lange Vokal nur mit ~~Dehnungs-h~~/einem Buchstaben geschrieben. Mehr als drei Viertel aller Wörter mit lang gesprochenem i werden mit **ie** geschrieben. Bei einer kleineren Gruppe von Wörtern folgt nach dem betonten langen Vokal (oder Umlaut) ein **h.** Das **h** steht besonders häufig von den Konsonanten **m, n, l** und **r**, z. B.: **lahm, Mohn, Höhle, Möhre.**
s-Laute sicher unterscheiden Probleme macht vorwiegend die Schreibung des stimmlosen/~~stimmhaften~~ **s**-Lauts. Man schreibt ihn: – nach einem betonten ~~langen~~/kurzen Vokal fast immer **ss**, z. B.: *küssen, Messe,* – nach einem betonten langen/~~kurzen~~ Vokal oder Diphthong (au, ei) **ß**, z. B.: *Straße, außen,* – wenn das **s** bei Verlängerung stimmhaft wird, mit einfachem **s**, z. B.: *Gras → Gräser.* – „das“ oder „dass“? Kann das Wort durch „welches“ ersetzt werden, schreibt man **das.**
Zusammenschreiben In der Regel werden Wörter oder Wortgruppen getrennt geschrieben/~~zusammengeschrieben~~. Zusammengeschrieben werden: Verbindungen aus Adverb und Verb, wenn die Hauptbetonung auf dem Adverb/~~Verb~~ liegt, z. B.: *vorhersagen.* (...)
Fremdwörter Beachte die ~~lautgetreue~~/besondere Schreibweise. Schlage im Zweifel im **Wörterbuch** nach. (...)

Seite 93

2 a + b Was mag wol ein „Wahl-O-Mat“ sein? Villeicht ist das ein Roboter, der mit aufgeladenem Aku am Wahltag fleissig zum Wahllokal marschiert. Dort gibt er die Stimen derer ab, die nicht mehr gut zu Fuss sind oder deren Kinder lieber etwas draußen im Wald unternemen möchten. Er läuft wiselflink ständig in die Wahlkabiene, um dort für jemanden ein Kreuzchen zu machen. Sicher liese sich so der sinkenden Wahlbeteiligung entgehgenwirken. Oder es handelt sich um einen Automahten, in den mann bei der Wahl seine Wahlbenachrichtigung stecken muß? Auf seinem Dissplay würden dann alle Parteien aufleuchten, von denen eine anschliessend mit Fingerdruck ausgewält werden kann.

wohl, Vielleicht
Akku, fleißig
Stimmen, Fuß
unternehmen, wieselflink
Wahlkabine, ließe
entgegenwirken
Automaten, man
muss, Display
anschließend, ausgewählt

3 a Mögliche schwierige Wörter (Groß- und Kleinschreibung/bei Nominalisierung mit Nomenbegleitern, Getrennt- und Zusammenschreibung bei Verbindungen mit Verben):
Ein „Wahl-O-Mat“ kommt (...) lange vorher zum Tragen. Auffinden kannst du ihn im Internet. Hineingestellt wurde er dort von der Bundeszentrale für politische Bildung. Die Regierung der Bundesrepublik Deutschland möchte besonders den jungen Wählern beim Ankreuzen des Wahlzettels behilflich sein. Der „Wahl-O-Mat“ kann (...) so miteinander mischen, (...) Positionen woher kommen. Er formuliert diese in Fragen an den Wählenden um. Durch das Fragenstellen will der „Wahl-O-Mat“ dazu anregen, über eigene Einstellungen und Ansichten nachzudenken. (...) kann man aufschreiben und das Computerprogramm übernimmt anschließend das Auswerten. (...) eine Art Meinungsbild auswerfen, das darstellt, welche (...) mit welcher Partei aufweist. (...) dabei ein böses Erwachen! (...) unerwartet wiederfindet.

Seite 94

Teste dich! – Regeln zum Rechtschreiben

1	A Rhetorik – B Download – C Hometrainer – D Havarie – E Symmetrie – F Sympathie	6 Punkte
2	rund – ke**nn**en – Ausste**ll**ung – ermu**n**tert – allerha**n**d – ka**nn**st – to**ll**e – le**n**ken – Gei**s**terbahn – Beka**nn**tschaft	10 Punkte
3	Richtig sind die Aussagen A und C. Falsch ist die Aussage B.	3 Punkte
4	pa**ss**iert – drau**ß**en – aufpa**ss**en – mu**ss** – lä**ss**t – riesengro**ß**en – wei**ß**t – da**ss** – „Elektri**s**iermaschine“	10 Punkte
5	Mögliche Erklärung: Die Ersatzprobe funktioniert so: Wenn ich „das“ durch „welches“ ersetzen kann, schreibe ich das Relativpronomen „das“ auf, z. B.: *Das PC-Spiel, das (→ welches) Carl neu gekauft hat, finde ich toll.*	1 Punkt
	Insgesamt zu erreichende Punktzahl:	**30 Punkte**

Zeichensetzung

Seite 95

1 a + b
A + 2 Wir gratulieren zum Erwerb Ihrer Muttersprache(,) und wir wünschen Ihnen viel Erfolg bei ihrer Verwendung!
B + 3 Ihre Sprache ist ein hochentwickeltes und vielseitiges Medium, das Ihnen in allen Lebenssituationen nützliche Dienste leisten wird, wenn Sie es richtig einzusetzen wissen.
C + 5 Damit Sie viel Freude daran haben, sollten Sie folgende Sicherheitshinweise unbedingt beachten:
D + 4 Gehen Sie achtsam und überlegt mit Ihrer Sprache um, denn ein unsachgemäßer Gebrauch kann (...)
E + 1 Für eine optimale Nutzung Ihrer Sprache raten wir Ihnen zur Anschaffung eines Wörterbuchs, das Ihnen besonders beim schriftlichen Gebrauch eine große Hilfe sein kann, und wir empfehlen Ihnen (...)
F + 6 Den Erwerb einer Zweitsprache sollten Sie erwägen, wenn Sie grundsätzlich (...)

Seite 96

1 a–c A Wenn du lange über der richtigen Schreibweise eines Wortes grübeln musst, solltest du lieber gleich in einem Wörterbuch nachschlagen. – Anstatt lange über der richtigen Schreibweise eines Wortes zu grübeln, solltest du lieber gleich in einem Wörterbuch nachschlagen.
B Allerdings musst du einige Nachschlagetechniken beherrschen, damit du gezielt suchen kannst. – Allerdings musst du einige Nachschlagetechniken beherrschen, um gezielt suchen zu können.
C Wahrscheinlich hast du schon oft in der alphabetischen Wörterliste eines Wörterbuchs nachgeschlagen, dich vorher aber nicht um die Benutzerhinweise gekümmert. – Wahrscheinlich hast du schon oft in der alphabetischen Wörterliste eines Wörterbuchs nachgeschlagen, ohne dich vorher aber um die Benutzerhinweise zu kümmern.
D Wenn man alle Abkürzungen in den Einträgen zu einem Wort verstehen will, muss man sich in der Einführung ein wenig kundig gemacht haben. – Um alle Abkürzungen in den Einträgen zu einem Wort zu verstehen, muss man sich in der Einführung ein wenig kundig gemacht haben.

E Falls du an der Kommasetzung zweifelst, bleibt dir nur übrig, dass du im Regelteil des Wörterbuchs nachschaust. – Falls du an der Kommasetzung zweifelst, bleibt dir nichts anderes übrig, als im Regelteil des Wörterbuchs nachzuschauen.

F Wenn du dir nie die Benutzerhinweise und den Regelteil in einem Wörterbuch ansiehst, findest du zu manchen Rechtschreibfragen womöglich keine Antwort. – Ohne die Benutzerhinweise und den Regelteil in einem Wörterbuch anzusehen, findest du zu manchen Rechtschreibfragen womöglich keine Antwort.

Seite 97

2 ●●● a + b In der Schule hast du die Möglichkeit, interaktive Wörterbücher zu benutzen: Die Deutschlehrkräfte sind gerne dazu bereit, dir auch die kompliziertesten Fragen zur Rechtschreibung zu beantworten. Für den Umgang mit ihnen ist es allerdings ratsam, einige Benutzerhinweise zu beachten. Warte eine günstige Gelegenheit ab, um deine Frage zu stellen. Bemühe dich darum, dein Problem möglichst klar zu formulieren. Wenn dir die angebotene Lösung nicht wirklich hilft, ist es unbedenklich, noch einmal nachzufragen. Bei orthografischen Fragen ist es eine gute Alternative, sich die Hilfe schriftlich geben zu lassen. Denke daran, dich nach erfolgreicher Hilfe freundlich bei deinem interaktiven Wörterbuch zu bedanken.

3 a A Klar und deutlich strukturiert(,) vermittelt dieser Ratgeber in übersichtlicher Form die wichtigsten Strategien für eine gelungene Rede. – B Ein guter Redner, die Aufmerksamkeit seines Publikums nicht überfordernd, umwirbt ein guter Redner dieses durch die interessante und unterhaltsame Art seines Vortrags. – C Ein trockenes Thema auflockernd, kann man Zuhörer durch die Präsentation von Bildmaterial begeistern. – D Eine farblose Vortragsweise vermeidend, bewahrt man das Publikum am besten vor Langeweile.

b A Dieser Ratgeber ist klar und deutlich strukturiert, um in übersichtlicher Form die wichtigsten Strategien für eine gelungene Rede zu vermitteln. – B Um die Aufmerksamkeit seines Publikums nicht zu überfordern, umwirbt ein guter Redner es durch die interessante und unterhaltsame Art seines Vortrags. – C Man kann, um ein trockenes Thema aufzulockern, Zuhörer durch die Präsentation von Bildmaterial begeistern. – D Um das Publikum vor Langeweile zu bewahren, vermeidet man eine farblose Vortragsweise.

Seite 98

1 a + b Visualisierungsmedien, technische Hilfsmittel zur Unterstützung eines mündlichen Vortrags, dienen der Anschaulichkeit und der vereinfachenden Erklärung. Auf Flipcharts, meist dreibeinigen Ständern mit einem sehr großen Papierblock, können Ideen und Ergebnisse in einer Gruppenarbeit mit einem Filzstift spontan festgehalten werden. Vorbereitete Folien können mit dem Overheadprojektor, einem auch im digitalen Zeitalter noch häufig eingesetzten Medium, gut lesbar präsentiert werden. Die digitalisierte Form der Tafel, das sogenannte Whiteboard, ermöglicht es, vorgefertigte Grafiken oder Texte handschriftlich zu ergänzen und so speichern zu lassen. Das Handout, ein Zettel mit gedruckten Informationen, begleitet den Vortrag mit wichtigen Thesen und ergänzt ihn um Literaturhinweise. Plakate bieten, so besser wahrnehmbar auch aus der Ferne, großformatige Kombinationen aus Text, Bild und Grafik auf Papier oder Pappe.

2 A Zur Pflege der Stimme bekommt man bei Fachleuten, nämlich den Hals-Nasen-Ohrenärzten, nützliche Tipps.
B Bei angegriffenen Stimmbändern gilt Schweigen, und zwar eisernes, als das wirkungsvollste Mittel.
C Ein bewusster Umgang mit der Stimme, vor allem eine angemessene Atemtechnik, hilft, Heiserkeit zu vermeiden.
D Bestimmte chemische Stoffe, zum Beispiel Nikotin und Alkohol, greifen die Stimmbänder an.

Seite 99

Teste dich! – Zeichensetzung

1 Um Ihr *** zu bedienen, stehen Ihnen das Tastenfeld und das Display zur Verfügung. Einige Funktionen setzen voraus, dass der Netzbetreiber diese unterstützt, zum Beispiel Funktionen, bei denen Informationen zur Rufnummer des Anrufers nötig sind. Das Display zeigt, abhängig von den aktuellen Einstellungen, unterschiedliche Informationen an, unter anderem Datum und Uhrzeit. Über die Steuertaste haben Sie die Möglichkeit, die Funktionen des *** zu aktivieren. Anstatt direkt in den Hörer zu sprechen, können Sie auch die Freisprechfunktion nutzen. Wenn eine Nummer gespeichert ist, wird der zugehörige Name angezeigt, sofern er vorher eingegeben wurde. – *(Auszug aus einer Gebrauchsanweisung für ein Festnetztelefon.)* 11 Punkte

2 a A Die Daten werden vom Host Kanal, also dem die Programmliste übertragenden Fernsehsender, mehrmals täglich gesendet. 8 Punkte
B Nach geografischen Regionen ausgerichtet, werden die Sender in der TV-Programmliste angezeigt.
C Ein Sender, der in Ihrer Region nicht registriert ist, wird selbst dann nicht in der TV-Programmliste angezeigt, wenn sein Signal empfangen wird.
D Wenn Sie die Programmliste heruntergeladen haben, müssen Sie die Daten regelmäßig abrufen, um die Programmliste zu aktualisieren. – *(Auszug aus einer Gebrauchsanweisung für einen Satellitenreceiver.)*

b A + 3 – B + 2 – C + 1 – D + 4 4 Punkte

3 Die Aussagen A und B sind falsch, die Aussagen C und D sind richtig. 4 Punkte

Insgesamt zu erreichende Punkte **27 Punkte**

Ich teste meinen Lernstand

Seite 101–111

1–2 Aufgabe 1 C – Aufgabe 2 B — je 1 Punkt

3 a Z. 28–41 („In ihren diversen Video-Kanälen geht es den Green-Brüdern ... während Hank naturwissenschaftliche Fragestellungen beantwortet.") — 1 Punkt
b Mögliche Erklärung: Die Brüder Green wenden sich an junge Menschen, die sich für wichtige Themen wie z. B. Umwelt und Technik interessieren und weniger fürs Shoppen oder das Aussehen. — 1 Punkt

4 Mögliche Begründung: — 2 Punkte
Leons Erläuterung C trifft die Textaussage. „Nerdfighters", die Fans der Brüder Green, interessieren sich für wichtige Themen aus Gebieten wie Philosophie und Naturwissenschaften. Da die Greens in ihrem Videoblog zu ehrenamtlicher Arbeit aufrufen, kann man davon ausgehen, dass ihre Fans sich entsprechend engagieren.

5–7 Aufgabe 5 D – Aufgabe 6 C – Aufgabe 7 A — je 1 Punkt

8 Richtig sind die Antworten A, C und D. – Falsch sind die Antworten B, E und F. — 6 Punkte

9 Richtig ist Antwort D. — 1 Punkt

10 Richtig sind die Antworten D, E und F. – Falsch sind die Antworten A, B, C und G. — 7 Punkte

11 Richtig ist Antwort B. — 1 Punkt

12 Mögliche Textstellen: Z. 27: „... ihrem (nett gesagt) kräftigen Freund Will" – Z. 38: „... weil es mich, zweitens, nicht interessierte ..." – Z. 47 f.: „Marie gehörte zu den Leuten, die ständig schätzten." – Z. 53–55: „Das Einzige, was schlimmer ist als eine Party, zu der keiner kommt, ist eine Party, zu der keiner kommt außer zwei durch und durch uninteressante Menschen." – Z. 107–109: „... meine Eltern wussten so gut wie ich, dass ich es bei Leuten wie Marie und Will nicht finden würde." — 2 Punkte

13 Richtig ist Antwort A. — 1 Punkt

14 Mögliche Erklärung: „Noch viel schlimmer" hätte die Abschiedsparty aus Miles' Sicht laufen können, wenn es eine „richtige" Party mit noch mehr uninteressanten Gästen wie Marie und Will geworden wäre. — 1 Punkt

15 Richtig ist Antwort C. — 1 Punkt

16 **Mögliche Begründung:** (1 Punkt für die Begründung, je 1 Punkt pro Textstelle) 3 Punkte
Der Erzähler schildert die insgesamt eher traurige Situation der Abschiedsparty mit bissigem Witz.
Passende Textstellen: „Von gedämpften Erwartungen meinerseits zu sprechen, wäre heillos übertrieben."(Z. 4–6) – „Schulfreunde" (Z. 7) – „traurigen Haufen" (Z. 8) – „notgedrungen in der muffigen Highschool-Cafeteria" (Z. 10–11) – „ ich hätte meine wahre Beliebtheit all die Jahre vor ihr geheimgehalten." (Z. 14–15) – „Ich nickte wissend, und damit waren unsere gemeinsamen Themen abgehakt." (Z. 34–35) – „meiner Mutter, die stundenlang über nichts reden kann" (Z. 40–41) – „Marie gehörte zu den Leuten, die ständig schätzten." (Z. 47) – „Das Einzige, was schlimmer ist als eine Party, zu der keiner kommt, ist eine Party, zu der keiner kommt außer zwei durch und durch uninteressante Menschen." (Z. 53–55) – „Ich hätte den Kasten am liebsten angeschaltet, doch ich wusste, ich ließ es besser bleiben." (Z. 59–60) – „Meine Eltern sahen mich an, als erwarteten sie, dass ich gleich losheulen würde oder so was" (Z. 60–62) – „meine imaginären Freunde" (Z. 66 f.) – „bis ich das Gefühl hatte, es wäre okay, den Fernseher anzumachen" (Z. 111 f.) – „Was Abschiedspartys angeht, hätte es mit Sicherheit noch viel schlimmer laufen können." (Z. 116 f.)

17 B + D = Klappentext – A + C = Rezension — 4 Punkte

18 Die gesuchte falsche Antwort ist D. — 1 Punkt

19 Überprüfe deinen Text und notiere dir zu jedem gelungenen Bereich die angegebene Punktzahl.

Hast du ...
- in der **Einleitung** den Titel, Autor, das Erscheinungsjahr und das Thema des Jugendromans genannt? — 1 Punkt
- mindestens zwei wichtige **Aspekte des Romaninhalts** genannt, z. B. Erwachsenwerden (das Elternhaus verlassen), Suche nach Herausforderungen (das „große Vielleicht"), Rätsel des Lebens (philosophische Fragestellungen), die erste Liebe, Freundschaft zwischen außergewöhnlichen Jugendlichen? — 2 Punkte
- mindestens die beiden **Hauptfiguren** Miles (Ich-Erzähler, Einzelgänger, seine Interessen) und Alaska (außergewöhnliches Mädchen, Miles' erste Liebe, ihre Interessen) beschrieben? — 2 Punkte
- erklärt, worum es im Textauszug (Romananfang) geht (Themen: Abschiedsparty, Miles als Außenseiter, sein Verhältnis zu seinen sogenannten Freunden und zu seinen Eltern, sein Vorhaben, aufs Internat zu gehen, die Gründe für dieses Vorhaben)? — 3 Punkte
- erklärt, warum der Romanauszug zum **Weiterlesen** reizt (z. B. interessante Figur, Geschichte oder Sprache)? — 2 Punkte
- **sachlich geschrieben**? Gibt es z. B. Stellen, an denen du eher umgangssprachlich erzählst oder an denen du vom Thema abschweifst oder ungenau beschreibst und erklärst? Unterstreiche solche Stellen. — 2 Punkte
- im **Präsens** formuliert? — 2 Punkte
- die **Rechtschreibung** überprüft? Ist alles richtig? Hier kannst du bis zu vier Punkte anrechnen. — max. 4 Punkte
  0 Fehler = 4 P., bis zu 3 Fehler = 3 P., bis zu 6 Fehler = 2 P., 7 Fehler und mehr = 0 P.

(Einleitung) Der Jugendroman „Eine wie Alaska" des amerikanischen Autors John Green wurde 2005 veröffentlicht. Er handelt vom Außenseiter Miles und seiner ersten großen Liebe.
(Hauptteil) Der Roman erzählt vom Erwachsenwerden Jugendlicher, ihrer außergewöhnlichen Freundschaft und der Liebe zwischen Miles und dem Mädchen Alaska, die tragisch endet.
Der 16-jährige Miles ist ein Einzelgänger, der keine Freunde hat, mit seiner Einsamkeit aber gut zurechtkommt. Er pflegt ein außergewöhnliches Hobby: Er liest die Biografien großer Schriftsteller und sammelt deren letzte Worte. Miles wechselt von seiner bisherigen Schule in Florida auf ein Internat in Alabama, um der Behütung durch seine liebevollen Eltern und der Langeweile zu entkommen. Er interessiert sich für die Rätsel des Lebens. Dabei beeinflussen ihn besonders die letzten Worte des Dichters Rabelais, die „Suche nach dem großen Vielleicht". Miles möchte herausfinden, was das Leben an neuen, unerwarteten Möglichkeiten bietet. Im Internat findet er schnell Kontakt zu anderen Jugendlichen, die genauso ungewöhnlich sind wie er. Die schöne, rätselhafte Alaska liest viel und führt gern philosophische Gespräche. Wie Miles selbst kann auch sie berühmte Dichter zitieren. Mit Alaska, dem ironischen Colonel und dem Japaner Takumi probiert er Verbotenes aus, wie zum Beispiel das Rauchen, Trinken und Feiern. Die vier Außenseiter sind dennoch die besten Schüler; sie sind interessiert und belesen, intelligent und diskutierfreudig.
Green schreibt seinen Jugendroman in einem humorvollen Stil, was schon der Romananfang zeigt. Er beginnt mit einer Abschiedsparty, die Miles' Eltern für ihn ausrichten. Miles wird hier als Außenseiter charakterisiert, der keine echten Freunde hat und sein Leben mit bissigem Witz betrachtet. Die Geschichte ist aus Miles' Sicht in der Ich-Perspektive geschrieben, sodass man sich in seine Gefühle und Ansichten, zum Beispiel die über seine angeblichen „Schulfreunde", gut einfühlen kann.
(Schluss) Die Figur Miles wirkt so interessant und witzig, dass man Lust bekommt, weiterzulesen und zu erfahren, ob es ihm gelingt, ein interessanteres, spannenderes Leben zu führen. Der Klappentext verrät, dass die Geschichte auch traurige Aspekte enthält. Damit ist viel Spannung zu erwarten.

20 Überprüfe deinen Text und notiere dir zu jedem gelungenen Bereich die angegebene Punktzahl.

Hast du ...
- deine **Meinung zum Roman** als Klassenlektüre formuliert? — 1 Punkt
- deine **Meinung zum Autor** John Green eingebracht (z. B. deine Position zur Darstellung realistischer Lebenssituationen in Romanen, deine Position zu einem für die Probleme Jugendlicher engagierten Autor)? — 2 Punkte
- mit mindestens zwei **Argumenten** begründet, warum der Jugendroman zum **Thema „Erwachsenwerden"** passt (z. B. Themen wie Loslösung vom Elternhaus, Suche nach Herausforderungen, Begegnung mit der ersten Liebe, Interesse an wichtigen Fragestellungen des Lebens)? — 4 Punkte
- mit mindestens einem Argument begründet, warum der Roman für deine Mitschüler/-innen von Interesse sein könnte (z. B. Interesse Jugendlicher an Fragestellungen des Lebens, Aspekte wie Freundschaft/Außenseitertum im Umgang miteinander etc.)? — 2 Punkte
- mindestens ein **Argument** mit einem Beispiel aus den Materialien **belegt** (z. B. ein Motiv genannt)? — 2 Punkte
- deine Argumente mit **Verbindungswörtern** wie *weil, da, denn, deshalb, außerdem* etc. eingeleitet? — 3 Punkte
- die **Rechtschreibung** überprüft? Ist alles richtig? Hier kannst du bis zu vier Punkte anrechnen. — max. 4 Punkte
  0 Fehler = 4 P., bis zu 3 Fehler = 3 P., bis zu 6 Fehler = 2 P., 7 Fehler und mehr = 0 P.

(Einleitung) Der Jugendroman „Eine wie Alaska" von John Green ist als Klassenlektüre sehr geeignet.
(Hauptteil/Argumentation) John Green ist ein außergewöhnlicher Autor, der sich für die Probleme Jugendlicher interessiert und sich auch außerhalb seiner Romane für junge Menschen engagiert, zum Beispiel in seinem Videoblog. Green verarbeitet in seinen Romanen selbst Erlebtes. Deshalb wirken sie sehr realistisch. Seine Themen kreisen um schicksalhafte Lebenssituationen junger Menschen wie etwa Liebe, Freundschaft, Einsamkeit, Schuld oder Tod. Mit diesen Themen unterscheiden sich John Greens Romane daher deutlich von anderen Jugendbüchern, etwa der Fantasy-Literatur.
„Eine wie Alaska" hat ebenfalls einen starken Bezug zu den Themen, die uns interessieren. Denn hier geht es um außergewöhnliche Jugendliche, die sich für die wichtigen Dinge des Lebens interessieren. Bemerkenswert ist, dass Green gerne Außenseiter zu seinen Romanhelden macht. In diesem Roman ist es der Einzelgänger Miles, der in Alaska seine erste große Liebe findet. So passt der Roman gut zum Thema „Erwachsenwerden", weil er erzählt, wie Miles sich von seinem Elternhaus löst und im Internat nach neuen Herausforderungen sucht.
(Schluss) Auch uns beschäftigen Fragen nach echter Freundschaft, und auch wir kennen das Gefühl, mit unseren Interessen allein zu sein. Deshalb könnte der Roman als Klassenlektüre für uns interessant sein. Außerdem erhielt der Roman viele Preise. 2008 war er für den deutschen Jugendliteraturpreis nominiert.

21 a + b — a 10 Punkte/ b 6 Punkte

Satz	1	2	3	4	5	6	7	8	9	10
Spalte links	A	C	C	C	B	B	A	C	C	C
Spalte rechts	–	E	G	D	–	–	–	D	F	E

22 Mögliche Satzgefüge: 2 Punkte
A Bella, die in Phoenix aufwuchs, zieht in die Kleinstadt Forks.
B In Forks ist das Leben recht langweilig, denn dort geschieht meist nicht sehr viel.

23 Die verschlafene Kleinstadt Forks bekommt für Bella durch Edward einen ganz besonderen Zauber. 1 Punkt

24 A = weshalb – B = dass – C = weil (je 1 Punkt je Verbindungswort + Satz) 6 Punkte
A Bella denkt darüber nach, weshalb Edward an einem Ort ohne Sonne lebt. –
B Sie wird bald erfahren, dass Edward ein Vampir ist. –
C Er interessiert sich für Bella, weil er ihr Blut trinken will.

25 Bella kann vor Edward nicht fliehen, (denn) sie ist ihm verfallen. 1 Punkt

26 Bella wird (von dem Vampir) aus gefährlichen Situationen gerettet. 1 Punkt

27 A läse – B ginge – C nähme 3 Punkte

28 Z. 2: gut bewandert (Getrenntschreibung von Adjektiv und Verb) – Z. 3: schnellstmöglich (Zusammenschreibung: zusammengesetztes Adjektiv) – Z. 4: etwas Großes (Großschreibung: Nominalisierung von Adjektiven) – Z. 6: Klassiker (*s*-Schreibung) – Z. 8: blutrünstigen (Zusammenschreibung: zusammengesetztes Adjektiv) – Z. 9: Interesse (*s*-Schreibung) – Z. 10: im freien Sprechen (Großschreibung: Nominalisierung von Verben) 7 Punkte

29 A Schreibungen mit *ä/äu* und *e/eu*: erzählt, ungeheure, Schrecken, dämonische – weitere Fehler: verliebt, Horrorfilme 3 Punkte
B *s*-Schreibung: Professor, Schloss, amüsante, Spaß – weitere Fehler: Grund, alljährlichen, heute
C Schreibungen mit *h*, Dehnungs-*h*: Fernsehserie, ihren, gefährlichen, Serie – weitere Fehler: Alltag, Jugendlicher

A 1	Videokanal	1	Punkt für das richtig gesetzte Kreuz
A 2	Brüder Green	1	Punkt für das richtig gesetzte Kreuz
A 3	Titel	2	Punkte (für richtige Zeilenangabe und richtige Erklärung)
A 4	Begriff „Nerdfighters“	2	Punkte (für richtige Wahl und treffende Begründung)
A 5	Info-Kasten: Romane	1	Punkt für das richtig gesetzte Kreuz
A 6	Thema der Romane	1	Punkt für das richtig gesetzte Kreuz
A 7	Wort „Klischee“	1	Punkt für das richtig gesetzte Kreuz
A 8	Grafik: richtig oder falsch?	6	Punkte für die richtig gesetzten Kreuze
A 9	Ich-Erzähler: Abschied	1	Punkt für das richtig gesetzte Kreuz
A 10	richtig oder falsch?	7	Punkte für die richtig gesetzten Kreuze
A 11	Ich-Erzähler: Party	1	Punkt für das richtig gesetzte Kreuz
A 12	Ich-Erzähler: Gäste	2	Punkte für die richtigen Textstellen mit Zeilenangabe
A 13	Satzbedeutung	1	Punkt für das richtig gesetzte Kreuz
A 14	Ich-Erzähler: Abschiedspartys	1	Punkt für die richtige Antwort im ganzen Satz
A 15	Bedeutung „Vielleicht“	1	Punkt für das richtig gesetzte Kreuz
A 16	Stil	3	Punkte (für treffende Begründung und zwei Textstellen)
A 17	Textsorten	4	Punkte (je 1 Punkt für die richtige Zuordnung)
A 18	Romanthema	1	Punkt für das richtig gesetzte Kreuz
B 19	informativer Text	18	Punkte (Verteilung: siehe Hinweise im Lösungsteil)
B 20	argumentativer Text	18	Punkte (Verteilung: siehe Hinweise im Lösungsteil)
C 21	a) Satzform	10	Punkte (je 1 Punkt für die richtige Zuordnung)
	b) Nebensätze	6	Punkte (je 1 Punkt für die richtige Zuordnung)
C 22	Hauptsätze	2	Punkte (je 1 Punkt für die korrekte Umformung)
C 23	Hauptsatz: Präposition	1	Punkt für den korrekt formulierten Satz
C 24	Satzgefüge: Verbindungswort	6	Punkte (je 2 Punkte für die korrekte Umformung)
C 25	Satzreihe: Pronomen	1	Punkt für die richtige Form
C 26	Passiv	1	Punkt für die richtige Passivform
C 27	Konjunktiv	3	Punkte (je 1 Punkt für die richtige Konjunktivform)
D 28	Fehler korrigieren	7	Punkte (je entdecktem Fehler 1 Punkt)
D 29	Fehlerart	3	Punkte (je richtiger Fehlerart 1 Punkt)
Summe		**113**	**Punkte**

Bewertungsschlüssel

113–87 Punkte	**86–58 Punkte**	**57–0 Punkte**
Du liegst im guten bis sehr guten Bereich. Vielleicht siehst du dir trotzdem noch einmal die Stellen an, an denen du dich noch verbessern kannst.	**Einiges gelingt dir gut, manches musst du aber noch einmal üben.** Versuche anhand des Tests, Fehlerschwerpunkte zu entdecken, damit du gezielt wiederholen kannst.	**Du musst vieles wiederholen und noch einmal gründlich üben.** Überlege gemeinsam mit deinen Eltern oder deinem Lehrer/deiner Lehrerin, wo besondere Fehlerschwerpunkte liegen und wie du vorgehen kannst, um dich zu verbessern.